Martin Schmitz Verlag

Bibliografische Information Der Deutschen Bibliothek
Die Deutsche Bibliothek verzeichnet diese Publikation
in der Nationalbibliografie; detaillierte bibliografische Daten
sind im Internet über https://portal.dnb.de/ abrufbar.

ISBN 978-3-927795-84-6

Cover/Lektorat: Nadine Demmler
Autorenfoto: Sebastian Kiener
Satz: Sybille Fuchs Grafik
Druck: Grafische Werkstatt von 1980 GmbH | Kassel

Marcus Stiglegger

Jenseits der Grenze

Im Abseits der Filmgeschichte

Mit einem Vorwort von Dominik Graf

Inhalt

Dominik Graf
Dämon des Genres. Vorwort

> *Wir sehen nun, in welcher Beziehung der Triebverzicht zum Schuldbewusstsein steht. Ursprünglich ist ja der Triebverzicht die Folge der Angst vor der äußeren Autorität; man verzichtet auf Befriedigungen, um deren Liebe nicht zu verlieren.*
>
> Sigmund Freud, *Das Unbehagen an der Kultur*, S. 168 (Oktober 1953)

Im Februar dieses Jahres trafen Marcus Stiglegger und ich uns anlässlich der Berlinale-Präsentation einer renovierten Fassung meines 25 Jahre alten Riesen-Action-Flops *Die Sieger*. Wir durften zunächst ein Podiumsgespräch in der Kinemathek miteinander führen und am Abend dann den Film zeigen. Ich muss sagen, ich war dankbar, dass er mir da etwas zur Seite stand, weil mir vor der ganzen Situation wie vor der erzwungenen Wiederholung eines Alptraums graute. Natürlich war ich glücklich, dass der Film endlich mit allen bis dahin fehlenden Szenen aufgeführt wurde. Aber ich erwartete unwillkürlich, dass die Zuschauer ebenso wie 1994 nach wenigen Minuten den Kinosaal verlassen würden, spätestens in dem Augenblick, in dem Hannes Jaenicke als fehlgeleiteter SEK-Elite-Mann Heinz Schäfer sein durch eine dramatische Geburt hirn-geschädigtes Baby gegen die Wand schlägt.

Es war nicht so. Das Publikum war 2019 freundlich zu dem Film. Aber ich war ja auch ohnehin nach unserem Vorgespräch am Nachmittag schon ruhiger geworden, denn ich wusste, dass zumindest einer im Kino sitzen würde, der meine damals etwas überhöhten Ambitionen (und die des Drehbuchautors Günter

Schütter) auch heute versteht. Ich kann anhand von *Die Sieger* – und auch seines Vorläufers, des Bankraub-Thrillers *Die Katze* von 1987, der wegen des damaligen bundesdeutschen Mega-Stars Götz George sogar noch ein moderater Erfolg war – sagen: ich durfte tatsächlich den einen oder anderen Kino-Film machen, in dem ich mir hinsichtlich des von mir sehr bevorzugten „Körperkinos" kaum Zurückhaltung auferlegen musste. Ich fühlte mich im Einklang mit der Zeit. Ich wähnte diese beiden Filme im Umfeld des damaligen „Mainstream"-Geschmacks angesiedelt. Ich irrte mich fürchterlich.

Die Forschungen von Marcus in den Sumpfgebieten der Kinogeschichte und der Gegenwart befeuern seit Jahren mein Interesse an den so genannten Grenzgebieten des Erzählens. In seinen Büchern und in unseren öffentlichen wie nicht-öffentlichen Gesprächen liegt immer *per se* die Chance einer tröstlichen Positionierung cineastischen Außenseitertums.

Aber im Lauf der Jahre, die wir uns nun schon kennen, dreht sich die Erdachse des Kinos gewissermaßen weiter. Grenzerfahrungen werden immer wichtiger, weil die konsensuelle Mitte des Kinos – die sich die Funktionäre der Kulturförderungen immer so sehr herbeiwünschen – in wachsender Blödheit der Stoffe und in Mediokrität der Filme sichtbar austrocknet. Zumindest in Deutschland. Durchaus vergleichbar mit dem international beobachtbaren Auseinanderbrechen der politischen Mitte in den westlichen Demokratien.

Anhand von Marcus` Nachruf auf einen der innovativsten und tolldreistesten aller europäischen Regisseure jeglicher Zeiten, nämlich den Franko-Polen Andrzej Zulawski von 2016 – der Artikel ist in Band 1 der „Exkursionen" nachzulesen – kann man die prekäre Situation des Risiko-Artisten hoch oben in der

Zirkuskuppel gut wahrnehmen. Denn es stellt sich die Frage, wollen Außenseiter – wie sie im Kulturzirkus gern genannt werden – eigentlich Außenseiter sein? Oder werden sie durch eben jenen geistig etwas verarmten Verdrängungsmechanismus – den inzwischen auch viele, vor allem junge Schreiber im grauen Alltag der Service-Kinokritik mit befeuern – mit dem Stigma der schweren Zugänglichkeit aus der allgemeinen Wahrnehmung absichtlich herausgeboxt? Nicolas Roeg, der englische Kino-Neu-Erfinder, der im November 2018 starb, wies immer darauf hin, dass er sich nicht als Extremist empfinde: „I don't want to be ahead of my time." Aber könnte es sein, dass der Mainstream, der ja durchaus auch fortschrittliche Zeiten in der Kinogeschichte kannte, meistens als spezifische Genres zum Publikumserfolg wurde, im Film noir, im Western, speziell dem Italowestern, und im hartgesottenen Actionkino à la *The Wild Bunch* oder *Dirty Harry* – könnte es sein, dass der heutige Mainstream seine Rand-Filme (nennen wir mal als Klassiker-Vorbilder *Wenn die Gondeln Trauer tragen*, 1973, oder eben Zulawskis erste Großbombe *Nachtblende*, 1975) bewusst in Reservate abdrängt? Könnte diese Exklusion der Hochbegabten ins Avantgarde-verschrieene Exil ein Angst-Prozess einer rückständigen Gesellschafts-Mentalität sein? Die sich auch in Jury-Entscheidungen offenbart, wie der Eliminierung der streitbaren NSU-Vision *Wintermärchen* von Jan Bonny aus den nominierten Filmen des diesjährigen Bundesfilmpreises? Teile der deutschen Film- und Fernseh-Kritik lehnen experimentelle Erzähl-Formen ab und betrachten den Film allgemein, von Kino bis *Tatort*, ausschließlich als eine Plattform für komödiantische Publikumsnähe oder für Themen-bezogene Volksaufklärung. Mithin als ein Medium, das gefälligst die wöchentlich aktuellen Säue der *political correctness* durchs Dorf zu jagen hat.

Als strahlendste Errungenschaft zeigt die Gremienwirtschaft die gediegene Literaturverfilmung und den – bei mir nur tiefste Verachtung hervorrufenden – Themenfilm. Dahinter steckt ein seltsam totalitärer Begriff von der „Nützlichkeit" des Films, entweder als Meinungssprachrohr oder als Geldquelle. In der Tat sind das Zustände wie in der Weimarer Republik. Von der stolz ausgestellten Ignoranz den „Außenseiter"-Filmen gegenüber zur Hetze gegen „publikumsfeindliche" Umtriebe in Kino und Fernsehen ist es nur ein Katzensprung. Die Nazis mochten auch keine Zwölftonmusik. Die AfD ist kulturpolitisch schon da.

Je länger ich als Regisseur und Filmautor arbeite, umso unverzichtbarer scheinen mir die Grenzbereiche des Erzählens. Und Körperkino, Experimentalfilm-Formen, Pornokino, Horror, Splatter existieren ja nicht nur als abgründige Genres *per se*, sondern sie sind sozusagen auch Bestandteil des „normalen" Erzählens. Grenzerfahrungen des Lebens suchten immer auch im Mainstream ihre filmische Form. Todeserlebnisse, Erotik, Trieb-Ängste und Trieb-Sehnsüchte, alles findet sich ja mehr oder weniger sublimiert auch im elenden Arthaus-Film (der immer schon nichts anderes als eine bloße Videotheken-Schublade war), im Kommerzkino, in Fernsehfilmen der Primetime wieder. Mehr oder weniger begabt, wobei das elaboriert Über-Sublime in der Darstellung manchmal mehr Ekel erregen kann als das Forsch-Direkt-Geschmacklose.

Dennoch, die Ebenen Genre und Nicht-Genre verschwimmen auch: man lese den Abschnitt in diesem Band über David Cronenberg, dessen bekannteste Werke gemeinhin als Horrorfilme rubriziert werden, der sich jedoch selbst als einer sieht, der dem Leben bei der Arbeit zusieht – wenn auch häufig in seinen Zerfalls- oder Mutations-Erscheinungen. Die wir aber ja selbst aus unseren Leben kennen. Ist also das Leben selbst schon ein zu anstrengender Grenzgang für das Publikum geworden?

Genrekino ist neben seinem hohen – herrlich verbotenen – Lust-Faktor für Macher und für ihr Publikum auch ein Verarbeiten von Traumata. Persönlicher oder kollektiver.

Nichts anderes findet sich auch in den aberwitzigen Zulawski'schen Schauspieler-Choreographien, sie sind Charakterisierungen der Helden. Bei den Größten der Zunft steht hinter den Bilder-Exzessen nicht nur kinematographischer Enthusiasmus sondern vor allem anderen eine wirklich heiße Lebens-Sehnsucht.

Und so erscheint der zugewiesene Außenseiter-Status mehr oder weniger als ein Fake. Als gemeinschaftliche Verdrängungs-Tat des immer neurotischer werdenden kulturellen Mainstreams, der keine Unsauberkeiten, Unordentlichkeiten, Unklarheiten mehr dulden will. Ich würde sagen, die Gesellschaft hat in ihrer Mitte eine gefährliche Putzneurose ergriffen. Man sieht es auch im Umbau der Stadt-Architekturen. Brachen, Unstimmigkeiten, Leerstellen, Ungleichheiten werden wegrasiert wie ungehörige Körperbehaarung.

In diesem geistig zugebauten Umfeld einer verordneten Filmkultur gedeiht natürlich immer weniger Exotisches. Soll ja auch nicht. Aber wenn's mal doch klappt – Marcus ist schon da. Hier, im dritten Band finden sich als aktuelle deutschsprachige Film-Beispiele Aufsätze zu dem Austria-Pädophilen-Grusel *Michael* („Ein Täter-Film") und zum Episodenfilm *German Angst*. Dabei weist Marcus auf die Verwendung des gleichen Begriffs bei Thomas Wolfe in seinem Roman *Es führt kein Weg zurück* hin: im englischen Sprachgebrauch bedeute „German Angst" soviel wie Weltschmerz, „Leiden an der Welt". Wie es übrigens auch in Erich Kästners einzigem Erwachsenen-Roman *Fabian* vorkommt. Der bis vor kurzem nur zensiert erschienen war, weil die allnächtlich abgründigen Exkursionen des jungen Dichterhelden in die Berliner Welt der Clubs und Nackt-Cabarets, sowie seine systemische Zügellosigkeit und moralische Losgelassenheit durch Striche im Text gebändigt werden mussten. Kästners ursprünglicher Titel, 1931, war „Der Gang vor die Hunde".

Im auf Verdrängung und auf imperativischem Über-Ich basierenden Gesellschaften wie den deutschen (fast aller Zeiten) benötigt es „Seher". Und es benötigt diejenigen, die über diese „Seher" schreiben, und die uns mit ihren Interpretationen wie mit Macheten Wege durch das Gestrüpp eines anderen Kinos hauen. Man kann den Ball aber auch etwas flacher halten und zugeben, dass Marcus' Bücher nebenbei auch als höchst hilfreiche DVD-Bestell-Listen zu lesen sind – solange es noch DVDs gibt. Oder als Streaming-Such-Listen.

In der Anfangszeit meiner Regie-Tätigkeit behauptete ich auf die (damals) sehr oft gestellte Frage nach dem Karriere-Ziel, ich wolle in jedem Fall auf die ominöse geheim gehaltene Liste der Bundesregierung gelangen, auf der diejenigen Deutschen oder DeuschInnen standen, die im Fall eines – damals jederzeit zu erwartenden – Atomschlags evakuiert worden wären, weil ihre kulturelle oder sonstige Bedeutung auch genetisch der Nachwelt erhalten bleiben müsse. Inzwischen verfestigt sich bei mir der Eindruck, dass ich – falls ich jemals überhaupt in Frage gekommen wäre – auf Grund von Auswahlkriterien wie sie etwa auch bei der Wahl der WahlmännerInnen der BundespräsidentInnen zu gelten scheinen – ... dass ich also an den unterirdischen Flucht-Orten mit dermaßen staatstragenden Über-Mitmenschen und LandsleutInnen zu tun bekommen hätte, mir mit denen zusammen sogar eine geraume Weile die Zeit um die Ohren hauen hätte müsste, dass ich diesem Ruf der staatlichen National-Rettungsaktion wohl heute nicht mehr folgen würde. Da sterbe ich doch lieber an der verseuchten deutschen Oberfläche.

Jetzt mal ernsthaft: was bleibt für einen Filmregisseur noch als Karriere-Ziel? Wenn auch Preise und Kritkerlob sich allesamt durch anhaltende Banalität marginalisiert haben?

Zum Beispiel – es klingt albern, aber dennoch sag ich's – sowas wie Lebensglück mit den eigenen Filmen. Wenn man sie denn lieben kann. Und wann, bzw. unter welchen Bedingungen kann man eigene Werke überhaupt ans Herz drücken? Bei mir ist dies der Fall immer nur dann, wenn ich Grenzbereiche des Erzählens tangieren durfte.

In erster Linie in meinem Fall Action, in jedweder Variante, im günstigsten Fall vielleicht sogar innovativ, in jedem Fall möglichst hart, abstoßend. Natürlich Sex ebenso, es ist für den Regisseur ja sozusagen handwerklich auch eine zärtliche oder ruppige (oder beides) Körper-Action, für die er erstmal das nötige Handwerk lernen muss. Körperkino an sich ist eine Welt, in die hinein jeder lernbegierige Schüler selber seinen eigenen Weg finden muss.

Mir fiel er – nach etlichen Jahren mit Autorenfilm-Versuchen, Vorabendserien und dem erwähnten Kinofilm mit Götz George – eher unerwartet zu. Ich begegnete eben dem Autor Günter Schütter, der eine vollkommen andere Sprache und andere Erzählweisen repräsentierte als ich sie bis dahin kennen gelernt hatte. Giallo-geschult, als Kind in der NRW-Provinz bereits den BRD Kinostars (namentlich den zugewanderten Stars wie Lex Barker, Pierre Brice oder Dalia Lahvi) verfallen, legte er mir mit zwei außergewöhnlichen *Fahnder*-Folgen sowie jenem quasi letzten deutschen Groß-Action-Versuch *Die Sieger* eine Art abgründiges Star-Kino vor.

Viele sagten: seit *Die Sieger* – und einigen anderen weniger teuren aber ebenso abgestürzten Versuchen – ist nun das Genre an sich bei uns quasi endgültig ein fliegender Holländer geworden. Alle paar Jahre legt sein Schiff mit einem erstaunlichen Exemplar im Schlepptau an, beispielsweise Filme wie *Der Nachtmahr* oder *Der Samurai*. Sie alle kommen daher wie zerschlissen, weil rettungslos unterfinanziert, ungewollte Bastarde, stets von den Staats-Filmbedenkenträgern misstrauisch beäugt – und danach muss das Geisterschiff, auf dessen Planken steht „Genre", wieder hinaus auf See. Wenn's nach den Geldverwaltungs-Technokraten ginge, möglichst auf eine Tour ohne Wiederkehr. Dennoch habe ich mit Günter Schütter und anderen Autoren immer weiter an der Polizei-Thriller-Linie gearbeitet, inzwischen wurde es eher eine Fluchtlinie, weil undercover in den Hauptabend-Sendezeiten des Fernsehens zu Hause.

In unserem als Anhang abgedruckten Gespräch aus Mannheim 2010 über Genre-Filmen in Deutschland versuchte Marcus, mehr meinen Blick auf die rein handwerklichen Fragen des Inszenierens abzufragen. Ich freue mich, dass er meine Versuche – namentlich *Der Skorpion* von 1996 – so wichtig nimmt. Und rein regiehandwerklich kann man das Thema des Interviews auch einfach so sehen: Günter Schütter stellte mich mit seinen geschriebenen Szenen vor Probleme, die mir vorher völlig unbekannt waren und die ich lösen musste. Jetzt, wo ich dies schreibe, bereiten wir gemeinsam den nächsten *Polizeiruf* in München vor, und wieder bin ich nervös, ob ich seinen Ideen inszenatorisch gewachsen bin.

In der TV-Konfektion existiert das Genre – wenn es solche Blüten treibt wie bei Schütter – als

Schmuggelware weiter. Im *Skorpion* – sicher einer meiner persönlichen Lieblingsfilme – sagt die Pornodarstellerin Dariah zu ihrem jungen Freund Robin, der ihr bei den Dreharbeiten zu ihrem nächsten Werk „Der fickende Holländer" zusehen durfte: „So bring ich die Kunst zu den Massen."

In diesem Sinn.

Eine letzte Anmerkung: In unserem Gespräch wird der Schauspieler, der die Figur des *Fahnders* in der gleichnamigen Vorabendserie spielte, diskutiert: Er hieß Klaus Wennemann und war einer der größten Schauspieler der 1980er Jahre.

Dominik Graf
München, im März 2019

Einführung
Der letzte Band der Grenz-Trilogie

Im Ausklang des Jahres 2018 hatte ich einen Chat mit dem renommierten australischen Filmkritiker Adrian Martin, den ich bei einer Tagung in Mainz persönlich kennen gelernt hatte. Mit ihm sprach ich über die international unterschiedliche Situation der akademischen Filmwissenschaft, die in Deutschland darauf bedacht scheint, ihre Erkenntnisse möglichst nicht mit einer breiteren Öffentlichkeit zu teilen, so dass sich diese Öffentlichkeit immer mal wieder (wenn auch immer seltener) fragt, was diese Filmwissenschaft überhaupt so nutzt. Mit Rüdiger Suchsland und indirekt auch Siegfried Kracauer möchte ich betonen: Die Filmwissenschaft sollte ermitteln, was das Kino weiß, das wir nicht wissen. Mein Konzept als Filmwissenschaftler war nie, in kleinen akademischen Zirkeln zu kreisen, sondern ich war stets von der öffentlichen Relevanz meiner Arbeit überzeugt. Film ist die komplexeste und großartigste Kunstform, und als Filmwissenschaftler mit kulturwissenschaftlichem Hintergrund kann ich dieses Medium nur als sensiblen Seismographen für gesellschaftlich relevante Phänomene begreifen. So war meine Forschung auch nie von den Eingrenzungen des kanonischen Denkens gegängelt, sondern betrachtete Genrekino und radikalen Autorenfilm, Underground und Mainstream gleichberechtigt.

Das Konzept der „Grenz-Trilogie", deren dritter Band nun vorliegt, richtet aus dieser Perspektive den Fokus auf Subjektivität und Essayismus im kritischen Umgang mit Filmkunst. Dieser essayistische Zugang verbindet Filmwissenschaft und reflektierende Filmkritik und markiert ihn deutlich persönlich. Die Texte dieses Bandes behandeln in chronologischer Reihenfolge Phänomene vom New Hollywood meines

Geburtsjahres 1971 bis in die aktuelle Gegenwart, untersuchen prägnante Einzelwerke ebenso wie Regieoeuvres oder Phasen im Werk von Filmkünstlern. Sie alle verbindet eine Beschäftigung mit gesellschaftlichen Grenzen, mit Ideen des Eigenen und des Fremden, des Zivilisierten und Primitiven, des Legitimen und des Verbotenen. Dabei sind diese Filme oft nicht transgressiv in einem philosophischen Sinne (nach Georges Bataille oder Michel Foucault), immer aber konfrontieren sie das geneigte Publikum mit einer seduktiven Herausforderung: Sich dem ‚ganz Anderen' zu nähern, Dinge in Erwägung zu ziehen, die sich im sozialen Alltag verbieten würden. Manche dieser Filme und Regisseure finden sich so im Abseits der Filmgeschichte wieder: sei es der selbsterklärte „Zen-Faschist" John Milius, der frühe David Cronenberg mit seiner Idee des „creative cancer", Filme über Gewaltpornografie oder Kindesmissbrauch. Immer geht es hier um gesellschaftliche Außenseiter, deren Perspektive die Filme auf verstörende Weise einnehmen: die Junkies aus *Panik im Needle Park*, die Jugendlichen aus *Das Messer am Ufer*, die Außerirdische aus *Under the Skin* oder die *Hexen aus Hagazussa*.

In meinem Buch „Ritual & Verführung" (Berlin 2005) entwickelte ich eine theoretische Sicht auf den Film als ein System verführender Strategien. Dieser Ansatz prägt meine filmwissenschaftliche Arbeit seitdem, und in manchen Texten nehme ich explizit und systematisch Bezug auf dieses Modell – in den Essays zu *Under the Skin* und *Nocturnal Animals* etwa. Film ist Verführung, davon zeugen diese Werke. Und wenn meine Beiträge und Bücher nur etwas von diesem Faszinosum verständlich machen können, habe ich mein Ziel erreicht.

Geschult an Schriften von Béla Balázs, Siegfried Kracauer, Georges Bataille, Jean Baudrillard, Paul Schrader, Steven Shaviro und vielen mehr, bin ich vor allem jenen Leserinnen und Lesern zu Dank verpflichtet, die mir in Gesprächen die Möglichkeit gaben, Thesen auszuprobieren und weiterzuentwickeln. Ich danke Dirk Blothner, Susanne Burg, Nadine Demmler, Eugenio Ercolani, Dominik Graf, Lindsay Hallam, Andreas Hamburger, RP Kahl, Bernd Kiefer, Marcus S. Kleiner, Michal Kosakowski, Andreas Marschall, Adrian Martin, Patricia MacCormack, Martin Schmitz, Gerhard Schneider, Rüdiger Suchsland, Danilo Vogt, Niki Wurster, Ralf Zwiebel und natürlich den kommunikativen Leserinnen und Lesern meiner bisherigen Bücher. Ein besonderer Dank geht wie immer an meine Lebensgefährtin Nadine für kritisches Lektorat und das Titelbild sowie Martin für den ausdauernden Mut, meine Bücher der Öffentlichkeit zugänglich zu machen. In tiefem Respekt danke ich Dominik für die ermunternden Worte über die Jahre hinweg und seine anhaltend intensive Filmarbeit, die im letzten Beitrag dieses Buches diskutiert wird. Es ist mir eine Ehre, dass er zu dem Vorwort dieses Buches bereit war.

Marcus Stiglegger
Mainz, im September 2019

Wir Kinder vom Needle-Park

Wie New Hollywood die Drogenszene entdeckte

1.

Um 1962 war das Studiosystem Hollywoods dem Untergang geweiht. Die alten Konzepte funktionierten nicht mehr. Statt Millionen von Dollars machten Megaproduktionen wie *Cleopatra* (1962) vor allem Schulden und sorgten für Studioschließungen. Man hatte den Anschluss an ein Publikum verpasst, das allenfalls zum Petting in Drive-In-Kinos fuhr, aber meist den Abend beim Barbecue mit der Familie und vor dem nun verbreiteten Fernsehgerät verbrachte. Lediglich kleinere unabhängige Produktionsfirmen wie jene von Roger Corman florierten in den 1960er Jahren, denn sie hatten ein neues Publikum erkannt: die Jugendlichen, die Counter Culture, die Engagierten. neue Genres etablierten sich: Biker- und Roadmovies, harte Horrorfilme, Sexfilme – Filme, die die Tabus der klassischen Ära nicht nur brachen, sondern selbst zum Thema machten.

Im klassischen Hollywood der kommerziellen Hochphase zwischen 1930 und 1960 fielen diese Sujets dem Hays Code zum Opfer, jenem Zensursystem, das Küsse nur wenige Sekunden erlaubte, und die Darstellung von Drogenmissbrauch, Nacktheit und expliziter Gewalt gleich ganz untersagte. Auch wenn einige Regisseure wie Alfred Hitchcock oder Billy Wilder originelle Lösungen fanden, die Grenzen auszuweiten, war ein neues Kino erst nach dem Ende des Hays Codes denkbar. Mitte der 1960er Jahre trat dann das Rating-System an die Stelle der Zensur. Ratings signalisierten, ab welchem Alter die Filme geeignet waren. Wer an Tabus rührte, musste mit dem Jugendverbot, dem

X-Rating, rechnen. Dies kam einer indirekten Zensur gleich, denn viele Kinos weigerten sich X-Rated-Filme zu spielen, und viele Zeitungen wollten dafür nicht werben. X hatte den Ruch der Pornografie.

Ein X-Rating wurde wahrscheinlich, wenn man sich der belasteten Motive deutlich annahm: Homosexualität wurde als problematisch empfunden (William Friedkins *Die Harten und die Zarten*, 1970; John Schlesingers *Asphalt Cowboy*, 1968), extreme Gewalt wie im Splatterfilm (Sam Raimis *Tanz der Teufel*, 1982), explizite Sexualität wie in den Filmen von Russ Meyer oder auch stilisierte Gewalt wie in Stanley Kubricks *Uhrwerk Orange* (1970). Extreme Probleme bekamen Filmemacher auch mit der deutlichen Darstellung von Drogenkonsum. So hatte Otto Preminger 1955 große Zensurschwierigkeiten mit seinem Film *Der Mann mit dem goldenen Arm*, in dem Frank Sinatra als Morphin-Süchtiger auftritt. Selbst Alkoholsucht tauchte eher selten auf. Es mag also kaum verwundern, dass der aufstrebende Filmemacher Jerry Schatzberg ähnliche Probleme bekam, als er 1971 James Mills sozialrealistischen Roman „Panic in the Needle Park“ (1966) nach einem Drehbuch von Joan Didion und John Gregory Dunne verfilmte. Selbst in Europa bekam der Film zunächst ein Jugendverbot, denn seine naturalistische Darstellung des Drogenmilieus galt als schwer jugendgefährdend. Wobei man Schatzberg kaum vorwerfen kann, das Geschehen zu verharmlosen – noch heute gilt der Film neben Darren Aronofskys *Requiem for a Dream* (2002) als eine der ungeschminktesten Darstellungen der Heroin-Subkultur.

2.

Panik im Needle Park ist das Porträt einer Gruppe von Heroinabhängigen, die am Sherman Square in Manhattans Upper West Side nahe der 72. Straße

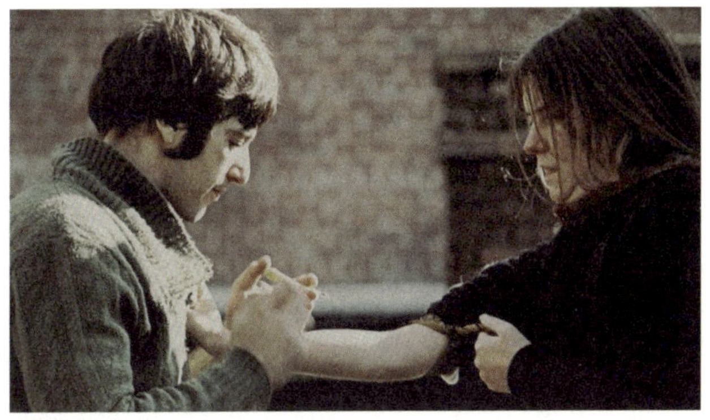

und Broadway hausen, einer Gegend, die damals aus diesem Grund als ‚Needle Park' bekannt und berüchtigt war. In Form eines Subkulturmelodrams erzählt Schatzberg von der Liebesgeschichte zwischen dem jungen Süchtigen Bobby (Al Pacino) und der orientierungslosen Helen (Kitty Winn), die dessen Charisma erliegt. Auch sie wendet sich dem Heroin zu und das Paar wird in eine soziale Abwärtsspirale gezogen, die in einer Reihe von Verbrechen mündet.

Der harsche Realismus des on location gedrehten Films orientiert sich nicht nur an dem Roman von James Mills, sondern auch an dessen zweiteiliger Bildreportage aus dem Life Magazine (26. Februar und 5. März 1965), die das Leben im Needle Park dokumentierte. Bereits 1967 hatte Avco Embassy Pictures die Rechte des Stoffes optioniert, doch erst Produzent Dominick Dunne wagte sich an die Umsetzung des Projekts. Sein Bruder John und dessen Frau Joan schrieben das Drehbuch und suchten zunächst den Sänger Jim Morrison von den Doors auf, um ihn für die Hauptrolle zu gewinnen. Morrison, der gerade das Album „Waiting for the Sun" aufnahm, hatte selbst den Ruf eines Drogenabhängigen, und vermutlich war es genau dieser Umstand, der dazu führte, dass man dem ambitionierten Jungschauspieler Al Pacino aus dem New Yorker Actor's Studio den Vorzug gab.

Al Pacino war an der legendären Schauspielschule von Lee Strasberg und Stella Adler in der *method* ausgebildet worden, die ihrerseits auf der „Methode" von Konstantin S. Stanislawski basiert. Diese Schauspieltechnik arbeitet mit dem affektiven Gedächtnis der Schauspieler, der Erinnerung an selbst erlebte Situationen und Gefühle. Diese sollen abrufbar werden, um möglichst authentische und psychologisch nachvollziehbare Schauspielleistungen zu ermöglichen. Pacino perfektionierte neben seinen Kollegen Robert de Niro und Dustin Hoffman eine spezielle Variante dieser *method*, die u. a. auf eine intensive Milieurecherche vor Ort baut und nahezu eine temporäre Verschmelzung mit der dargestellten Figur anstrebt. Pacino lebte in dem Milieu der Heroinabhängigen, studierte ihren Tagesablauf und ihre Kommunikationsformen, imitierte die Kleidung der Szene und wurde so selbst nach und nach Teil der Szene. Unter ärztlicher Aufsicht injizierte er sich eine harmlose Lösung, die zugleich reale Einstichspuren am Arm hinterließ. Diese Erfahrungen bildeten auch den Hintergrund der Rollengestaltung seiner späteren Darstellung des Undercover-Drogencops *Serpico* (1975) im Film von Sidney Lumet. Für *Panik im Needle Park* wurde er also nahezu selbst zu einem Heroinabhängigen, was den realistischen Gestus der Inszenierung Schatzbergs umso effektiver erscheinen lässt. Die schauspielerische Intensität Pacinos ebnete ihm den Weg zu seinem überwältigenden Welterfolg in Francis Ford Coppolas *Der Pate* (1972), in dem der junge Schauspieler zugleich seine Wandlungsfähigkeit unter Beweis stellen konnte. So ist *Panik im Needle Park* zwar nicht Pacinos glorioses

Schauspielerdebüt, wie die Presse damals annahm, aber der Film kann als erstes Schlüsselwerk in einer Reihe eindrucksvoller *method*-Präsentationen gesehen werden, zu denen später zweifellos auch *Cruising* (1980) von William Friedkin und *Scarface* (1983) von Brian de Palma zählen.

3.

Auch für den New Yorker Fotografen und Regisseur Jerry Schatzberg (Jahrgang 1927) war *Panik im Needle Park* nicht das Debüt, sondern der erste von zwei Filmen, die das New Hollywood nachhaltig prägten. Schatzberg, der in einer jüdischen Familie in der Bronx aufwuchs, gehört somit zum New-York-Branch des New Hollywood, also jenen Regisseuren, die streng genommen nie wirklich Teil des kalifornischen Hollywood-Systems waren. Zu ihnen zählen außerdem Woody Allen, Martin Scorsese und John Cassavetes. Gegenüber den ‚echten' Hollywood-Brats jener Zeit wie George Lucas, Steven Spielberg, Francis Ford Coppola oder John Milius fielen die New Yorker durch ein wesentlich harscheres und intellektuelleres Kino auf. So auch Jerry Schatzberg.

Zunächst war er als Fotograf für Magazine wie Esquire und Vogue erfolgreich. Für das Album „We're Only In It For The Money" der Mothers of Invention steuerte er die Coverfotos bei. Mit Filmmaterial arbeitete er zunächst für Werbeclips. Erst 1970 gelang ihm das Debüt als Autor und Regisseur mit *Puzzle of a Downfall Child* mit dem damaligen Superstar Faye Dunaway in der Hauptrolle. Doch erst der skandalumwitterte *Panik im Needle Park* brachte den gewünschten Erfolg. Der Film wurde weltweit positiv aufgenommen, und vor allem auf europäischen Festivals wie in Cannes gewürdigt. Besonders der soziale Realismus fiel auf, der durch den Verzicht auf Filmmusik noch unterstrichen wurde. In Cannes sollte er mit seinem dritten Spielfilm, dem Roadmovie *Asphalt-Blüten* (1973) mit Al Pacino und Gene Hackman schließlich die Goldene Palme gewinnen. Wie in dem Drogenfilm widmete er sich hier wiederum einer Außenseiterthematik: den obdachlosen Tramps, die Amerikas Straßen bevölkern. In diesem Film wird allerdings Schatzbergs Bemühen um eine symbolische und mythische Überhöhung des Geschehens deutlicher als zuvor.

1976 konnte er mit der Komödie *Sweet Revenge* erneut eine Nominierung in Cannes erringen, doch seine folgenden Filme erfuhren weniger Resonanz und Verbreitung als die beiden modernen Counter Culture-Klassiker. 1980 folgte das autobiografische Musikerdrama *On the Road Again* mit und über die Country-Ikone Willie Nelson. In den 1980er Jahren fiel er durch unterschiedliche Genrefilme auf, wie den Thriller *Glitzernder Asphalt* (1987), den Actionfilm *Tropic War* (1989) oder die Literaturverfilmung *Der wiedergefundene Freund* (1989), die ihm noch einmal eine Nominierung in Cannes einbrachte.

In den letzten Jahrzehnten war Jerry Schatzberg eher für seine charismatischen Fotos berühmter Persönlichkeiten wie Fidel Castro oder Robert Redford bekannt. Zudem gab er 2006 ein Buch über den Folksänger Bob Dylan heraus, der 2016 zu seiner eigenen Verwunderung Nobelpreisträger für Literatur wurde. Jerry Schatzberg ist zweifellos ein Multitalent, dessen Möglichkeiten sich im Hollywood-System nicht immer fruchtbar machen ließen, doch mit *Panik im Needle Park* und *Asphalt-Blüten* zählt er zweifellos zur ersten Garde dieser Renaissance der amerikanischen Filmkunst in den 1970er Jahren.

4.

Abgesehen von seiner Bedeutung im Kontext des New Hollywood Cinema ist *Panik in the Needle Park* auch ein wichtiges Dokument. Der Film schafft ein überzeugendes Bild eines New York der frühen 1970er Jahre: einer Stadt der Drogen, der Prostitution und des Verbrechens. Jener Stadt, die wir aus *French Connection* (1971) von William Friedkin und *Taxi Driver* (1976) von Martin Scorsese kennen. Einer Stadt, die es so nicht mehr gibt. Wer heute den endlosen Broadway entlang spaziert, wird kaum noch auf Obdachlose, Prostituierte oder Drogenabhängige stoßen. Die Umgestaltung der Stadt während der 1980er Jahre hat Manhattan nachhaltig befriedet, eine Stadt des oberen Mittelstandes und der Fashion-Hipster entstehen lassen.

Schatzberg drehte seinen Film im alten New York, vor Ort am Needle Park und dem Riverside Park der Upper West Side, auf der Staten Island Fähre und im legendären East Village. Läuft man heute durch Manhattan, begegnen einem zahlreiche H&M-Stores, ZARA und Starbucks – das legendäre New York von Scorsese, Friedkin und Schatzberg ist Teil der Geschichte geworden. Geblieben ist eine harmlosere Stadt, zweifellos, doch sie ist austauschbar, identitätslos und nur noch ein Schatten jener Legende. Und so ist ein Film wie *Panik im Needle Park* für immer ein wichtiger Teil des kulturellen Erbes dieser Stadt, auch wenn er vor allem die unerfreulichen Seiten präsentiert. Dank Filmen wie diesem bleibt eine Ära amerikanischer (Gegen-)Kultur lebendig.

A Town Called Hell

Clint Eastwoods *Ein Fremder ohne Namen* als apokalyptischer Geisterwestern

> *That isn't what the West was all about. That isn't the American people who settled this country.*
>
> Brief von John Wayne
> an Clint Eastwood (1971)

Paint it Red

Einsame Schatten in karger Ödnis, ihre Reise einem Hauch gleich vergehend in Ewigkeit. Reiter in flirrendem Sand, Reiter in wehendem Schnee. Wir schreiben das Ende der utopischen 1960er Jahre – das Antlitz des Western hatte sich gewandelt, als die Welt ihre Unschuld endgültig verloren hatte und die Bilder von Krieg und Völkermord sich beständig in die häuslichen Bildschirme drängten ...

Die kleine Stadt Lago bietet einen nahezu idyllischen Anblick: Am Ufer eines großen Sees gelegen wirken die unbeschadeten Planken der spärlichen Holzhäuser fast jungfräulich, unberührt vom ständig wehenden Staub. Als der Fremde (Clint Eastwood) zu Beginn des Films in diese Stadt kommt, schlägt ihm dennoch eine Woge der Feindseeligkeit entgegen. Die „reine" Stadt ist von einer kleinen Anzahl kauzigster Westernstereotypen bewohnt, allen voran einem zwergwüchsigen Faktotum. Die Versuche einheimischer Rowdies, den Fremden zu vertreiben, enden tödlich. Man macht aus der Not eine Tugend und heuert ihn schließlich an, seine mörderischen Talente gegen eine Gruppe Banditen einzusetzen, die nach ihrer Entlassung aus dem Gefängnis die Stadt heimsuchen werden, deren Bewohner sie einst verraten hatten.

Der Fremde sichert sich groteske Privilegien: Er bezieht das Hotel, macht den Zwerg Mordecai (Billy Curtis) zum Hilfssheriff und sich selbst zum Herren der Stadt. In Rückblenden wird deutlich, dass der frühere Sheriff Jim Duncan (Buddy van Horn) von den drei zurückkehrenden Kriminellen brutal ermordet wurde, ohne dass ihm die Bürger beigestanden hätten, denn früher oder später wäre der Gesetzeshüter hinter das Netz aus Korruption gekommen, das hinter der sauberen Fassade regiert.

Als die Gangster die Stadt betreten, bietet sich ihnen ein befremdliches Bild: Auf dem Ortsschild steht „Hell" statt Lago, alle Häuser sind blutrot bemalt, und mitten auf der Hauptstraße findet ein Bankett statt. Sie beginnen mit ihrer Verwüstungsorgie, und tatsächlich gelingt es ihnen, bis zum Einbruch der Nacht die Stadtbewohner in Angst und Schrecken zu versetzen. Doch schließlich schlägt der Fremde zu: Die Peiniger werden entweder erschossen, zu Tode gepeitscht oder gehenkt. Am nächsten Morgen verlässt der Fremde wortlos die Stadt. Der Zwerg errät seine Identität – er ist der Wiedergänger des toten Duncan, sein zurückgekehrter Rachegeist. Die deutsche Synchronfassung lässt ihn allerdings als Bruder des Toten auftreten, was die mythische Qualität des Films schwächt.

Der Rächer aus dem Jenseits

Die hitzeflirrende Panoramatotale, die den finsteren Reiter schließlich in der Ferne verschwinden lässt, aus der er kam, lässt keinen Zweifel an der metaphysischen Natur der Ereignisse. *Der Fremde ohne Namen* (1973) ist ein Racheengel, der die Erde betritt, um zu richten und zu strafen. All seine Handlungen sind funktionalisiert und werden von ihm mit steinerner Miene, ohne nennenswerte Brüche ausgeführt. Die Stadtbewohner haben den Tod des Sheriffs tatenlos hingenommen; er lässt sie leiden für ihre Feigheit und Korruption, indem er sie kollektiv versklavt und demütigt. Nur der Zwerg als gerissener Narr durchschaut das Spiel von Beginn an und fügt sich ein. Für die Täter hält der Rachengel jedoch die bildliche Hölle bereit: In dem flammenden Inferno ereilt jeden ein ausgesucht qualvoller Tod durch Strick und Peitsche.

Clint Eastwoods zweite Regiearbeit *Ein Fremder ohne Namen* – sein erster Western – bietet ein mythisches Destillat aus den Eurowestern Sergio Leones und Sergio Corbuccis und den Spätwestern von Don Siegel. Er entledigt sich allen historischen Ballasts, um zum Kern der offenbar zeitlosen Mythen des Western – und speziell des Italowestern – vorzustoßen. Der Fremde ist keinem menschlichen Bezugssystem zuzuordnen, er hat keine Vergangenheit und keine Herkunft, alles an ihm ist Zeichen und Omen: der dunkle Mantel, der riesenhafte, stählerne Körper, die vernarbte Haut, der Predigerhut. Er handelt im Sinne einer übergeordneten Moral, die sich gnadenlos gegen die sorgfältig kaschierte Korruption in Lago richtet: Ihm gegenüber stehen einerseits die degeneriert gezeichneten Stadtbewohner, die keinen Charakter und Widerstandswillen mehr aufbringen können; sie lassen sich dominieren und ausbeuten, demütigen und lenken; andererseits gibt es die drei Kriminellen, deren grausame Bösartigkeit nahezu comichafte Züge trägt.

In diesem Film sind alle schuldig, nur der Zwerg wandelt als schwer durchschaubarer Mittler (man nennt das „Trickster“) zwischen den Instanzen. Ein solches Planspiel entspricht dem offenen Zynismus des Italowestern, der den amerikanischen Western

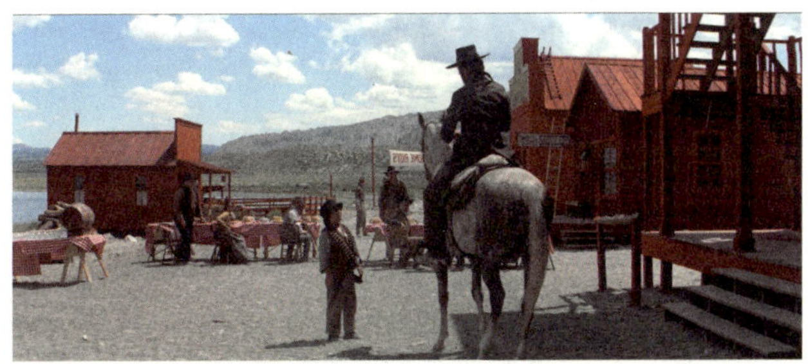

auf seiner mythischen Ebene ad absurdum führen will, sich dabei aber immer weiter von ihm entfernt und letztlich ein eigenes Genre bildete. An die Stelle der Pionier-Romantik der USA treten politische, psychologische und schlicht zynische Elemente. Der Italowestern war in seinem Hang zu angehäuften Grausamkeiten ohnehin näher an der amerikanischen Geschichte, wie der Filmkritiker Hans C. Blumenberg bereits 1969 anmerkte. Und aus diesen Einflüssen filterte Clint Eastwood die Inspiration für seinen Hybriden aus Rachewestern und Horrorthriller.

Dabei war Eastwoods Herangehen an diesen Hybridwestern zunächst klassisch ambitioniert: Statt im Universal-Studio zu drehen, wie von der Produktion vorgeschlagen, suchte er persönlich nach Schauplätzen und entschied sich für den idyllischen Mono Lake, wo er sein Team eine ganze Stadt bauen ließ - vierzehn Gebäude mit Kirche, Hotel und Friedhof. Die Häuser wurden so ausgebaut, dass er sie auch für die Innenaufnahmen nutzen konnte. Weitere Szenen entstanden im kalifornischen Inyo National Forest sowie im Winnemucca Lake, Reno, Nevada. Auf diese Weise entstand der Film unter dem geplanten Budget von 5,5 Millionen Dollar und wurde zwei Wochen vor der Zeit beendet. Eine genuine Pionierleistung als Filmproduktion, die sich für Universal und Eastwoods

Firma Malpaso umgehend auszahlte: Der Film bekam vor allem gute Kritiken und gehörte zu den 20 profitabelsten Werken 1973.

Eastwood drehte den Film mit einem Team von Mitarbeiterinnen und Mitarbeitern, die auch später immer wieder zum Einsatz kamen: Autor Dean Riesner überarbeitete das Orginaldrehbuch von Ernest Tidyman, Dee Barton komponierte die flirrende Musik, Bruce Surtees führte die Kamera und Ferris Webster montierte den Film. Gerade Webster war ein Veteran des Spätwestern, denn er hatte u.a. John Sturges' *Die glorreichen Sieben* (1960) geschnitten. Mit Eastwood arbeitete er zuvor an dem Western *Sinola* (1972). Man konnte damals also bereits von Eastwoods Ensemble sprechen.

In Hommage an seine beiden Lehrmeister Sergio Leone und Don Siegel, mit dem er den Western *Ein Fressen für die Geier* (1970) gedreht hatte, ließ Eastwood deren Namen auf Grabsteine an seinem Set gravieren. Diese Grabsteine sind allerdings auf den Pressefotos deutlicher zu sehen als im Film selbst.

Agonale Western

Eastwood ist nicht der erste Westernregisseur, der sich der Ikonografie und der Mechanismen des Horrorkinos bedient – diese Spielart gab es zuvor bereits in Italien: *Django und die Bande der Bluthunde* (1969) von Sergio Garrone erzählt mit dem stoischen Anthony Steffen eine ganz ähnliche Geschichte – der Film hat gar den Ruf, die direkte Vorlage zu *Ein Fremder ohne Namen* zu sein: Im Amerikanischen Bürgerkrieg wurde durch den Verrat dreier Offiziere ein ganzes Bataillon Südstaatensoldaten getötet. Nach dem Krieg kommt ein Fremder nach Dirty City (!), wo der Ex-Major Murdok (Luciano Rossi) und sein psychopathischer Bruder Rod (Paolo Gozlino) herrschen:

Er nennt sich Django (zumindest in der Synchronfassung). Django ist Überlebender des Massakers und sinnt auf Rache. Wie später Eastwood als der *Fremde* nimmt er sich einen nach dem anderen vor, bereitet Hinterhalte und listige Fallen, bis am Ende Leichen seinen Weg pflastern. Stuntman Steffen wurde vermutlich bereits aufgrund seiner äußerlichen Ähnlichkeit zu Eastwood im ersten Film von Sergio Leones *Dollar*-Trilogie (1964-1967) besetzt. Eastwood nahm diese Spur seinerseits auf und vollendete sie mit den Mitteln Hollywoods.

Sergio Corbucci schuf mit *Leichen pflastern seinen Weg* (1968) einen der pessimistischsten Western überhaupt: Er zeigt in eingeschneiter Berglandschaft den aussichtslosen Kampf eines traumatisierten Fremden (Jean-Louis Trintignant) gegen eine Gruppe skrupelloser Kopfgeldjäger. Deutet der deutsche Titel noch den Protoyp des einsamen Rächers an, bezieht er sich hier letztlich auf Klaus Kinskis Figur Loco, den hinterhältigsten aller Killer – er zieht erst ab, als seine Bande alle Menschen vor Ort getötet hat. So weit ging nicht einmal Eastwoods *Fremder ohne Namen*.

In *Satan der Rache* (1969) ließ Antonio Margheriti wiederum den Deutschen Klaus Kinski als „biblischen" Racheengel die Untaten eines Grubenbesitzers sühnen. Auch hier werden die Fluchträume immer enger, auch hier endet alles im flammenden Inferno. Schon der Originaltitel bemüht einen biblischen Bezug – die Erbschuld Kains –, den Eastwood in Ein Fremder ohne Namen kaum nötig hat. Erst mit dem wesentlich naturalistischeren *Pale Rider – Der namenlose Reiter* (1985) wird er über zehn Jahre später darauf zurückgreifen. Hier ist der Fremde buchstäblich ein Prediger (in der Kleidung der mormonischen Daniter), der scheinbar aufgrund der Gebete eines jungen Mädchens auf einem weißen Pferd herbei reitet und die Ungerechten richtet.

Der mexikanische Surrealist Alejandro Jodorowski bestieg in *El Topo* (1971) selbst das Pferd zusammen mit seinem kleinen nackten Sohn, um sich nach bizarren Duellen selbst zum Messias eines mythischen Westernreiches zu „krönen". Sein deutlich surrealistisches Endzeitspiel bedient sich zahlreicher Elemente des Italowestern. Enzo G. Castellaris Märtyrerfigur *Keoma* (1976) lebt in einer sündig-dekadenten Welt, in der sich die Zeit- und Realitätsebenen um ihn herum auflösen und die Geister der Vergangenheit immer wieder auftreten. Er muss miterleben, wie seine Halbbrüder den eigenen Vater ermorden und ihn selbst, Keoma, kreuzigen, bevor sie wiederum in einem ‚Dies Irae' von biblischer Wucht in Zeitlupe gerichtet werden. Auch der Horrorregisseur Lucio Fulci schickt in *Verdammt zu leben – verdammt zu sterben* (1975) ein archetypisches Western-Quartett (Spieler, Dirne, Trinker und Narr) auf die Reise durch eine vom bevorstehenden Untergang zerfressene Welt, die in den Fängen eines messerschwingenden Sadisten (Tomas Milian) endet.

Eastwoods *Ein Fremder ohne Namen* bildet somit den Höhepunkt einiger ‚agonaler' Western, die ihrerseits als konsequente Endpunkte der Spielart des Italowestern erscheinen: Todesspiele und Endzeitspektakel mit Hut und Revolver.

Western-Hauntology

Der Poptheoretiker Mark Fisher greift in seinem Buch „Gespenster meines Lebens" (2015) Jacques Derridas Begriff der „Hauntology" auf – der philosophischen Lehre von den Geistern, die die Kultur der Moderne durchziehen. Im Französischen auch ein Wortspiel mit „Ontologie" (der Lehre vom Sein), zeigt dieser Kunstbegriff eine Entwicklung auf, die die populäre Kultur am Übergang zwischen Moderne und

Postmoderne durchlief. Die populäre Kultur beschwor zusehends ihre eigenen Geister, Geister wurden Pop-Phänomene. Was gegenwärtig nach dem Millennium fast alltäglich erscheint (Filmreihen wie *Paranormal Activities, Insidious*, *Sinister*, *Ring* etc., Bands wie Ghost), waren um 1973 noch eher ungewöhnlich und irritierend. Dabei war das Genre des klassischen Western bereits verstorben und musste sich mit seinem eigenen Mythos beschäftigen, wie *Der Mann, der Liberty Valance erschoss* (1962) von John Ford belegt. Der Eurowestern stellt hier eine Brücke dar, einen Abweg nach Süden, wenn man so will. Doch mit dem Höhepunkt dieses Revivals um 1969 verstarb auch diese Genretransformation und brachte Untote hervor: Der Western nach 1970 feierte seinen eigenen Leichnam, sei es in einer naturalistischen Re-Lektüre (*McCabe und Mrs. Miller*, 1971, von Robert Altman; *Heaven's Gate*, 1980, von Michael Cimino), in der Dekonstruktion des Mythos' (*Buffalo Bill und die Indianer*, 1978, von Robert Altman; *Erbarmungslos*, 1992, von Clint Eastwood), oder aber ganz explizit im Geisterwestern.

Der amerikanische Mythos wurde Ende der 1960er Jahre im Vietnamkrieg preisgegeben. Und gerade der Western erwies sich als eine treffende Metapher, um den Mythos gegen das eigene Land zu wenden. In Indianerwestern wie *Little Big Man* (1970) von Arthur Penn, *Das Wiegenlied vom Totschlag* (1970) von Ralph Nelson oder *Keine Gnade für Ulzana* (1973) von Robert Aldrich wurde ein neuer, unangenehmer Blick auf die eigenen Verfehlungen geworfen. Auch das einst romantisierte Südstaatenmelodram musste sich der finsteren Geschichte stellen, was in *Mandingo* (1975) von Richard Fleischer deutlich zum Ausdruck kam. John Wayne war bereits alt und feierte sein eigenes Sterben in dem Spätwestern *Der letzte Scharfschütze* (1976) von Don Siegel. Zuvor wurde sein Tod in *Die Cowboys* (1970) von einer Gruppe Kinder gerächt. In diesen Abschied von einem sterbenden Mythos zielte Clint Eastwoods Geistergeschichte um den Fremden ohne Namen. Eastwood hatte von seinen Mentoren Don Siegel und Sergio Leone das Inszenieren gelernt, doch beide wagten nie, so weit zu gehen wie ihr Meisterschüler: Die marginale ‚Stadt' selbst wird zum Schauplatz der Hölle, ihr stereotypes Personal zu Handlangern und Opfern des gewaltsamen Todes. Mitten in die wütende Phase Nordamerikas zwischen Kriegspolitik, Korruption und Friedensbewegung zielte Eastwoods agonales Endspiel. Der namenlose Fremde, der ‚Pale Rider' aus der biblischen Offenbarung, wie er 1985 im Quasi-Remake heißen wird, bricht über den gesellschaftlichen Mikrokosmos herein wie ein Dies Irae, ein Gottesgericht. Der Fremde ist der Geist, geboren aus den Sünden der amerikanischen Geschichte. Mit ihm beginnt eine Heimsuchung (‚Haunting') Amerikas, die bis heute nicht abgeschlossen ist. Der amerikanische Mythos konnte nie wieder in Unschuld erzählt werden – jede Wiederkehr war geprägt von jenem ‚Haunting', das sich wie Peitschenriemen in die Haut der Gewalttäter grub.

Will man diese ebenso unheimliche wie deprimierende Strömung innerhalb einer des klassischsten aller Hollywoodgenres verstehen, bietet sich Fishers Lesart der Derridaschen ‚Hauntology' an. Mit dem Verlust des naiven Urvertrauens, dem Blick in den Abgrund von Kapitalismus und Imperialismus, veränderte sich die Lesart der eigenen Geschichte und Identität. Die Gespenster gehörten nun selbst zum Inventar, die Heimsuchung selbst wurde zum Thema, wie in dem psychosexuellen Nachwort zum amerikanischen Bürgerkrieg in *Betrogen* (1970) von Don Siegel, in dem sich der verwundete Soldat (Clint Eastwood) im Gespinst der Begierden eines isolierten

Mädchenpensionats aufreibt. Eine Gesellschaft der Toten und der Geister, ihrer untoten Wiedergänger, ist geblieben von einem verordneten Optimismus des ‚Pursuit of Happiness'.

Wer heute durch die ländlichen USA reist, kann sich einer beklemmenden Melancholie nicht erwehren. Hier findet man die Reste einer Welt, die nicht mehr besteht. Man reist im Bewusstsein eines Versprechens, das nie eingelöst wurde. So ist der Fremde ohne Namen ein früher Ausdruck jenes Zustandes, in dem sich Amerika heute umso mehr befindet. Nach ihm kamen der *Hitcher*, der *Preacher* und Roland, der Revolverheld aus *The Dark Tower*. Amerika ist eine Geisternation, und Clint Eastwood – einer ihrer großen Patrioten – hat diesem Umstand immer wieder Ausdruck verliehen. Das mag erklären, warum *Ein Fremder ohne Namen* noch heute als Kultfilm gilt – und gelten muss. Ein unheimlicher Film, depressiv und nachhallend. John Wayne mochte ihn nicht.

Cole, Gerald und Peter Williams: Clint Eastwood. Sein Leben – seine Filme, München 1986
Fisher, Mark: Gespenster meines Lebens. Depression, Hauntology und die verlorene Zukunft, Berlin 2015
Hembus, Joe: Western-Lexikon – 1272 Filme von 1894-1975, München Wien 2. Auflage 1977, S. 150.
Johnstone, Iain: Clint Eastwood – The Man With No Name, London/New York 1988
Studienkreis Film (Hrsg.): Um sie weht der Hauch des Todes. Der Italowestern – die Geschichte eines Genres, Bochum 1998
Stiglegger, Marcus: Dies Irae in Sand und Frost. Agonale Western. In: Screenshot, Nr. 18, 2 / 2002, 5. Jhg., S. 30-32.
Stiglegger, Marcus: Ein Fremder ohne Namen – High Plains Drifter. In: Filmgenres – Western / Hrsg. von Bernd Kiefer u. Norbert Grob unter Mitarbeit von Marcus Stiglegger. Reclam jun., Stuttgart 2003, S. 322-325.

Ein Fremder ohne Namen ist bei
Capelight als Special Edition Bluray erschienen.

„Sind sie außer Gefahr?"

Der Zahnarzt als Angstfigur im Spielfilm

Auf dem Höhepunkt des Paranoia-Thrillers *Der Marathon Mann* (1976) von John Schlesinger findet sich der Geschichtsstudent Babe Levy (Dustin Hoffman) an einen Stuhl gefesselt in einem kargen dunklen Raum wieder. Bald betritt ein ergrauter, älterer Mann (Sir Laurence Olivier) den Schauplatz. Ruhig und freundlich fragt er den Gefangenen immer wieder, ob „sie außer Gefahr seien". Während er dies fragt, breitet er auf einem Beistelltisch seine Zahnarztinstrumente aus, mit denen er wenig später die Zähne des Gepeinigten untersucht. Als er ein Loch gefunden hat, bohrt er den Haken gnadenlos hinein und erzeugt jenen schneidenden, scharfen Nervenschmerz, der zum Albtraum aller Zahnarztpatienten gehört. Diese Szene wird sich noch einmal wiederholen, nur dass der Zahnarzt Dr. Szell – ein ehemaliger Konzentrationslagerarzt, wie man erfahren wird – diesmal einen weiteren Patienten-Alptraum umsetzt: Er bohrt direkt in den Nerv einen gesunden Zahns, was der Film mit einem schrillen, kreischenden Geräusch und grell überstrahlter Gegenlicht-Einstellung vermittelt.

Dieser Moment zählt nicht nur zu den meistzitierten Gewaltszenen der Filmgeschichte, sondern führte mitunter dazu, dass Marathon Man gelegentlich gar als Horrorfilm eingestuft wird, was letztlich nicht zutrifft. Doch diese Szene scheint auf einen Großteil des Publikums so grauenvoll zu wirken, dass der Film offenbar darauf reduziert werden kann. Was also macht die spezielle Wirksamkeit dieser Szene(n) aus? Ein Zahnarztbesuch gehört für fast alle Filmzuschauer der Industriegesellschaft zum gelegentlichen Alltag, und auch der

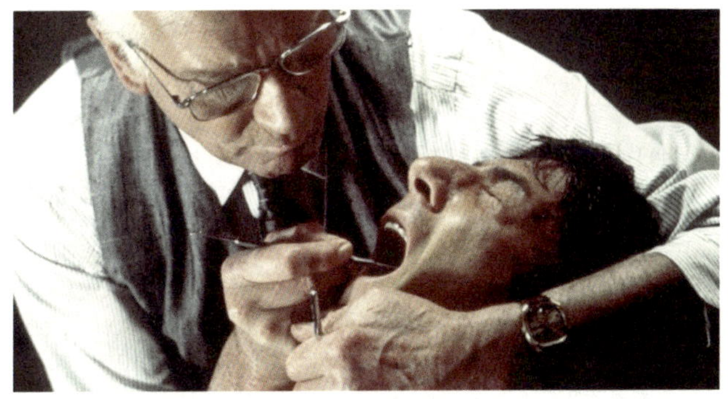

Schmerz einer entzündeten Zahnwurzel und deren Behandlung wird somit früher oder später zur Alltagserfahrung. Im Gegensatz zu vielen anderen Körperhorrorszenen, die etwa Zerstörung oder Amputation von Gliedmaßen zeigen, ist der Zahnschmerz direkt nachvollziehbar und kann über das affektive Gedächtnis des Publikums im Rahmen der Filminszenierung reaktiviert werden. Das Grauen des schmerzhaften Zahnarztbesuchs ist ein unmittelbar und unleugbar reales Grauen für die meisten Zuschauer. John Schlesingers Inszenierung appelliert genau an diese Mechanismen und steigert die vereinnahmende Wirkung noch durch dissonantes Sounddesign und Auflösung der Bildebene in reinem weißem Licht.

Doch der Zahnarzt als Angstfigur ist nicht neu, weder heute noch 1976, denn er taucht bereits in der Stummfilmzeit auf. 1932 sehen wir in einer Vignette W. C. Fields als einen rüden Zahnarzt, der eine unwillige Patientin mit der Zange an ihrem Zahn durch den Raum zieht. Eine weitere Patientin ist bereits im Vorfeld so panisch, dass sie zu schreien beginnt, als er nur den Mundspiegel zur Hand nimmt.

Alfred Hitchcock war als Virtuose des Thrillers bestens im Bilde über die menschlichen Urängste, und auch bei ihm tauchte der Zahnarzt bereits früh auf. In dem Verschwörungsthriller *Der Mann, der zuviel wusste* (1934) besuchen der Protagonist Bob Lawrence (Leslie Banks) und ein Freund auf der Suche nach seiner verschwundenen Tochter einen ominösen Zahnarzt. Die Szene beginnt mit einem comic relief, denn nachdem der Freund im Behandlungsraum verschwunden ist, hört man schrille Schreie, und als die Tür sich öffnet, presst der Mann ein Tuch vor seinen Mund, denn er hat offenbar spontan einen Zahn gezogen bekommen. Als Lawrence auf dem Behandlungsstuhl liegt, überschlagen sich die Ereignisse und er muss den geheimnisvollen Zahnarzt mit seinem eigenen Betäubungsgas überwältigen.

1976 sah man in *Bloodsucking Freaks* von Joel M. Reed eine Bühneninszenierung im Stile des Pariser *Grand Guignol-Theaters*, wo bereits zu Beginn des 20. Jahrhunderts grausame Spektakel für ein neugieriges Publikum inszeniert worden waren (Brincken 2006; Stiglegger 2011). Allerdings ist die Zahnarztfolter in diesem Film ‚echt': Der vermeintliche Magier Sardu (Seamus O'Brien) ist weniger ein Illusionskünstler als ein realer sadistischer Serienkiller. Statt daraus jedoch einen Psychothriller zu entwickeln, reiht der Film episodisch schwarzhumorige Szenarien aneinander, von denen die Zahnarztepisode das umsetzt, was wir in *Marathon Mann* nicht sehen müssen.

Den drastischsten Zahnarzthorror inszenierte zweifellos Brian Yuzna in *The Dentist* (1996). Er präsentiert den ikonischen Dr. Alan Feinstone (Corbin Bernsen), der zum psychotischen Killer wird, nachdem er die Untreue seiner Frau aufgedeckt hat. In liebevollen Nahaufnahmen wird hier die brutale Zerstörung der ganzen Mundhöhle zelebriert. Zähne werden herausgerissen, bis zur Wurzel abgeschliffen, Prothesen gewaltsam installiert, Zungen verstümmelt und Zahnfleisch zerfetzt. Unerwiderte Liebe wird hier zum Motiv eines beispiellosen Amoklaufs, der eine ähnliche Fortsetzung nach sich zog (1998), in der sich das Muster wiederholt. Die verletzte Seele des Heilers wird zum Hort des absolut Bösen.

Eine der drastischsten Inszenierungen von Zahnfolter unternahm der russische Gefangenenlagerfilm *Philosophy of a Knife* (2008) von Andrey Iskanov, der auf semidokumentarische Weise über vier Stunden teilweise in expressiven Schwarzweißbildern von den Kriegsverbrechen der Einheit 731 der japanischen Armee im Zweiten Weltkrieg erzählt. Neben Zeitzeugeninterviews enthält der Film zahlreiche Nachinszenierungen der medizinischen Experimente, die vor allem grausame Folteraktionen waren, in denen die Körper der Opfer systematisch zerstört wurden. In einer extrem zermürbenden und langen Sequenz werden einem weiblichen Opfer alle Zähne gewaltsam entfernt. Die rohe Schwarzweißoptik und die nervenzerrende Industrialmusik, die den Gewaltspektakeln der Terrorfilmwelle um 2010 entsprechen (Stiglegger 2010), geben dieser Szene eine sehr reale Anmutung, die jedoch durch das offenbar geringe Produktionsbudget und die exzentrische Besetzung des Films gekontert wird. Dennoch bleiben diese Momente schwer vergesslich. Die komplette Zahnentfernung spielt auch in Brian de Palma Horror-Rockmusical *Phantom im Paradies* (1974) ein Schlüsselrolle, denn sie ist u. a. der Anlass für die bedrohliche Maskierung des Phantoms mit einem Helm und einem tödlichen Metallgebiss.

Für den Kultstatus der Musicalneuverfilmung *Der kleine Horrorladen* (1986) von Frank Oz ist ebenfalls nicht zuletzt eine Sequenz verantwortlich, die als „The Dentist Song" auch im Internet kursiert. Dr. Orin Scrivello (Steve Martin) wird zunächst als klassischer Biker im *Wild One*-Lederoutfit eingeführt. Mit dem schwungvollen Betreten seiner Praxis zieht er die Lederjacke aus, unter der sich sein weißer Arztkittel verbirgt. Umgehend macht er sich singend an die Arbeit: Er dreht einem verängstigten Jungen halb den Zahn heraus und lässt ihn mit Zange im Mund zurück; dem nächsten Patienten bohrt er in einer eindrucksvollen Innenaufnahme (aus dem Mund heraus gefilmt) einen Schneidezahn zur rauchenden Ruine; der nächste Patient hat sich gar aus Angst an die Zimmerdecke geklammert. In einer weiteren Szene des Films hören wir schrille Schmerzensschreie aus dem Behandlungszimmer. Wenig später kommt ein kleines Mädchen mit externer Zahnspange und Kopfgeschirr ins Wartezimmer. Sichtlich erfreut meldet sich ein bereits nervöser männlicher Patient (Bill Murray) zur Behandlung. Dr. Scrivello kommt mit schwarzer Gummischürze herein, woraufhin sein offenbar masochistischer Patient eine „langwierige Wurzelbehandlung" wünscht. Das sadomasochistische Verhältnis zwischen Arzt und Patient wird als einzig funktionierende Utopie entwickelt. Dass der Arzt Freude an den Schmerzen seiner Patienten hat, wird hier wie in anderen horriblen Beispielen vorausgesetzt. Doch gerade hier liegt die Wurzel eines tiefschwarzen Humors, der mit diesen Zahnarztfiguren meist verbunden ist.

Schwarze Komödien

Gerade die eingangs zitierte Schlüsselszene des Zahnarzthorrors aus Marathon Man taucht in Form von Parodien und schwarzem Humor in den folgenden Jahrzehnten immer wieder auf. So sehen wir in

Joe Dantes Horrorkomödie *Gremlins 2 – Die Rückkehr der kleinen Monster* (1990), wie die grünhäutigen anarchischen Horrorwesen des Titels das Zahnarzt-Folter-Szenario nachstellen – inklusive der Frage „Is it safe?". In der Spionage/Kriegsfilm-Parodie *Hot Shots – Die Mutter aller Filme* (1991) kommt dieses Zitat ebenso vor wie in dem Animationsfilm *Toy Story 2* (1992) von John Lasseter et al. Hier wird die Mehrfachcodierung dieser Familienfilme für unterschiedliche Publikumsanteile deutlich, denn ein solcher Verweis richtet sich in seinem Zitatcharakter eindeutig an einen reiferen Zuschauer. Der intendierte Witz wird nur in Kenntnis des Originals verständlich. Subtiler appelliert der Animationsfilm *Findet Nemo* (2003) von Andrew Stanton und Lee Unkrich an diese Szene, wenn die Szell-Figur in den Zahnarzt und seine fischtötende Tochter – die eigentlich Angstfigur des Films – aufgeteilt wird. Dennoch agiert der Zahnarzt hier in seinem Dilettantismus so verunsichernd, dass die Patienten große Schmerzen erleiden – sehr zum Vergnügen der Fische, die diese Operationen aus dem Aquarium heraus verfolgen. In John Waters' Serienmördergroteske *Serial Mom – Warum lässt Mama das Morden nicht?* (1994) sagt eine der Figuren in einer Nebenbemerkung gar, Eugene Sutphin (Sam Waterston) sei „schlimmer als der Zahnarzt in *Marathon Mann*."

Auf frappierende Weise führt der Fantasyfilm *Charlie und die Schokoladenfabrik* (2005) von Tim Burton die bis dahin etablierten Konzepte des Zahnarztes als Angstfigur zusammen und etabliert die tragische Vorgeschichte des bedrohlichen Schokoladenherstellers Willy Wonka (Johnny Depp): Als Kind wurde er von seinem Vater, einem Zahnarzt (Christopher Lee), gezwungen, eine Zahnspange mit Kopfgeschirr zu tragen. Was von dem Vater als (übertriebene) Fürsorge gemeint war, wurde von dem jungen Wonka als grauenvolle Entstellung interpretiert. Der Vater erscheint ihm als die eigentliche Bedrohung, zu der er später aus Rache und Rebellion selbst wird, indem er ahnungslose Kinder in seine Süßigkeitenwelt lockt. Die Besetzung mit Christopher Lee jedoch denkt dessen prägnante Rollengeschichte mit, denn Lee hatte sich 1958 als wölfischer Dracula der Hammer Film-Studios etabliert und gilt bis heute als charismatische Horrorikone, auch wenn ihn eine jüngere Generation eher als Zauberer Saruman in Peter Jacksons *Herr der Ringe*-Trilogie (2001ff.) kennen dürfte. Auf ambivalente und selbstreflexive Weise verbindet Burton so das Bild des an sich fürsorglichen Arztes mit einer Ikone des Horrorgenres und lenkt so deutlich die Publikumserwartung.

Doch keinem Film gelang es bis heute, einen so kurzen wie rätselhaften Satz wie „Sind sie außer Gefahr?" mit einem solchen Potential an alltagskompatiblem Grauen aufladen wie die Josef Mengele nachempfundene Inszenierung des KZ-Arztes Szell in *Der Marathon Mann*.

Jörg von Brincken: Tours de Force: Die Ästhetik des Grotesken in der französischen Pantomime des 19. Jahrhunderts, Tübingen 2006.

Marcus Stiglegger: „Grand Guignol. Die theatralen Wurzeln des Splatterfilms", in: Zeitschrift für Fantastikforschung 2/2011, S. 55-63.

Marcus Stiglegger: Terrorkino. Angst/Lust und Körperhorror, Berlin 2010.

Medusas Blick im Spiegel

Von William Lustigs zu Alexandre Ajas *Maniac*

42nd Street Blues

1980. Manhattan, New York, ist eine Stadt der Angst. Nur wenige Jahre zuvor (1977) hatte der psychotische Serienmörder „Son of Sam" David Berkowitz ahnungslose New Yorker in kalte Angst versetzt. Jeder Blick konnte der Blick eines Killers sein, der ein Wunschopfer taxiert, und die Straßen durchstreift auf einer heimlichen Menschenjagd. Während im Meatpacker District in einer Seitenstraße käuflicher Sex stattfand und vor den Clubs die „Pervys" cruisten, konnte man nie sagen, wer um die nächste Ecke wartete. Der Central Park wurde zum Synonym für den urbanen Alptraum ...

Zwischen 1970 und 1982 entstand eine Reihe von ikonischen Filmproduktionen, die diesem urbanen Alptraum Rechnung trugen: *Ein Mann sieht rot* (1974) von Michael Winner, *Taxi Driver* (1976) von Martin Scorsese, *The Exterminator* (1980) von James Glickenhaus, *Cruising* (1980) von William Friedkin, *Wolfen* (1981) von Michael Wadleigh und *Der New York Ripper* (1982) von Lucio Fulci. Den ungefiltertsten Ausdruck jedoch fand die Stimmung im New York dieser Jahre in William Lustigs Global Giallo-Thriller *Maniac* (1980).

Entwickelt wurde der Stoff von dem ikonischen New Yorker Schauspieler Joe Spinell (1936-1989), der das Drehbuch schrieb und einen intensiven Einblick in die verstörte Psyche eines Serientäters anstrebte. Dass er selbst die Hauptrolle spielte, kann als Glücksfall für den Film betrachtet werden. Als Regisseur wurde William Lustig gewonnen, der zuvor mit *The Violation of Claudia* (1977) einen Instant-

Klassiker des handlungsbasierten Hardcorefilms geschaffen hatte (inspiriert von Bunuels *Belle de Jour*). *Maniac* war geplant als Low-Budget-Produktion für die Grindhouses der 42nd Street. Doch es sollte anders kommen.

Gedreht für ein ursprüngliches Budget von 48.000 Dollar, das teilweise aus Spinells Gage als *Cruising*-Darsteller stammte, konnte der Film letztlich für 550.000 Dollar auf 16mm-Material abgeschlossen werden. Strategisch geschickt auf dem Filmmarkt in Cannes 1980 platziert, wurde der Film teilweise aufgrund der Mundpropaganda an internationale Verleiher verkauft (u. a. nach Deutschland, wo er einen Monat vor seinem US-Kinostart zu sehen war). *Maniac* wurde zu einem der im Verhältnis zu seinem kleinen Budget erfolgreichsten Filme seiner Zeit und spielte über 6 Millionen Dollar ein. Auch in Deutschland geriet er zu einem enormen Erfolg, wurde jedoch bald wegen Verstoß gegen § 131 (Gewaltverherrlichung) beschlagnahmt.

Eine weitere originelle Kuriosität hier ist die Musik von Jay Chattaway, die in ihrem elektronischen Minimalismus zahlreiche spätere Soundtracks inspirierte und viel zur melancholischen und beklemmenden Atmosphäre beitrug. Chattaways einfache Melodien und gezielte Dissonanzen stehen direkt in der Tradition von Soundtracks wie Tangerine Dreams *Atemlos vor Angst* (1976) oder John Carpenters *Halloween* (1978). Zudem gilt der Film als Inspiration für einen Popsong namens ‚Maniac' von Michael Sambello, der mit einem modifizierten Text zum Charthit in Adrian Lynes *Flashdance* (1983) wurde.

Die urbane Achterbahn

Maniac beginnt ungewöhnlich mit einer Traumsequenz, die Lustig als „*Jaws* on Land" beschreibt: Killer

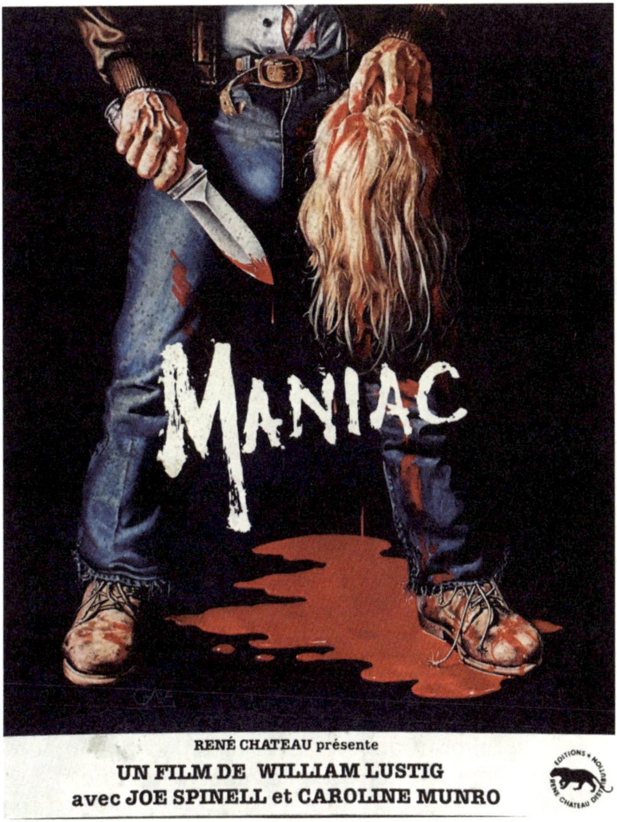

MANIAC

RENÉ CHATEAU présente

UN FILM DE WILLIAM LUSTIG

avec JOE SPINELL et CAROLINE MUNRO

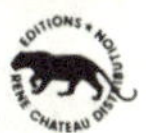

Frank Zito (Spinell) attackiert und tötet ein Liebespaar am Meeresufer. Erst mit seinem erschreckten Erwachen finden wir uns in Zitos bizarr dekoriertem Apartment wieder, in dem sich neben ausstaffierten Schaufensterpuppen auch ein Altar für die verstorbene Mutter und allerlei Skulpturen und Kunstwerke finden. Später begibt sich Zito auf die Jagd. In diesen Straßenszenen geht die Kamera zunächst auf Distanz, was an den improvisierten Dreharbeiten liegen mag: Für nahezu keinen der Drehorte lag eine Dreherlaubnis vor, so dass man im Guerilla-Stil drehen musste: schnell und effektiv. Zito nimmt eine Times Square-Prostituierte mit in ein Stundenhotel, in dem wir William Lustig als Rezeptionisten finden. In diesem Hotel wurden zuvor Szenen aus *Cruising* gedreht, und am Tag nach den Dreharbeiten fand dort tatsächlich ein blutiger Mord statt – so erinnert sich Lustig im Audiokommentar der DVD. Zito trägt in dieser Szene eine an *Taxi Driver* erinnernde Armee-Jacke, die andeutet, auch Zito könne ein traumatisierter Veteran sein, was jedoch nicht weiter thematisiert wird. Seine wesentliche Backstory-Wound ist dagegen die Erinnerung an seine Mutter, eine gewalttätige Prostituierte, die ihn als Kind misshandelt hatte.

Der Hotelmord gehört zu den ikonischen Momenten des Films – auch wenn Lustig die Szene heute zu langsam montiert findet. Als Zito die Prostituierte erwürgt, sieht er in einem irrealen Zwischenschnitt seine Mutter vor sich – das eigentliche Ziel seines Hasses. Spinell spielt diesen Moment in weinerlichem Selbstmitleid aus, bis zu jenem Moment, in dem er mit manischem Blick den Haarschopf abschneidet. Dieser rein prothetische Effekt von Tom Savini, das Sounddesign von Chattaway sowie der Toneffekt (eine verdrehte Geldbörse) erweisen sich als erstaunlich effektiv und schockierend. Später wird Zito mit dem Skalp eine jener Puppen schmücken, die er in und um sein Bett arrangiert hat. Die Inszenierung deutet an, dass er diese Puppen immer wieder als reale Personen wahrnimmt.

Eine weitere ikonische Szene zeigt Zito mit einer Schrotflinte - versteckt im Geigenkoffer -seine Wohnung verlassen. Dieses Gangsterfilmklischee - Spinell spielte zuvor einen der Mafiakiller in *Der Pate* (1972) - erscheint zunächst ironisch. Unvermittelt sehen wir eine nächtliche Flugaufnahme über Manhattan, die seine Autofahrt begleitet. Diese Aufnahme entstammt den Outtakes von Dario Argentos *Horror Infernal* (1980). Der Film schneidet in das Auto eines Pärchens (u. a. Savini), das sein am Hudson-Ufer geparktes Auto als Liebesnest nutzen möchte. In Subjektiven nehmen wir für Momente Zitos Perspektive ein, als er das Auto beobachtet. Die Frau bemerkt den Killer und will panisch flüchten, doch sobald das Licht angeschaltet wird, sehen wir Zito in Zeitlupe (und einem offensichtlich künstlichen Nebel) auf die Motorhaube springen und seine Schrotflinte abdrücken. Positioniert hinter dem Darsteller Tom Savini sehen wir (ebenfalls verlangsamt) dessen Kopf explodieren. Auch dieser Make-Up-Effekt ist heute noch frappierend realistisch. Zusammen mit David Cronenbergs *Scanners* (1980) galt diese Szene lange als prototypischer „Exploding Head" des modernen Splatterkinos.

Die psychologisch beklemmendste Szene schließlich ist die Verfolgung in der U-Bahnstation, die ebenfalls improvisiert in verschiedenen Stationen gedreht wurde. Obwohl Zito im Bild ist, vermittelt der suchende Kamerablick die Perspektive des manischen Jägers (also eine Schein-Subjektive). Die Spannung hier ist ambivalent, denn die Perspektive wechselt zwischen Opfer und Täter und konfrontiert den Zuschauer mit einer sadomasochistisch provokativen

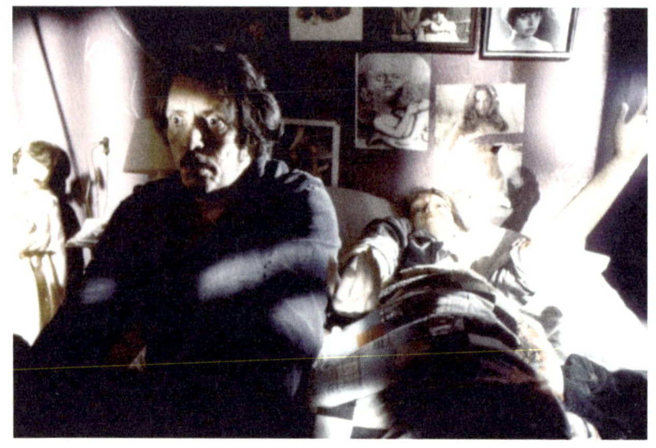

Irritation. Diese Szene alleine soll den deutschen Verleiher überzeugt haben, den Film zu lizensieren, so erzählt Lustig im Kommentar. Als sich die verfolgte Krankenschwester (Kelly Piper) in Sicherheit fühlt, taucht Zito hinter ihr auf und durchbohrt sie mit einem langen Bajonett. Diese fast durchweg handgeführte Sequenz gehört zu den eindrucksvollsten „Urban-Nightmare"-Sequenzen, die keinen Besucher der New Yorker U-Bahn kalt lassen wird. Lucio Fulci orientierte sich mehrfach an dieser Szene, als er *Der New York Ripper* drehte, einen italienische Giallo Thriller, der aufgrund seines Drehortes ebenfalls als Global Giallo gewertet werden kann. Zu diesem Zeitpunkt hat der Film bereits die Hälfte der Laufzeit überschritten – und sich mit einer episodischen Set-Pieces-Dramaturgie begnügt. Der psychologische Effekt ist – ungeachtet des Verzichts auf eine klassische Spannungsdramaturgie – eine tiefe Verunsicherung: Es kann alles passieren, selbst das Schrecklichste.

Love-Interest

Doch unvermittelt ändert der Film die Strategie: Nun lernen wir die schöne italienische Modefotografin Anna D'Antoni (Caroline Munro) kennen, die Fotos von Zito im Park geschossen hat. Charmant und deutlich gepflegter sucht er die Frau auf und gewinnt ihr Vertrauen. Atmosphäre, Charakterzeichnung und Bildsprache weisen kaum noch Ähnlichkeit mit den vorangehenden Sequenzen auf. Obwohl Lustig betont, wie zwiespältig er diesem Wechsel heute gegenübersteht, ist die plötzliche Variante umso verstörender für den geneigten Zuschauer: Jede Sicherheit wird entzogen, jede Konvention gebrochen.

Wir lernen Zito nun als besonnenen Charmeur kennen. Und es wird 20 Minuten dauern, bis wir in einer weiteren Mordszene an Rita (Gail Lawrence), einem Fotomodell von Anna, an die wahre Identität des Killers erinnert werden. Diese Szene spielt den Thriller-Standard der Home Invasion ausführlich durch: Durch eine präparierte Tür dringt Zito in die Wohnung ein und überwältigt die ahnungslose junge Frau, die gerade das Bad verlässt. Auch diese Szene steht inszenatorisch direkt zwischen Hitchcocks Duschszene aus *Psycho* (1960) und dem brutalen Prostituiertenmord aus *Der New York Ripper*. Lustig betont, die Low-Key-Ausleuchtung hier sei an *Der Exorzist* (1973) orientiert gewesen. Vor allem die rhythmisch sexualisierte Penetration des gefesselten Körpers mit dem Messer mag Anstoß für die weltweite Zensurdebatte um den Film gewesen sein. Die folgende Skalpierszene wird dann aus der Sicht der Toten gezeigt: Blut läuft über die Linse, während wir dem Killer in die Augen sehen.

In der folgenden Apartmentszene erleben wir Zito im Stadium einer kindlichen Regression: mit lustigem Hut, Spieluhr – und einer Luftpistole, mit der er auf Bilder von Frauengesichtern schießt.

Es folgen zwei wiederum irritierende Sequenzen, die den Film fast zum klassischen Gothic-Horrorfilm küren: Zito nimmt Anna mit zum Grab seiner Mutter. Der Friedhof ist von dichten Nebelschwaden bedeckt. Als Zito Anna angreift, wehrt sie sich mit einem Spaten, verletzt ihn und kann fliehen. Nun teilen wir Zitos Halluzinationen, die Stimme seiner Mutter. In intimen Nahaufnahmen spielt Spinell den wachsenden Wahnsinn aus, bis die verweste Leiche seiner Mutter unvermittelt aus dem Grab bricht (eine vermutlich von Lucio Fulcis Zombiefilmen inspirierte Szene – siehe hierzu auch den zweiten Band dieser Buchreihe). Zito kehrt verängstigt in sein Apartment zurück, wo er im Schmerz nach und nach seine blutbedeckten Puppen zu Leben erwachen sieht. Die Opfer kehren wieder und zerreißen seinen Körper, enthaupten ihn in seinem eigenen Bett. Als am nächsten Morgen zwei Polizisten seine Leiche entdecken (er hat sich offenbar selbst erstochen), lassen sie ihn unbeaufsichtigt zurück – und bemerken nicht, dass er seine Augen wieder öffnet. Der dunkelhaarige Polizist hier wird von dem realen Polizeibeamten Randy Jurgensen dargestellt, der ursprünglich als Vorbild für Al Pacinos Charakter in *Cruising* diente, ein Umstand, der beide zeitgenössischen Filme endgültig verbindet. *Maniac* und *Cruising* können als ultimativer Ausdruck für den ‚Urban Nightmare New York' gelten.

Ein neuer *Maniac*

William Lustig, für den *Maniac* das Tor zur Filmwelt öffnete, hatte nie eine Fortsetzung des Films geplant, doch Joe Spinell schloss zweifach daran an: in dem ebenfalls von ihm geschriebenen und mit Caroline Munro besetzten Psychothriller *Love to Kill / Maniac 2* (1982) und in dem Promoreel *Mr. Robbie* (1988), das der junge Buddy Giovinazzo umsetzte. Doch Spinell starb 1989 vor der endgültigen Umsetzung des Projekts. Bereits 2009 erwähnte Lustig auf Conventions ein mögliches Remake seines eigenen Klassikers, und 2010 bestätigte er Gerüchte, dass der französische Terrorkino-Spezialist Alexandre Aja (*High Tension*, 2002) den Zuschlag bekommen habe. 2011 begann der New-York-erfahrene Horrorregisseur Franck Khalfoun (*P2*, 2007) *Alexandre Ajas Maniac* in Los Angeles zu drehen. Für die Hauptrollen konnte er Elijah Wood als Frank Zito und Nora Arnezeder als Fotografin Anna verpflichten.

Während *Maniac* die urbane New York-Paranoia der frühen 1980er Jahre deutlich herausarbeitete, profitiert das Remake *Alexandre Ajas Maniac* eher von der inhumanen Anonymität der Westküstenmetropole Los Angeles, die eine ganz eigene Form des ‚Urban Nightmare' hervorbringt. Während es in New York die Enge des Lebensraums ist, die Aggressionen schürt, erzeugt die Weitläufigkeit der kalifornischen Topographie eine latente Hilflosigkeit. Manche Viertel in Los Angeles wirken schlicht menschenleer.

Anders als Spinell ist Elijah Wood in der Darstellung des jungen Frank eher ein verstörter Nerd, der zurückgezogen in Downtown Los Angeles den geerbten Puppenladen seiner promiskuitiven Mutter (America Olivo) weiterführt. Ohne wirtschaftlichen Erfolg restauriert er dort täglich Schaufensterpuppen. Nachts aber streift er im Auto durch die Straßen und macht Jagd auf Frauen, die er tötet und skalpiert. Wie sein Vorgänger schmückt er damit die Puppen seiner chaotischen Behausung.

Statt auf die eher fragile Physis des erheblich jüngeren Schauspielers Wood zu bauen und so eine Variation des Originals zu bieten, geht Khalfoun einen entscheidenden Schritt weiter: Inspiriert von einigen wenigen Einstellungen aus Lustigs Film ist fast das gesamte Remake aus der subjektiven Sicht des Killers gefilmt. Somit ist Wood nur dann zu sehen, wenn Frank Zito in den Spiegel blickt oder in zwei ekstatischen Mordsequenzen quasi ‚außer sich' gerät – dann umkreist ihn die Kamera unvermittelt und zeigt uns sein tatsächliches Antlitz. Wood ist mit seiner fast kindlichen Gesichtsphysiognomie, seinen großen dunklen Augen, eine verstörende wie effektive Besetzung des psychotischen Killers. Anders als der grobschlächtige, pockennarbige und sichtlich ältere Spinell erscheint es weit überzeugender, dass Woods Zito seine jungen weiblichen Opfer von seinen Avancen überzeugen kann.

Verstörend an der konsequent subjektiven Perspektive ist der permanente Jägerblick auf die weiblichen Opfer in spe, die der Zuschauer mit dem Killer teilen muss. Hier beweist sich die autoritäre Kraft des Mediums, das Blickdiktat, das zwar nicht einer klassischen Spannung zuarbeitet, doch eine latente Beklemmung fördert, die vor allem die ersten Minuten bis zur Titeleinblendung dominieren. Hier jagen wir mit dem noch gesichtslosen Zito das ahnungslose Opfer, lauern ihm auf, stoßen ihm ein Messer in den Hals und skalpieren es in einem brachialen Schnitt. Bereits hier fällt übrigens die Überlegenheit der alten Gore-Effekte von Tom Savini auf, die 1980 wesentlich körperlicher anmuten als die neuen CGI-Kompositionen. Heute gleitet das Messer scheinbar mühelos durch das Fleisch, was diese Szenen eher surreal als schockierend wirken lässt.

Ein weiterer Unterschied ist neben dem Schauplatz und der Tricktechnik zweifellos das filmische Material. Während *Maniac* seine rohe Qualität u. a. dem grobkörnigen 16 mm-Filmmaterial zu verdanken hat, das auch (und gerade) in der HD-Abtastung

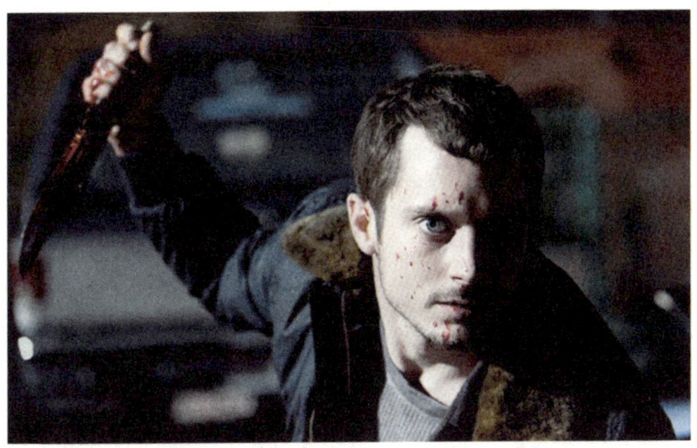

keinerlei Tiefenschärfe oder Ruhe aufweist, ist *Alexandre Ajas Maniac* direkt in High Definition Videomaterial gedreht, was eher die aseptische Künstlichkeit L.A.s herausarbeitet. Diese kränklich-kalte Neonatmosphäre meint man von Michael Manns Thriller *Collateral* (2004) zu kennen. Die Bilder sind von funkelnder Schärfe, lediglich in den ‚Migräne'-Sequenzen trübt sich die Wahrnehmung und mit ihr das Bild.

War Jay Chattaways Soundtrack bestrebt, in Anlehnung an Goblins Dario Argento-Soundtracks (*Suspiria*, 1976) die Verstörung des Geschehens zu fördern und mit einfachen Melodien die Einsamkeit und Melancholie Zitos zu unterstreichen, erreicht der Popmusiker Rob (Robin Coudert der Band Phoenix) in *Alexandre Ajas Maniac* eine ähnliche Qualität, die Cliff Martinez in *Drive* (2010) von Nicolas Winding Refn einbrachte: Robs pulsierende Elektrosequenzen fließen mit der Neonatmosphäre zusammen und erheben *Alexandre Ajas Maniac* zu einem paradigmatischen ‚Urban Nightmare' L.A., wie Lustigs Film das für New York geleistet hatte.

Weniger eine Wendung als eine logische Entwicklung stellt in *Alexandre Ajas Maniac* das Auftauchen Annas dar. Die junge Fotokünstlerin ist von den Puppen in Zitos Laden fasziniert. Erstmals entwickelt der Eremit Emotionen für eine lebende Frau, doch – so zeigt es die Inszenierung, die uns in sein Innenleben zwingt –, seine mörderischen Begierden gewinnen die Kontrolle über ihn. Hier knüpft der Film deutlich an Michael Powells Klassiker *Augen der Angst* (1959) an, in der ein Kameramann seine Morde während der Tat filmt und so die Subjektive ermöglicht. Hier wie dort verliebt er sich in eine arglose junge Frau, die jedoch auf seine Anfälle zunehmend verstört reagiert. Was 1959 noch als metafilmische Reflexion auf die Verführungskraft und Destruktivität des Mediums Film wahrgenommen wurde, erscheint in *Alexandre Ajas Maniac* vielmehr als bitterer Kommentar auf die heute vergleichsweise populäreren Videospiele, vor allem jene Egoshooter, die eine tödliche Egoperspektive zum Standard erhoben haben. Zu blicken heißt töten, erblickt zu werden und selbst nicht zu sehen – heißt sterben. Das wird auch Zito fast zum Verhängnis, als er in Annas Wohnung eindringt und von ihrem Mitbewohner angegriffen wird.

Obwohl *Alexandre Ajas Maniac* weitgehend mit kleinen HD-Kameras gefilmt wurde, sind die Hände im Bild oft nicht die des Kameramannes, sondern jene von Elijah Wood, der das Kunststück fertig bringt, seine Präsenz auch von außerhalb des Bildkaders zu behaupten. Anders als in früheren Versuchen (etwa dem Film Noir *Die Dame im See*, 1947, von Robert Montgomery) hat man die eingeschränkte Perspektive bald akzeptiert – ihr haftet nichts allzu Künstliches an. Und gerade in der Subjektiven wirkt sich die Signifikation von Schmerz (schrilles

Fiepen, Trübung der Schärfe, Ausbleichung der Farben, Überstrahlung der Lichtquellen) umso drastischer aus.

Wie in anderen Fällen ist gerade die Variation des Filmendes wichtig für jenen Teil des Publikums, der mit dem Original vertraut ist. Auch in *Alexandre Ajas Maniac* hat Zito nahezu übermenschliche Kräfte gegen Ende, was ihn umso gefährlicher macht. Und die lange gehegte Hoffnung, dass Anna – wie im Original – hier überleben könnte, wird ausgerechnet durch einen Autounfall zunichte gemacht. Schwer verletzt schleppt sich der junge Zito in seine ‚Höhle', wo seine Opfer bereits warten. Die lebenden Puppen machen sich über ihn her und ziehen ihm ihrerseits die Gesichtshaut ab. Doch statt eines Erwachens im Schrecken – wie bei Spinell – kommt hier seine wahre Identität zum Vorschein: unter dem Antlitz eines Menschen ist Zito hier nichts weiter – als eine Schaufensterpuppe.

Beide Versionen von *Maniac*
sind bei XT in Österreich auf Bluray erschienen.

Die Invasion der Barbaren

Gedanken zur Re-Mythisierung Hollywoods in den 1980er Jahren

1.

Wenn ich zurückdenke an das Jahr 1982 – ich war gerade 10 Jahre alt – muss ich sagen, dass Conan für kurze Zeit zu meinem Mentor wurde. Ich durfte den Film mit Arnold Schwarzenegger damals noch nicht sehen und sammelte daher verzweifelt alle Artikel über *Conan der Barbar* (1982, von John Milius), die ich finden konnte. So kaufte ich mein erstes Cinema-Heft und meine erste Bravo-Ausgabe, denn beide berichteten ausführlich über den archaischen Barbaren. Und welche Freude war es, als der Heyne Verlag mit seiner Veröffentlichung der Conan-Stories und -Romane begann, die jeweils mit einem Filmfoto auf dem Cover erschienen. Diese blassgelben Buchrücken schmücken noch heute mein Lesezimmer.

Conan kam damals zur richtigen Zeit: mit der wachsenden Popularität von J.R.R. Tolkiens ‚Herr der Ringe'-Romantrilogie und dem gleichnamigen Animationsfilm von Ralph Bakshi (1979), mit John Boormans 1981 gestarteter Neuinterpretation des Arthus-Mythos' in *Excalibur* und Terry Gilliams *Time Bandits* (1982). Es folgten *Feuer und Eis* (1982) von Ralph Bakshi, *Der dunkle Kristall* (1983) von Jim Hanson und Frank Oz, *Legende* (1983) von Ridley Scott und aus Deutschland *Die unendliche Geschichte* (1984) von Wolfgang Petersen. Und nicht nur das Kino feierte die Phantasie, auch das Table Top-Rollenspiel ‚Dungeons & Dragons' hatte damals eine Hochphase. Tolkiens Mittelerde hatte sich bereits in der Hippieära der frühen 1970er Jahre großer Beliebtheit erfreut, Studienkreise ebenso inspiriert wie

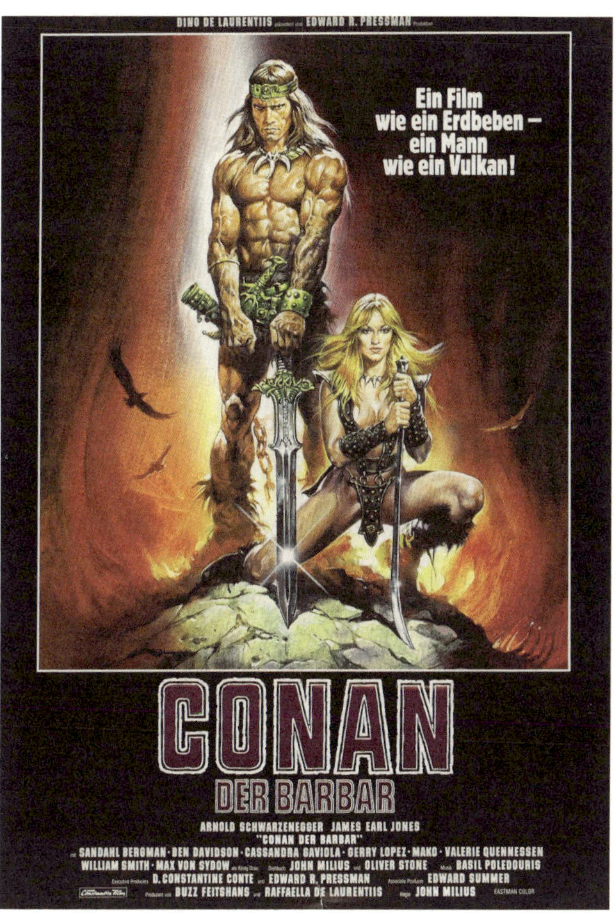
DINO DE LAURENTIIS EDWARD R. PRESSMAN
Ein Film
wie ein Erdbeben –
ein Mann
wie ein Vulkan!
CONAN
DER BARBAR
ARNOLD SCHWARZENEGGER JAMES EARL JONES
"CONAN DER BARBAR"
SANDAHL BERGMAN · BEN DAVIDSON · CASSANDRA GAVIOLA · GERRY LOPEZ · MAKO · VALERIE QUENNESSEN
WILLIAM SMITH · MAX VON SYDOW JOHN MILIUS und OLIVER STONE Musik BASIL POLEDOURIS
Executive Producers D. CONSTANTINE CONTE und EDWARD R. PRESSMAN Associate Producer EDWARD SUMMER
Produziert von BUZZ FEITSHANS und RAFFAELLA DE LAURENTIIS Regie JOHN MILIUS EASTMAN COLOR

esoterische Beschäftigung angestoßen. Pen & Paper-Rollenspiele etablierten sich als Gruppenerlebnis und schon in den 1970er Jahren musste man von einem Revival jener Fantasy-Literatur sprechen, die eigentlich einer anderen Ära entstammte: den krisengeplagten 1930er Jahren mit ihren ,Weird Tales' und frühen Fantasy-Magazinen. Diese inspirierten zweifellos auch aufstrebende Fantasy-Künstler wie Boris Vallejo, Frank Frazetta, Luis Royo oder Paolo Serpieri oder das französische Comicmagazin „Metal Hurlante" (gegründet 1975), das 1982 einen Animationsfilm nach sich zog (*Heavy Metal*, von Gerald Potterton, Jimmy T. Murakami) und großen Einfluss auf Fantasy- und Science-Fiction-Filme der 1980er Jahre hatte. Selbst im Marvel-Comicverlag gab es seit 1970 eine Conan-Reihe, die später auch in Deutschland verlegt wurde.

Doch den stärksten Eindruck hinterließ in jedem Fall Robert E. Howards Conan-Mythos, bezogen aus klassischen Monomythen, wie sie später Robert Campbell analysierte, und kongenial inszeniert von John Milius als Variante von *Apocalypse Now* (1979, dessen Drehbuch er geschrieben hatte), mit dem Bodybuilding-Star Schwarzenegger in einer ikonischen Besetzung. Von der damaligen Filmkritik international einhellig verspottet und als reaktionäres Derivat verdammt, hat Conan the Barbarian ein bis heute nachwirkendes Bild in Hollywood etabliert, ohne das viele Werke danach kaum denkbar wären (vor allem Filme von Mel Gibson, Ridley Scotts *Gladiator*, 2000, Zack Snyders *300*, 2007). In gewisser Weise kann man Conan auch als einen frühen Marvel-Film sehen, denn er war zweifellos auch von der Bildwelt der Comiczeichner Barry Windsor-Smith und John Buscema beeinflusst. Was aber machte die Welt von ,Sword & Sorcery' so verführerisch?

2.

Der bis heute populäre Begriff „Sword & Sorcery" wurde 1961 vom britischen Autor Michael Moorcock geprägt, der im Fantasy-Fanzine „Amra" einen Leserbrief veröffentlichte, welcher die Frage nach einem Namen für die Fantasy-Abenteuergeschichte von Robert E. Howard beantwortete: Ursprünglich hatte er ‚epic fantasy' vorgeschlagen, woraufhin der Autor Fritz Leiber „sword & sorcery" einbrachte („Ancalagon", 6. April 1961); Moorcock propagierte daraufhin diese Variante, denn sie beschrieb gut die Ära und die Schlüsselmotive jener Geschichten: Man kämpfte mit dem Schwert und betrieb Magie statt Wissenschaft. Während Tolkien der ‚high fantasy' zugerechnet wurde, verband man mit ‚sword & sorcery' schnelle, aktionsreiche und ‚dreckige' Geschichten, voller ambivalenter und mysteriöser Figuren, Gewalt und unkomplizierter Sexualität. Oft tauchten hier exotistische und kolonialistisch geprägte Stereotypen auf, die u. a. den Conan-Stories den Ruf bescherten, rassistisch zu sein. Andere Kulturen wurden als undurchschaubar und beängstigend geschildert, bedienten sich unbekannter Formen der Magie und Verführung. Der aufrechte Schwert-Held dagegen löste die Konflikte oft mit brachialer Gewalt und pragmatischer List, wenn er nicht der exotischen Verführung verfiel und unter Gefangenschaft und Folter leiden musste. Da die ‚sword & sorcery'-Helden ihre Bestimmung in Kampf und Krieg finden, stieß man man in der zeitgenössischen Kritik auch immer wieder auf den Vorwurf des „Faschistoiden" (bis hin zu den polemischen Texten von Rolf Giesen), was durch die Selbstbeschreibung des Regisseurs als „Zen-Faschist" nicht relativiert wurde (Nachweise hierzu findet man u. a. in dem Dokumentarfilm *Milius*, 2013).

Das Fantasy-Subgenre der ‚sword & sorcery'-Spielart wurde beeinflusst von antiker Mythologie, nordischen Göttersagen, der Grals-Sage, aber auch der Ritterliteratur von Sir Walter Scott oder den Musketier-Romanen von Alexandre Dumas d. Ä. Ein klassisches Abenteuernarrativ traf hier immer wieder auf phantastische Elemente (wie Giganten, Hexen, Zauberer und Drachen). Speziell die Geschichten von Robert E. Howard und Clark Ashton Smith schöpften auch aus den Erzählungen von ‚1001 Nacht'. Dazu kamen Motive des Pikaresken und des Karnevalesken, vor allem in den Schilderungen des bunten Stadtlebens. Verbreitet wurden diese Geschichten vor allem in Magazinen wie den ‚Weird Tales', in denen auch die Conan-Stories auftauchten. An diese Tradition knüpfte in den 1960er bis 1980er Jahren das Autorenkollektiv um Lin Carter an, der selbst den Conan-Mythos weiterspann. Die Autoren hatten stets gegen das triviale Image ihres Subgenres zu kämpfen, das gerade im Gefolge des Conan-Films zum Synonym reißerischer Fantasy ‚pulp fiction' wurde (auch auf der Leinwand). ‚Sword & sorcery' verlor bald wieder an Bedeutung und erlebte erst um 2000 eine dritte Welle, die u. a. einen neuen Conan-Film mit sich brachte und bis in George R.R. Martins Roman-Zyklus „A Song of Ice and Fire" (1996-2011) und deren Serienverfilmung *Game of Thrones* (2011 ff.) hinein spürbar bleibt.

3.

Mythos und Moderne bilden von Beginn an ein dialektisches Paar, das als unvereinbarer Gegensatz erscheinen mag und doch in engem Verhältnis steht. In dem Buch „Verdichtungen. Zur Ikonologie und Mythologie populärer Kultur" (2014) definiere ich diese Dialektik als einen Schlüssel zum Verständnis unserer Gegenwart, die sich in ihren Kommunikationsmedien spiegelt. Dies zeigt sich an Artefakten der populären Kultur mit analytischem Blick auf dieses Verhältnis, vorrangig in Film, Literatur und Musik, aber auch in Fotografie, Theater und Computerspielen. Im akademischen Konsens haben sich Mythos und Moderne als scheinbar unvereinbares Gegensatzpaar etabliert. Dabei kommt gerade das Schlüsselwerk der aufgeklärten Moderne, Theodor W. Adornos und Max Horkheimers „Dialektik der Aufklärung" (1944), nicht ohne den Begriff des Mythos' aus. Nicht nur bezieht er seine elementaren Beispiele aus der klassischen Mythologie (etwa Homers „Odyssee"), auch kann der Umschlagspunkt von Aufklärung in Barbarei nicht vom mythischen Denken gelöst werden, in der das individualistische, lineare, rationale Denken in ein kollektives, zyklisches und eben mythisches übergeht. Mythos und Moderne stehen also selbst mindestens in dialektischem Verhältnis, wenn nicht die Moderne selbst zu einem Mythos der aufgeklärten Philosophie geworden ist.

Das Medium Film speziell arbeitet entweder mit klassischen Mythen bzw. mit mythologischen Motiven (Orpheus, Ödipus, der Sündenfall usw.) oder erschafft seine eigenen Mythen und Kulte – oft durch charismatische Protagonisten wie James Dean, Bruce Lee, Marilyn Monroe oder Romy Schneider. Die Protagonisten (Helden) des Mythos' werden oft als Wesen übernatürlicher Herkunft beschrieben. Nimmt man aber die soziale Verflochtenheit des Mythos als gegeben an, kann man in diesen mythischen Wesen nur die Projektion des Menschlichen in eine religiöse (oder heilige) Form erkennen. Und wiederum qualifiziert sich die ‚überlebensgroße' Qualität des Hollywoodkinos als mythentauglich. Film generiert also seinen eigenen Mythos und bietet seine eigenen ‚übermenschlichen' Protagonisten auf. Er ist bereits von daher als Mythenträger geeignet, da er stets in einer relativen Gegenwart erlebt werden kann: Indem der Film rituell neu gesehen wird (man denke hier vor allem an das Phänomen des Kultfilms), wird er für das Publikum zur genuinen, gegenwärtigen Erfahrung. Zugleich kreist der filmische Mythos um elementare und existenzielle Motive: Geburt, Leben, Tod, Sexualität, Gewalt, Angst, Freude, Hass, Glück usw. Es erweist sich als eher kontraproduktiv, den mythischen Gehalt des Films als ‚Regression' zu werten, wie es Hartmut Heuermann in seinem Buch „Medienkultur und Mythen" (1994) unternimmt, oder gar den Mythos ganz allgemein als Angst- oder Feindbild des Denkens zu betrachten, wie man es gelegentlich in der linken Theorie beobachten kann. Film und Mythos sind in jedem Fall eng verwoben. Tatsächlich ist es eher die Frage, ob ein filmisches Artefakt den Zuschauer entmündigen und manipulieren möchte oder gar mit dem Mythos produktiv arbeitet. Gerade das manipulative amerikanische Mainstreamkino baut seinen größten Reiz mitunter auf seiner mythischen Qualität auf, ersetzt sogar Ideologie und Geschichtsbewusstsein durch allgemein zugänglichere mythische Modelle.

John Milius als Drehbuchautor und Regisseur arbeitete intensiv an einer Re-Integration mythischer Narrative und Strukturen in populäre Hollywood-Stoffe. Mit *Jagd auf Dillinger* (1972) verfilmte er den Mythos des Gangsters als ‚public enemy', mit *Jeremiah Johnson* (1972, von Sydney Pollack) verdichtete er den Mythos der amerikanischen ‚frontier' zwischen Wildnis und Zivilisation in Gestalt des kannibalischen Trappers ‚Liver Eating Johnson' und in *Der Wind und der Löwe* (1975) ließ er den Beduinenfürsten Raisuli (Sean Connery) gegen Theodor Roosevelt selbst antreten. Dieses Konzept eines mythischen Kinos kulminierte in seiner Joseph-Conrad-Adaption *Apocalypse Now* (1979), in der ein selbstgekrönter Dschungelkönig (Marlon Brando) im Tempelinneren seinen Assassassinen (Martin Sheen) erwartet. *Conan der Barbar* wurde schließlich zur mythischen Zusammenführung all dieser Motive.

4.

Conan der Barbar beginnt mit einem Friedrich Nietzsche-Zitat: „Was uns nicht tötet, macht uns nur stärker." In einer mythischen Vorzeit muss der junge Conan (Jorge Sanz) miterleben, wie die brutalen Reiter des Priesters Thulsa Doom (James Earl Jones) seine Eltern und das ganze Dorf niedermetzeln. Er kommt in Gefangenschaft und fristet seine Jugend an ein riesiges Mühlrad gekettet. Ein Gladiatorenlehrer kauft ihn frei und bildet ihn aus. Conan (Arnold Schwarzenegger) wird zum Helden der Arena, lernt Lesen und Schreiben und bekommt schließlich seine Freiheit geschenkt. Mit einem neuen Schwert kommt er zum ersten Mal in eine große Stadt.

Conan hat nur ein Ziel: Rache für den Tod seiner Eltern zu nehmen; er sucht den Herrscher des Menschenopfer fordernden Schlangenkultes: Thulsa Doom. Zusammen mit dem Bogenschützen Subotai (Gerry Lopez) und der Söldnerin Valeria (Sandahl Bergman) bricht Conan auf, um Yasmina (Valérie Quennessen), die Tochter des Königs Osric (Max von Sydow), aus den Klauen der Sekte zu befreien. Bei dem Versuch, in Thulsa Dooms Heiligtum vorzudringen, wird Conan überwältigt und gekreuzigt. Ein Schamane (Mako) kann ihn zwar wiedererwecken, doch Valeria verspricht den Göttern dafür ihr eigenes Leben. Prompt wird sie von Thulsa Dooms Pfeil tödlich getroffen, als die Gefährten wiederum in den Tempel eindringen und Yasmina befreien. Conan tötet Doom und vollendet damit seine Mission. Er zieht mit Yasmina davon und – so erzählt es der Sprecher – krönt sich selbst zum König.

Die Obsession des gesamten Werkes von John Milius ist Joseph Conrads Passageroman „Heart of Darkness" (1902). Er inspirierte ihn zu dem Drehbuch zu *Apocalypse Now,* prägte seinen späteren Film *Farewell to the King – Der Dschungelkönig von Borneo* (1988) und spielt auch eine prägende Rolle bei seiner Sicht des Conan-Stoffes: Conan ist der „verlorene Sohn", dessen Leben zu einer Reise ins ‚Herz der Finsternis' wird, um schließlich mit seinem dialektischen Gegenpart im Opferritual zu verschmelzen. Auf dieser leidgeprägten Passage nähert er sich dem gottgleichen Moloch Thulsa Doom an, stirbt gar den symbolischen Tod am Kreuz und erlebt eine schamanische Auferstehung. In späteren Interviews betonte Milius, *Conan* sei der einzige Film, der vollständig seinen Vorstellungen entspreche. Gleichzeitig ist er der einzige einer Reihe von „Barbaren"-Filmen, dem eine inszenatorische Entsprechung zur archaischen Thematik gelingt. Milius bemüht sich um einen fast ethnographischen Realismus, der zwar aus Kulturen und Historien wild kompiliert, jedoch letztlich ein atmosphärisch bestechendes Bild der von Howard erfundenen ‚Hyborischen Epoche' beschwört. Wie sein Protagonist misstraut Milius den Errungenschaften der Zivilisation und sucht nach einem reduzierten, primitiven Stil, den er in weitgehend ruhigen, epischen Breitwandbildern, ausgewaschenen Erdfarben und einer opernhaften Musikuntermalung von Basil Poledouris findet.

Die Exposition des Films kommt mit minimalem Dialog aus – Conans Vater berichtet vom „Geheimnis des Stahls" – und ähnelt in ihrem ritualisierten Pathos den Opern Richard Wagners: Milius zelebriert die Vernichtung des Dorfes durch die grausamen Horden aus dem Osten und schließlich die Enthauptung von Conans Mutter durch Thulsa Doom selbst mit dem Schwert des Vaters. Der Regisseur dringt mit Vehemenz in die Welt klassischer Mythen vor. In der amerikanischen Rezeption scheint auch Arnold Schwarzenegger mit seinem groben Akzent und seiner expressiven Mimik ins Gesamtbild zu passen, aus der Distanz wirkt allerdings gerade der Protagonist oft unfreiwillig komisch. Immer wieder wird betont, dass sich Conans Charakter ganz auf seine Veräußerlichung reduziert. Jede Gefühlsregung findet in Muskelkontraktionen Ausdruck. Eine grobe Form des Samurai-Ethos wird zur einzigen Nuance seiner Motivation. Subotai überragt ihn an Flinkheit, Valeria an Intelligenz. Thulsa Doom dagegen präsentiert sich als gnadenloser Apokalyptiker im Stile Charles Mansons weit differenzierter: Er ist das in sich ruhende, finstere Schicksal. Selbst dem eigenen Tod sieht er mit der Gewissheit entgegen, in dem Bezwinger weiterzuleben.

5.

Wie kein Film zuvor etablierte also John Milius' *Conan* nach einem Drehbuch von Oliver Stone eine Ikonografie der heroischen Fantasy, die dankbar von der internationalen Popkultur aufgegriffen wurde. So tauchten Conan-Elemente in der zeitgenössischen Heavy Metal-Musik auf: Saxon, Bathory und Manowar spielten mit dem muskelbepackten Barbaren-Image und reproduzierten die mythopoetischen One-Liner des Films: „Nur dem Schwert kannst Du vertrauen..." Auf lange Sicht nannte sich eine britische Doom-Metalband ganz direkt Conan und bezog sich ästhetisch und inhaltlich auf die archaische Welt Cimmeriens.

Im Kino zeigten sich die Auswirkungen nicht nur in Hollywood, auch das europäische Genrekino erzielte mit *Ator – Herr des Feuers* (1982) von Joe D'Amato oder *Die Barbaren* (1987) von Ruggero Deodato eigene kleine Erfolge, die sich wiederum auf die peplum-Welle der italienischen 1960er Jahre bezogen (die *Maciste-*, *Ursus-* und *Herakles*-Filme). In Hollywood drehte Don Coscarelli eine eher jugendaffine Variante von *Conan* mit *Beastmaster – Der Befreier* (1982), Albert Pyun inszenierte *Talon im Kampf gegen das Imperium* (1982) eher als Exploitation-Reißer mit Sex und Gewalt und Roger Corman produzierte den ähnlich gelagerten *Deathstalker* (1983) von James Sbardellati als amerikanisch-argentinische Koproduktion. Auch der Animationsfilm *Feuer und Eis* (1983) von Ralph Bakshi, der vor allem von Frazettas Gemälde „Death Dealer" inspiriert wurde, beschrieb den Kampf eines blonden Hünen gegen eine Horde tierhafter Orks. In ihrer mitunter rassistisch anmutenden Dichotomie zwischen weißem Helden und Tiermenschen gehen die Rip-Offs des Conan-Universums weiter als Milius' Film, knüpfen aber direkt an die unreflektierten pulp-Fantasien der ‚Weird Tales'-Geschichten an.

Im Gefolge der New Hollywood-Ära, die den amerikanischen Film noch einmal als Kunstform etabliert hatte, formierte sich das Blockbusterkonzept, das Steven Spielberg und George Lucas mit ihren eigenen mythischen Filmen *Der weiße Hai* (1975) und *Krieg der Sterne* (1977) erfolgreich durchspielten. Conan the Barbarian wurde als Blockbusterkonzept entworfen, mit crossmedialem Marketing, Merchandise und Sequels, die jedoch nicht wie geplant umgesetzt wurden: Richard Fleischer drehte *Conan der Zerstörer* (1984) eher als leichtes Familienabenteuer, und in Fleischers Spinoff *Red Sonja* (1985) spielte Schwarzenegger unter dem Namen Kalidor eine Conan-ähnliche Rolle. Milius und Schwarzenegger planten einige Jahre ein ‚echtes' Sequel namens *King Conan*, das jedoch nie gedreht wurde. Stattdessen setzten Hollywood-Filme das mythische Erfolgsrezept eher in jugendorientierten Spielarten um, als *Legende*, *Der dunkle Kristall* oder *Der Tag des Falken* (1985) von Richard Donner.

Während weltpolitisch ein neuer Kalter Krieg spürbar wurde, und die Präsidentschaft Ronald Reagans den USA einen deutlichen Rechtsruck bescherte, reagierte Hollywood auf diese neue Politik der Stärke mit machistischen Hardbody-Actionfilmen und eskapistischem World-Building, das dem Publikum einen Ausweg aus der latenten Atomkriegsangst der frühen 1980er Jahre ermöglichte. Das World-Building des Fantasyfilms basierte auf dem Entwurf ästhetischer Gegenwelten mit eigenen Gesetzen. Für einen kurzen aber sehr fruchtbaren Moment in der Filmgeschichte konnte der Film *Conan der Barbar* diese beiden Konzepte zusammenführen: Die muskelbepackte Allmachtsphantasie in einem dichotomisch konstruierten Universum, das einfach Lösungen versprach und doch von mythischer Poesie durchzogen wurde. Auch wenn spätere Versuche, dieses Konzept aufleben zu lassen, weniger erfolgreich und einflussreich blieben: *Conan der Barbar* bleibt ein ikonischer Kultfilm seiner Ära, der prototypisch zeigt, wie Hollywood aus klassischen Mythemen einen eigenen populären Mythos generieren kann, der bis heute Auswirkungen in unterschiedlichsten Medien zeigt.

Dieser Text erschien erstmals
im Online-Magazin Rabbit Eye (www.rabbiteye.de).

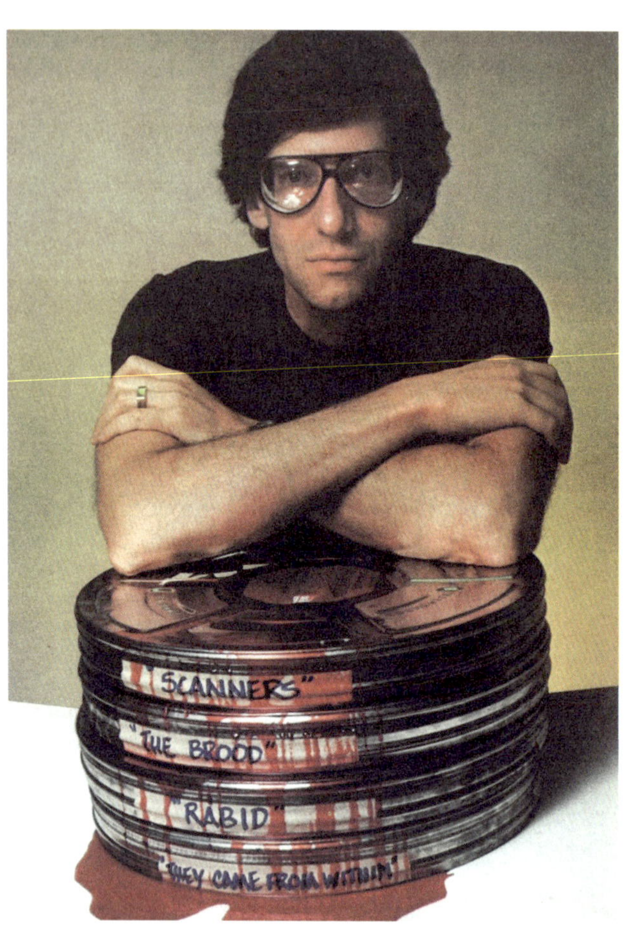
"SCANNERS"
"THE BROOD"
"RABID"
"THEY CAME FROM WITHIN"

David Cronenbergs filmische *Brut*

Psychoanalysen auf dem Weg zum Neuen Fleisch

1.

Das gesamte Werk des kanadischen Filmemachers David Cronenberg zu analysieren bietet erstaunliche Herausforderungen – allzu heterogen mag es auf den ersten Blick erscheinen, scheinbar unberechenbar bewegte er sich über 40 Jahre seiner Karriere zwischen Genrekino, Experimentalfilm, Arthouse-Drama und reißerischer Exploitation. „Möglicherweise ist die Summe seiner Werke eindrucksvoller als jeder einzelne Film". Diese Aussage von David Cronenbergs Kameramann Mark Irwin deutet diesen Umstand an, der mit singulären Werken wie *Naked Lunch* (1991) oder *Die Unzertrennlichen* (1988) längst widerlegt scheint, doch bei intensiver Betrachtung handelt es sich bei Cronenberg um einen auteur in jenem Sinne, dass er seine etablierten Motive und Stilismen seit Jahrzehnten kontinuierlich weiterentwickelt. Folglich lassen sich die Wurzeln dieser Motive bereits in seinen frühesten Werken nachweisen: von der Psychoanalyse zum ‚creative cancer', von der Körpermodifikation hin zum „Neuen Fleisch". Der folgende Text wird zeigen, in welchem Kontext David Cronenbergs *Die Brut* (1978) entstanden ist, und was es mit dem Neuen Fleisch auf sich hat.

Aufschlussreich ist Cronenbergs Selbstverständnis: „Ein Künstler ist gezwungen, jeden Aspekt der menschlichen Erfahrung zu ergründen, die dunkelsten Gefilde – nicht unbedingt, doch wenn es das ist, wohin es einen zieht, dann muss man dort hingehen." Nach den ersten Genre-Erfolgen Cronenbergs in den 1970er Jahren wurde viel geschrieben und spekuliert, was das für ein Mensch sein müsse, der diese apokalyptischen und provokativen Fantasien auf die Leinwand bannt. Noch William Beards Buch über ihn von 2001 heißt „The Artist as Monster", auf die merkwürdige Spaltung anspielend, dass hinter dem künstlerischen Markennamen Cronenberg eben gerade kein obsessiver Unmensch, sondern ein kultivierter und eher nachdenklicher Zeitgenosse steckt, der sich ganz unverblümt zu seiner Herkunft aus der liberalen kanadischen Mittelschicht bekennt. So vereint sein Werk nicht nur Fleisch und Blut, sondern vor allem Geist und Fleisch, und zwar in bis dahin schwer imaginierbaren Bahnen: von den kotartigen Parasiten aus *Parasitenmörder* (1975) über das phallische Organ aus *Rabid* (1976), die fleischliche Videocassette aus *Videodrome* (1982), die genetischen Mutationen aus *Die Fliege* (1986), die bizarren Phantasmagorien aus *Naked Lunch* (1991) bis hin zur fatalen Verschmelzung von Fleisch und Metall in *Crash* (1996).

David Cronenbergs Kino mag – vor allem zu Beginn – mit dem Begriff „body horror" zu fassen zu sein, tatsächlich aber geht es darüber hinaus: Seine Filme bilden die Bausteine eines weit größer angelegten Planspiels, das sich mit dem ultimativen existenziellen Problem auseinandersetzt: mit dem Tod. Zugleich ermöglichen es seine Filme, die Stadien dieses Experiments mit der Sterblichkeit und dem Verfall des menschlichen Körpers in Mutationen, Erkrankungen und bewussten Transformationen zu beobachten. Sie muten daher nicht zufällig wie Versuchsanordnungen an, als habe er seinen Protagonisten einen engen Rahmen gesteckt – oft in geschlossenen Räumen –, in dem sie ihre Krise durchleben müssen. Viele seiner Filme sind nahezu Kammerspiele (*Die Fliege*, *Videodrome*, *M. Butterfly*, 1993, *Die Unzertrennlichen*, 1988), und meist verschleiert die Inszenierung kaum die Künstlichkeit der (Studio-)Umgebung (*eXistenZ, Naked Lunch*). *Die Fliege* wurde von Cronenberg selbst mehrfach als "drei Leute in einem Raum, sich unterhaltend" klassifiziert.

Obwohl sich Cronenberg heute mit Filmen wie *Spider* (2002) oder *Eine dunkle Begierde* (2011) in den existenziellen Gefilden eines radikalen Autorenfilmers wie Ingmar Bergman bewegt, kehrte er doch immer wieder zu jenem Genre zurück, das ihn berühmt gemacht hat: dem Horrorfilm. Für einen zweifellos hochgebildeten und ambitionierten Filmemacher wie Cronenberg erscheint diese Hingabe an das vermeintlich trivialste und unerwachsenste aller Genres zunächst erstaunlich, doch bleibt ihm nur hier die Freiheit der Fantasie, die seine Werke so besonders macht: jene Grenzen auszuloten, die dem menschlichen Körper und Geist gesetzt sind, die Cronenbergs beängstigende Phantasmagorien weit hinter sich lassen. Cronenbergs Kino ist somit eine Provokation und Herausforderung an den aufgeklärten Geist der Moderne. Ganz gezielt attackiert er mit seinen „Bildmetaphern" geschlechtliche und soziale Identitäten, löst er die rationalen Grenzen auf und wählt stets die verstörendste aller Perspektiven.

So gelang es dem Genrevirtuosen Cronenberg auch bald, die engen Grenzen des Horrors hinter sich zu lassen und etwas Neues und Eigenes zu schaffen. Was er schuf, waren Horrorfilme für Erwachsene, für ein reflektiertes Publikum, das mit diesen Filmen lernte, das formale Genregerüst zu akzeptieren, um es mit Cronenberg gemeinsam zu überwinden. Und seine gegenwärtigen Filme *Eastern Promises – Tödliche Versprechen* (2008), *Eine dunkle Begierde*, *Cosmopolis* (2012) und *Maps to the Stars* (2014) zu ermöglichen.

2.

David Cronenberg, der am 15. März 1943 in Toronto geboren wurde, lebt noch heute in dieser kanadischen Metropole. Immer wieder betont er, dass er einem mittelständischen Hintergrund entstammt. Im Gegensatz zu vielen seiner europäischen und amerikanischen Kollegen ist er nicht geprägt von katholizistischer Repression oder calvinistischer Prüderie wie einige seiner amerikanischen Kollegen von Martin Scorsese über Paul Schrader bis Abel Ferrara. Er war weder arm, noch musste er je um sein Überleben kämpfen. Was ihn hingegen prägte, ist seine bereits früh deutlich werdende Position als Außenseiter innerhalb der Schulklasse, die möglicherweise auf seine intensive, fast besessene Beschäftigung mit dem Tod zurückzuführen ist. Vor allem der Tod der Eltern wird immer wieder als prägendes Erlebnis beschworen.

Cronenbergs Vater war ein Journalist, aber auch ein Schriftsteller, der zahllose Bücher im Haus hortete. Er schrieb Kurzgeschichten für das kanadische Magazin „True Detective". Die Mutter war Pianistin und machte den Sohn früh mit klassischer Musik vertraut. Das Haus steht noch heute in der College Street, einem Immigrantenviertel. Obwohl David Cronenberg einer jüdischen Familie entstammt, wurde er erst in der Highschool mit der jüdischen Religion und Kultur konfrontiert. Seine Eltern erzogen ihn areligiös.

Existenzielle Fragen kamen vor allem auf, als sich der Gesundheitszustand des Vaters verschlechterte. Dieser litt zunehmend an einem fatalen Kalziummangel des Körpers, woraufhin seine Knochen bei der geringsten Belastung brechen konnten. „Er starb körperlich, nicht jedoch psychisch. Der Körper ging, aber der Geist blieb. Das war eine sehr schwer nachvollziehbare Krankheit. [...] Er konnte sich eine Rippe brechen, wenn er sich nur im Bett umdrehte. Es war ziemlich grauenvoll." Cronenberg selbst sieht im Miterleben dieser Krankheit, die 1973 im Tod des Vaters ein Ende fand, seinen Beginn einer bewussten künstlerischen Auseinandersetzung mit dem Tod.

Bald strebte er danach, den künstlerischen Spuren des Vaters zu folgen, und begann selbst zu schreiben. Er schickte seine Kurzgeschichten an Science-Fiction-Magazine, doch trotz tendenziell positiver Resonanz kam es nie zur Veröffentlichung. Immerhin gewann er 1964 den Epstein Award für eine dieser Geschichten. Sein zweites Interesse galt der Wissenschaft. So schrieb er sich 1963 an der Universität von Toronto für Naturwissenschaften ein, doch fand er dort wenig Inspiration. Es zog ihn immer wieder in die Bereiche der Kunst- und Geisteswissenschaften. Wie er es in den Geschichten von Isaac Asimov fand, strebte er bald nach einer Verschmelzung der Disziplinen: „Ich denke, die besten Wissenschaftler sind so verrückt, kreativ und exzentrisch wie Schriftsteller und Künstler. Ich kann mich gut in Wissenschaftler einfühlen. Ich denke, sie sind oft eine Persona in meinen Filmen." Dennoch blieb er ein Außenseiter in den Naturwissenschaften, ungeachtet seiner Faszination für Flüssigkeiten und Pflanzen. Stattdessen schrieb er sich in Philosophie ein und fand endlich die ersehnten Impulse, die ihn über die Literatur hinaus auch zum Film führten.

Im Gegensatz zu seinen amerikanischen Kollegen war Cronenberg nie ein Filmfan – und verstand sich auch nie als solcher. Er sah in seiner Universitätslaufbahn zahlreiche Filme, besuchte jedoch nie eine Filmschule. Da Toronto keinerlei filmtechnische Infrastruktur hatte, keine voll entwickelte Filmindustrie, war Cronenberg darauf angewiesen, sich selbst mit der Technik vertraut zu machen. Er begann also mit der Kameratechnik, tat sich mit Kameraleuten zusammen. Er war überzeugt, dass man volle Kontrolle über die Technik besitzen müsse, um den kreativen Prozess zu beherrschen. Zugleich begriff er sich als technikfeindlich, immer bestrebt, nicht zu weit zu gehen. Es ist in diesem Zusammenhang bemerkenswert, dass er bis heute noch keinen Film im Cinemascope-Breitwand-Format (2,35:1) gedreht hat und dass er auf lange Steadycamfahrten verzichtet. Das unterscheidet ihn zum Beispiel auch von Stanley Kubrick, der stets von der neuesten Technik Gebrauch machte. Mit all dieser Skepsis und einem Überbau philosophischer und künstlerischer Ideen machte Cronenberg sich ans Werk und drehte seinen ersten Kurzfilm.

Dieser erste Film heißt *Transfer* (1966) und kostete 300 kanadische Dollar. Er drehte ihn als Regisseur, Autor, Kameramann und Cutter mit zwei Schauspielern: „*Transfer* handelt von einem Psychiater, der überallhin von einem Patienten verfolgt wird, der in dieser Beziehung die einzige sieht, die für ihn bislang eine Bedeutung hatte. Das ist künstlerisch, insofern ich eine visuelle Entfremdung des Ortes ausprobierte. Das Meiste spielt auf einem schneebedeckten Feld, und sie essen auch an einem Tisch, der ohne erkennbaren Grund dort steht. Dieses surrealistische Element kam jedoch nicht ganz mit dem psychologischen Humor zusammen. Technisch war das ziemlich schwach.“ Eine Zeitlang versuchte Cronenberg, die Verbreitung dieser Filme zu verhindern, da er sie für zu unkünstlerisch hielt. Heute akzeptiert er sie als Dokumente für den Beginn seiner Karriere, seiner filmischen Visionssuche. Bemerkenswert ist seine Rückkehr zu diesem Psychiater/Patienten-Verhältnis in *Eine dunkle Begierde* 45 Jahre später.

Der zweite Versuch, *From the Drain* (1967), ist näher an Cronenbergs damaligen Ideen. Er beschwört eine an Samuel Beckett angelehnte absurde Situation: Zwei komplett bekleidete Männer sitzen in einer Badewanne und reden über einen vergangenen Krieg, dessen Veteranen sie sind. Plötzlich kommt eine Pflanze aus dem Abfluss und stranguliert den einen. Der andere nimmt dessen Schuhe und legt sie zu anderen Schuhpaaren in die Toilette. Ideen von Geheimbünden, chemobakteriologischen Kriegen, pflanzlichen Mutationen und letztlich die Form des Kammerspiels mag man mit dem späteren Werk in Verbindung bringen. Für circa 500 kanadische Dollar entstanden, ist der Film auch technisch eine Weiterentwicklung.

Inspiriert vom New Yorker Undergroundfilm um Jonas Mekas und Andy Warhol, tat sich Cronenberg mit Bob Fothergill, Iain Ewing und Ivan Reitman zusammen, um die Toronto Film Co-op zu gründen. Doch dieser Versuch, einen eigenen Katalog zu erstellen und das amerikanische System zu umgehen, scheiterte an den nicht vorhandenen Möglichkeiten in Toronto. Die jungen Filmemacher mussten sich dem System annähern, dem sie nicht angehörten. Und tatsächlich gelang es ihnen, über Kurzfilmfestivals mit den richtigen Leuten in Kontakt zu kommen und auch die eigenen Filme vorzuführen. In einem dieser Programme wurde auch *Transfer* gezeigt – wenn auch ohne große Resonanz.

1967 zog es ihn nach Europa, um seinem Abschluss in Literatur etwas näher zu kommen. Er lebte in Copenhagen und zeitweise in London, wo er den Geist der legendären Carnaby-Street-Hippie-Ära inhalierte. Nach seiner Rückkehr 1967 schloss er sein Bachelorstudium ab und spielte mit den Gedanken, den MA-Abschluss anzustreben, doch mit der Arbeit an seinem nächsten Film *Stereo* wurde bereits klar, wohin Cronenberg wirklich wollte: Er wollte Filmemacher werden.

3.

Für seine nächsten beiden Filmarbeiten baute Cronenberg direkt auf das kinotaugliche 35mm-Format. In Personalunion als Regisseur und Kameramann drehte er seine antiutopischen, psychoanalytisch inspirierten Etüden *Stereo* (1969) und *Crimes of the Future* (1970) mit einer Arriflexkamera in Farbe. Auf Synchronton verzichtete er, vor allem, da die Arriflex-Laufgeräusche der Kamera ohnehin zu laut gewesen wären. Inhaltlich deuten beide Filme bereits auf die pessimistischen Zukunftsentwürfe der späteren Werke, arbeiten jedoch deutlich mit experimentellen Mitteln, im zweiten Film vor allem mit einer Voice-over und nondiegetischen Geräuschen. Für *Stereo* beantragte Cronenberg Geld beim Canada Council mit dem Entwurf für einen Roman. Die überwiesenen 3.500 Dollar jedoch investierte er in den Film, der deutlich teurer wurde, was zu einer langjährigen Verschuldung führte. *Crimes of the Future* hingegen wurde umgehend von der Canadian Film Development Corporation mit 15.000 Dollar unterstützt.

Während man in späteren Filmen oft bereits äußerlich Alter Egos des Regisseurs erkennen kann, integrierte er sich in diesen beiden Filmen indirekt: "Meine Rolle in *Stereo* war die des Dr. Luther Springfellow, des abwesenden Wissenschaftlers, der das Experiment organisierte, denn – in gewisser Weise – experimentierte ich ja auch. In *Crimes of the Future* bin ich Antoine Rouge, der abwesende Mentor, der starb und in dem kleinen Mädchen wiedergeboren wurde."

Wie in späteren Filmen wird in diesen beiden Antiutopien bereits deutlich, dass Cronenberg den experimentellen Charakter seiner Modelle formal herausarbeitet, indem er äußerst sterile und leere Räumlichkeiten wählt, die Tonspur extrem minimalisiert und in *Crimes of the Future* etwa Walgesänge als

Soundtrack benutzt. Er betrachtet diese Versuchsanordnungen, als betrachte man Aliens auf einem fremden Planeten – oder aber Fische in einem Aquarium. Noch in *Die Unzertrennlichen* wird er in der Gestaltung der Innenräume auf diesen Aquariumscharakter verweisen.

Die Grundfragen, die in diesen beiden mittellangen Filmen verhandelt werden, gleichen späteren Ideen. *Crimes of the Future* etwa geht von der These aus, alles Weibliche habe die Erde verlassen und die männlichen Überlebenden müssten nun diese Weiblichkeit absorbieren. Spätere Filme nehmen dann die Perspektive fataler Krankheiten an, die für den Menschen tödlich sein mögen, für den Virus jedoch Leben bedeuten. Immer wieder geht Cronenberg auf Distanz zur eigenen Spezies, ein Impuls, der in *Stereo* und *Crimes of the Future* so deutlich wie in kaum einem anderen Film ist. Hier schimmern auch bereits Ansätze durch, die William S. Burroughs und James G. Ballard in ihrer Literatur verfolgten, zwei Autoren, die Cronenberg nachhaltig beeinflusst haben und zu späteren Adaptionen inspirierten. Von Burroughs etwa übernahm er die Idee eines latenten und unlösbaren Geschlechterkrieges: „Er sagt nicht nur, dass Frauen und Männer unterschiedliche Wesen sind, er sagt, sie seien verschiedene Spezies mit unterschiedlichem Willen und Vorstellungen. Da kommt man schnell zum Krieg der Geschlechter."

Obwohl die beiden experimentellen Spielfilme, die meist berechtigt als Sequels betrachtet werden, künstlerisch einen großen Schritt nach vorn bedeuteten, führten sie den jungen Filmemacher in eine Sackgasse. Er hatte provozierende und radikale Werke gedreht, aber Angebote blieben aus. Für einen kommerziellen Spielfilm hatte er sich vorerst nicht empfohlen. 1970 versuchte sich Cronenberg an anderen Medien, erschuf etwa eine Skulptur namens

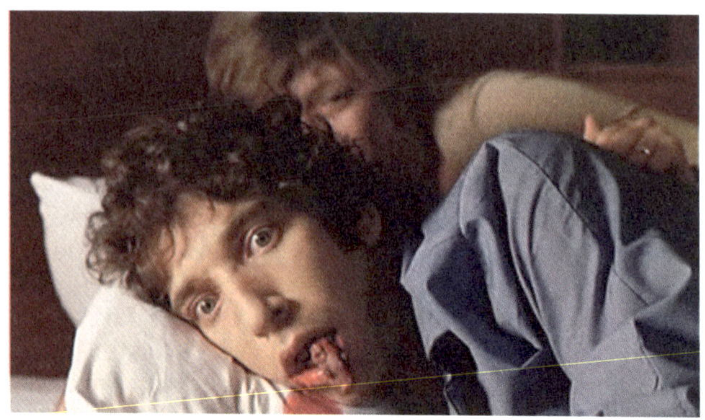

„Surgical Instruments for Operating on Mutants", die als Grundidee in das Design von *Die Unzertrennlichen* einfloss.

4.

Die 1970er Jahre sind die Hochzeit des Exploitationfilms von Europa über Japan bis nach Amerika. Die Lockerung der Zensurbedingungen in den 1960er Jahren ermöglichte es zahlreichen jungen und aufstrebenden Filmemachern, mit reißerischen, aber oft experimentierfreudigen B-Pictures ihre Karriere zu beginnen. Unterstützt wurden sie von Produzenten, die kreative Originalität und Experimentierfreude hinnahmen, wenn nur genug Schauwerte (Sex und Gewalt) geboten wurden. Nach den Avantgardefilmen und den Fernsehaufträgen wurde die B-Filmproduktion auch für Cronenberg ein neuer Start, der diesmal endgültig seinen Einstieg ins Filmgeschäft bedeutete.

Bereits zu Beginn der 1970er Jahre hatte er ein Drehbuch namens *Satyr's Tongue* (beziehungsweise *Orgy of the Blood Parasites*) geschrieben, das er in immer neuen Überarbeitungen an verschiedene Produzenten schickte. Er bot das Script John Dunning und André Link von Cinépix an, die eine Finanzierung jedoch für zu schwierig hielten. Sie erlaubten Cronenberg einen Probedreh für einen Softsexfilm, stellten ihn jedoch nicht ein. 1974 reiste er nach Hollywood, um sein Drehbuch dort unterzubringen, jedoch mit ebenso wenig Erfolg.

1975 kam seine Chance in Gestalt einer besonderen Steuersituation in Kanada: Die CFDC hatte Geld übrig, das aus Abschreibungsgründen in Filmproduktionen investiert werden sollte. So war das Budget für Cronenbergs ersten langen Spielfilm *Parasitenmörder* gesichert. Die Summe von 180.000 Dollar ermöglichte ihm sogar, mit Barbara Steele eine Scream-Queen des 1960er-Horrorfilms zu verpflichten. Steele war vor allem durch ihre Doppelrolle in Mario Bavas *Die Stunde, wenn Dracula kommt* (1960) bekannt geworden und hatte auch 15 Jahre danach nichts von ihrem düster-erotischen Charisma eingebüßt.

1975 kam der Film unter dem Titel *The Parasite Murders* in die kanadischen Kinos. *Parasitenmörder*, wie der Film dann hieß, wurde in über 40 Länder verkauft, unter anderem in die USA, wo er unter dem Titel *They Came From Within* zu sehen war. Mit über fünf Millionen Dollar Einspielergebnis war *Parasitenmörder* der erfolgreichste Film, den die kanadische Filmförderung je finanziert hatte. Für Cronenberg ist *Parasitenmörder* ein apokalyptischer Horrorfilm aus Sicht einer Geschlechtskrankheit. Die zentrale Feststellung trifft die Protagonistin Lynne Lowry: „Eine Krankheit ist die Liebe zweier sich fremder Geschöpfe." Die Viren, oder in diesem Fall die Parasiten, begehren den menschlichen Wirtskörper, und sie schenken ihm sogar etwas: wahre Promiskuität. In der letzten Szene wirken die infizierten Menschen glücklich und gefasst. Mit den Parasiten im Körper brechen sie auf, der restlichen Welt ihren sexuellen Wahn zu bescheren.

„Ich liebe es, die Dinge zu zeigen, denn ich zeige Dinge, die sich die Menschen nicht vorzustellen wagen", sagte Cronenberg Chris Rodley. „Ich weiß nicht, wo diese extremen Bilder herkommen. Es erscheint mir sehr geradeaus, natürlich und naheliegend, wenn es passiert." Dabei sei es ihm nicht um das Horrorgenre selbst gegangen, der Bezug habe sich eher aus der letztlichen Wirkung des Szenarios ergeben. Vielmehr war Burroughs' Doktrin prägend, das Unzeigbare zu zeigen.

Mit einem Budget von 530.000 Dollar gelingt es Cronenberg, den Erfolg von *Parasitenmörder* zu wiederholen. *Rabid* ist sein zweiter apokalyptischer Horrorfilm und knüpft in mehrfacher Hinsicht an den Vorgänger an. Wieder ist die Verpflanzung eines künstlichen Organs Auslöser einer Epidemie von Wahnsinn und Verfall. Diesmal handelt es sich nicht um Parasiten, sondern um ein vampirisch-phallisches Organ, das in der Achselhöhle der Protagonistin wuchert. In sexuellen Kontakten infiziert sie ihre Opfer mit einer Art Tollwut (rabies), die diese zu blutgierigen Bestien mutieren lässt. George A. Romeros Film *Crazies* (1973) kann als Vorläufer dieses Modells gelten, denn schon dort wird die Nationalgarde in ABC-Schutzanzügen eingesetzt, um die Verbreitung der Seuche gewaltsam zu unterdrücken.

Nicht untypisch für eine Exploitationproduktion wünschte man sich eine prominent besetzte Hauptrolle für Rabid, und so kam das Starlet Marilyn Chambers ins Spiel. Die schlanke junge Frau entsprach dem Schönheitsideal der Zeit und war zugleich aus der Werbung (Ivory Snow-Waschmittel) sowie aus dem visionären und psychedelisch inszenierten Hardcore-Pornofilm *Behind the Green Door* (1972) der Mitchell-Brüder bekannt. *Rabid* wurde zwar nicht wirklich zum Beginn einer ernsthaften Filmkarriere – Chambers kehrte zum Hardcorefilm zurück und drehte mit *Un-*

ersättlich (1980; R: Stu Segall) einen weiteren Klassiker des Genres –, sie bewies aber nachhaltig, dass sie eine Hauptrolle tragen konnte.

Für Cronenberg wurde *Rabid* zu einer Herausforderung, da er es hier mehr als zuvor mit Actionszenen zu tun hatte: körperliche Kämpfe, Schießereien, aber auch der einleitende Motorradunfall. Nicht all diese Momente zeigen schon seine spätere Virtuosität, denn meist hält die Kamera vorsichtige Distanz. Nahaufnahmen sind selten. Und doch geht *Rabid* einen deutlichen Schritt nach vorn: Er nähert sich den ambivalenten Charakteren weiter an, wird expliziter in Momenten des Körperhorrors. Typisch für Cronenberg ist die erneut knappe Laufzeit des Films. Der Filmemacher schätzt die 90-Minuten-Grenze des klassischen Genrefilms. Er betont gar, dass er die Tendenz hat, so viel Material wie möglich aus dem Film herauszuschneiden. In *Rabid* opferte er für das Verständnis des Geschehens wichtige Dialogszenen, steigerte dafür aber das Tempo des Werkes.

Der Dokumentarfilm *The American Nightmare* (2000; R: Adam Simon) zeigt in der Retrospektive noch einmal deutlich, wie nahe sich in jenen Jahren die Kollegen David Cronenberg, John Carpenter, George A. Romero und Tobe Hooper kreativ tatsächlich standen. Einige Szenen aus *Rabid* etwa nehmen direkt Momente aus Romeros *Zombie* (1978) vorweg. Dabei seien Cronenbergs Filme nicht, wie Romero das definierte, Projektionen seiner Kindheitsängste: „Es ist etwas vertrackter, in dem Sinne, dass es ein Verständnis fordert, was der Mensch wirklich ist." Daher nimmt er auch Abstand vom eigentlichen Horrorgenre, das ihm zu gothic und fern erscheint. Cronenberg dreht Filme über das Leben selbst. Und den Tod. „Timor mortis conturbat me" (die Furcht vor dem Tod zermürbt mich) wird er wiederholt eine lateinische Wendung zitieren.

5.

Rabid spielte weltweit über sieben Millionen Dollar ein und etablierte Cronenberg als einen ernstzunehmenden Filmemacher, der nun seine Projekte bewusster planen konnte. Der Regisseur kaufte ein Haus in Toronto, zerstritt sich jedoch nachhaltig mit seiner Frau, sodass es zu einem aufreibenden Sorgerechtsstreit um die Tochter Cassandra kam. Seine Exfrau schloss sich einer Sekte an und verschwand aus Cronenbergs Leben. Um seine Enttäuschung und seine Wut zu verarbeiten, schrieb er das Drehbuch *Die Brut*, in dem ein Mann erleben muss, wie seine Frau unter dem Einfluss eines sektiererischen Psychotherapeuten psychoplasmatische Geschöpfe gebiert und die gemeinsame Tochter entführen möchte. *Die Brut* drehte Cronenberg im November und Dezember des Jahres 1978 in Toronto für 1,4 Millionen Dollar. Das erneut höhere Budget ermöglichte es ihm, mit dem legendären britischen Charakterdarsteller Oliver Reed als Dr. Hal Raglan und Samantha Eggar, die seiner Exfrau ähnelte, zusammenzuarbeiten. Nola Carveth, die abtrünnige Ehefrau in diesem Film, lernt in quälenden Sitzungen, aus ihrer Wut heraus ‚Neues Fleisch' zu gebären: Aus einer externen Gebärmutter bringt sie rudimentäre Kinder zur Welt, die die Objekte ihrer Aggression angreifen und töten. Cronenbergs Konzepte der Psychoplasmatics (Emotionen bewirken Körpertransformationen) und des „neuen Fleisches", die bereits in den früheren Filmen angeklungen waren, wurden hier erstmals explizit zum Sujet des Films. Auch in späteren Interviews betont Cronenberg die zutiefst persönliche Qualität von *Die Brut*: „Er ist so nah, wie ich je einer persönlichen Autobiografie gekommen bin. Ich hoffe, ich werde dem nie mehr so nah kommen. Ich kann kaum sagen, wie befriedigend der Höhepunkt für mich ist. Ich wollte meine Exfrau tatsächlich erwürgen." Zudem deutete Cronenberg wiederholt an, er hätte zu jener Zeit das im Film erwähnte Buch von Raglan, ‚The Shape of Rage', selbst schreiben können und vermutlich einen Bestseller gelandet: Cronenbergs Therapie der Psychoplasmatik, wiederum ein Verweis auf sein anhaltendes Interesse an der Psychoanalyse. Zugleich lieferte er im Film selbst das Schreckensbild vom Versagen dieser Methode ab. Am Ende des Films hat Carveth seine Tochter aus den Klauen der Brut befreit, doch – hier wird die Doppeldeutigkeit des Titels klar – das Mädchen hat selbst bereits Anzeichen von psychoplasmatischen Geschwulsten auf der Haut.

Die Brut war der erste Film, bei dem Cronenberg seine symbiotische Zusammenarbeit mit dem Komponisten Howard Shore begann. Shore startete seine Karriere als Musiker für Lighthouse in den 1960er Jahren und wurde dann musikalischer Leiter bei der Sendung *Saturday Night Live*. Er erkannte Cronenbergs Talent bereits zu dieser Zeit: „Von allen, die ich kannte, hatte David die klarste Vision, wohin er wollte. Damals pflanzte er die Saat seiner heutigen Arbeit."

Während beide Filme ihr Geld wieder einspielten, heiratete Cronenberg seine zweite Frau Carolyn Zeifman. Basierend auf früheren Drehbuchentwürfen (*Telepathy 2000, The Sensitives*) schrieb er in kürzester Zeit das Drehbuch zu *Scanners*, der noch in den letzten zwei Monaten des Jahres 1979 mit einem Budget von 1,5 Millionen Dollar in Montreal gedreht wurde. Zu Beginn der Dreharbeiten war das endgültige Skript noch nicht fertig. Für die Vorbereitungen standen nur zwei Wochen zur Verfügung. Doch die Rechnung ging auf.

6.

Kaum eine Szene kann als paradigmatischer für die frühe Rezeption von David Cronenberg gelten als der explodierende Kopf zu Beginn von *Scanners*. „Ihre Gedanken können töten" war die auf einer Redewendung basierende Werbezeile, die den Film auch in Deutschland zu einem großen Kinoerfolg machte. Das Konzept eines Science-Fiction-Films für Erwachsene und die explizite Gestaltung der Szenen mit Körperhorror und Gewalt trafen den Nerv der Zeit. So blieb *Scanners* lange Zeit der Film, mit dem der Name David Cronenberg in Deutschland verbunden war.

Rückblickend erscheint *Scanners* ebenso typisch wie krude. Episodisch konstruiert, beruht der Film – erstmals bei Cronenberg – auf einem reinen Actionplot, der vom telekinetischen Kampf guter gegen böse Scanner – also paranormal begabter Individuen – erzählt. Es gelang dem Team, alles aus den verglei-chsweise geringen Mitteln und der knappen Drehzeit herauszuholen. Wieder tauchen dubiose Konzerne, korrupte Wissenschaftler und vor allem mutierte Individuen auf, wieder befindet sich die Welt in einem latenten Krieg, der hier, wie bereits in *Rabid*, mit Schrotflinten ausgetragen wird. Und mit der Kraft der Gedanken. Ließ *Die Brut* aus Wut neues Fleisch entstehen, können die Gedanken der Scanner die Körper buchstäblich zerfetzen. Brian De Palma hatte dieses Konzept bereits 1978 in seinem oft vergessenen Parapsychothriller *Teufelskreis Alpha* (1978) durchgespielt und in den letzten Einstellungen die von John Cassavetes gespielte Figur durch die Kraft der Gedanken explodieren lassen. In *Scanners* kommt eine vergleichbare, vielzitierte Sequenz zu Beginn, wenn Darryl Revok (Michael Ironside), der interessanteste und ambivalenteste Charakter des Films, seine enorme Macht in einem öffentlichen Experiment demonstriert. Die unvermittelte Drastik dieses prothetischen On-Camera-Effekts sucht noch heute ihresgleichen. Der eigentliche Höhepunkt des Films, der Endkampf der ungleichen Brüder, erscheint geradezu zurückhaltend, denn hier sind es nur noch die Augäpfel, die aus den Höhlen brechen. Dass Cronenberg die beiden Kontrahenten schließlich in einem Körper verschmilzt, entspricht seiner ihm eigenen Logik und kann als Happy End bezeichnet werden.

Cronenberg betrachtet den Film *Scanners* rückblickend als gelungen: „Ein kalter, harscher, hässlicher Film. Er war perfekt." *Scanners* wurde weltweit zu einem enormen Erfolg, und Cronenberg galt nun als verlässlicher Genreregisseur, der sich seine Stoffe weitgehend aussuchen konnte. Er sollte jedoch bald merken, dass dieser Wahl Grenzen gesetzt waren: Seine Idee, Frankenstein modern zu adaptieren, fand wenig An-klang. Für eine Adaption von Burroughs „Naked Lunch" wollte ebenfalls noch niemand aufkommen. Erst 1984 interessierte sich der Brite Jeremy Thomas dafür. Also machte sich Cronenberg an einen neuen Stoff mit dem Arbeitstitel *Network of Blood*, das das Thema Mediengewalt behandeln sollte. Auch hierin liegt eine Ironie, denn Cronenbergs Filme zählten zu den zentralen Beispielen der deutschen Mediengewaltdiskussion der frühen 1980er Jahre, als nahezu alle seine Filme bis auf *Dead Zone – Das Attentat* (1983) und *Fast Company* (1979) auf den Index der Bundesprüfstelle für jugendgefährdende Schriften (heute: Medien) standen, ein Schicksal, dass auch seinem nächsten Werk *Videodrome* (1983) zuteil wurde.

7.

Wieder wurde es möglich, Steuerabschreibungsmechanismen für die spontane Produktion eines Films zu nutzen. Nach kurzer Vorbereitungszeit – was vor allem für das Special-Effects-Team schwierig wurde – entstand *Videodrome* für sechs Millionen Dollar von Oktober bis Dezember 1982 in Toronto. Doch trotz der Unterstützung durch die amerikanische Firma Universal und positiver Kritik wurde der Film kein finanzieller

Erfolg. Das mag vor allem daran liegen, dass sich *Videodrome* den gängigen Genremechanismen entzieht: Er erzählt nur oberflächlich vom Betreiber eines privaten Softsex-TV-Kanals, der zum Opfer eines halluzinogenen neuen Signals wird. Tatsächlich ist *Videodrome* eine vielschichtige Reflexion von Wahrnehmungsmodi, die auf Cronenbergs eigenen Erfahrungen als Kind basieren. Er erinnert sich an die Fantasien, die schlecht empfangene TV-Programme bei ihm ausgelöst hatten: das Begehren, Diffuses deutlich zu erkennen. Und die Angst vor dem Verbotenen. In der Figur des verstorbenen Wissenschaftlers Brian O'Blivion kulminiert Cronenbergs Medientheorie einer reinen Simulation, die sehr nahe an Jean Baudrillards Medienphilosophie herankommt. In James Woods fand Cronenberg ein geeignetes Alter Ego, und der Film gleitet erstmals ohne Ankündigung in die subjektive Wahrnehmung des Protagonisten hinüber, ein radikales Konzept, von dem der folgende Film *Dead Zone* wieder Abstand nahm. Hier sind die Visionen deutlich als solche erkennbar. Ähnlich assoziativ entstand auch das Drehbuch noch während der Dreharbeiten.

In den Visionssequenzen, die sich in die Realität fortpflanzen, mutieren die Körper: Es bilden sich neue organische Öffnungen – etwa ein vaginaler Schlitz im Bauch des Protagonisten. Wie in *Die Brut* sind diese Erweiterungen des Körpers nicht einfach Tumore – also cancer –, sondern erweitern den Körper in seinen Fähigkeiten: creative cancer. Die Waffe, mit der Max Renn gegen die *Videodrome*-Verantwortlichen vorgeht, verwächst mit dem Körper und verschießt offenbar Projektive, die ihrerseits Mutationen auslösen. Als er Barry Convex damit in den Kopf schießt, lässt das augenblicklich transformierende Gehirn den Schädel bersten.

Videodrome startete in der verfügbaren Fassung mit circa 900 Kopien. Nach einer Woche war er wieder vom Markt verschwunden. Zudem war Cronenberg in eine Zensurdebatte verwickelt, die sich an den sadomasochistischen Elementen des Films entzündete. "Zensoren tun, was sonst nur Psychotiker tun: Sie verwechseln Realität und Illusion", war sein Kommentar, zu dem er bis heute steht. Nach einer stetig steigenden Popularität schien für Cronenberg ein Traum am Ende. Erst Jahre später wurde *Videodrome* als Kultfilm wiederentdeckt.

8.

David Cronenbergs kontinuierlich entwickeltes Thema ist das Körper-Bewusstsein angesichts einer den verfallenden Körper kontinuierlich überwindenden Entwicklung. Dabei kehren seine Filme mit aller Gewalt zur Präsenz des Körpers zurück, sei es durch Mutation und Verschmelzung, oder sei es in den letzten Jahren umso mehr durch die Rückführung des Lebens auf fundamentale Konflikte und gewaltsame Signaturen des Körpers. Bis zu *Scanners* hatte Cronenberg dieses Konzept im Kontext des Horror- und Science-Fiction-Genres eingelöst, mit *Videodrome* kehrte er dann zu den experimentellen Konzepten seiner frühen Kurzfilme zurück und nutzte Genreelemente nur noch als vage Verweisstrukturen.

Seit *Videodrome* sind mit ihm zwei Konzepte verknüpft, die immer wieder als Schlüssel zu seinem Werk herangezogen werden: creative cancer und das Neue Fleisch. Unter creative cancer ist eine Krankheit oder vielmehr organische Wucherung zu verstehen, die zugleich eine Erweiterung der physischen Möglichkeiten bedeutet. Das Leben mag daran zugrunde gehen, doch die Grenzen des Körpers werden erweitert. Bereits die Parasiten und neuen Organe aus dem Frühwerk zählen dazu, vor allem aber die Psychoplasmatics aus *Die Brut*. Während in den frühen Filmen

Cronenbergs diese organischen Transformationen zu funktionieren scheinen – auch wenn sie apokalyptische Resultate zeitigen –, sind die im realen Kontext ersehnten Transformationen aus *Die Unzertrennlichen* und *M. Butterfly* letztlich negativ konnotiert und zum Scheitern verurteilt. Die Sehnsüchte in diesen Kontexten lassen sich nicht leben, sie müssen den letzten Schritt gehen und enden mit einer eher symbolischen Geste: im ultimativen Selbstopfer. Neben der Körpertransformation steht auch bereits von Beginn an eine Beschäftigung mit Konzepten der Psychoanalyse im Fokus von Cronenbergs Aufmerksamkeit. Vor allem in *Die Brut* verschmolz er Körperhorror und Psychoanalyse auf intensive Weise, bis in *Die Unzertrennlichen* das Analysegespräch selbst gar nicht mehr stattfindet, sondern der Film selbst als Psychoanalyse begriffen werden kann – das gilt auch für *Spider*. Als Gegenmodell mag *Eine dunkle Begierde* erscheinen, der die Geburt der Gesprächstherapie selbst analysiert – und in der dialoglastigen Selbsterkundung der Wissenschaftler auf frappierende Weise an den frühen Film *Crimes of the Future* anknüpft – und somit im Sinne der klassischen Autorentheorie belegt, dass die private Mythologie des Autors bereits in seinen ersten Arbeiten erkennbar ist.

William Beard: The Artist As Monster. The Cinema of David Cronenberg. Toronto/Buffalo/London 2001.
Peter Morris: David Cronenberg. A Delicate Balance. Toronto 1994.
Chris Rodley (Hg.): Cronenberg on Cronenberg. London 1992/1997.
Marcus Stiglegger (Hg.): David Cronenberg. Berlin 20011.
Marcus Stiglegger: Ritual & Verführung. Schaulust, Spektakel & Sinnlichkeit im Film. Berlin 2006.
Stanley Wiater: Dark Visions. Conversations with the Masters of the Horror Film. New York 1992.

Parasitenmörder und *Die Brut* sind als Bluray Special Editions erschienen bei NSM bzw. Wicked Vision, *Videodrome* bei Koch Media.

Corrida der Liebe unter einer sterbenden Sonne

Sadomasochismus und Stierkampf in Pedro Almodóvars *Matador*

Die Augen dieser Toten sprechen mit mir
Denn Liebe, die nichts löschen konnt, war hier
Und hier Verlangen, das nicht wegzuküssen war.
Die Augen dieser Toten sprechen mit mir.

Ezra Pound, Das Bild

Sadomasochismus als Metapher

Die sadomasochistische Sexualität in der Kunst ist ein langlebiger, kraftvoller Mythos, der immer wieder als Form und Metapher für den amour fou, die allesverzehrende Liebe und Leidenschaft, bemüht werden kann. Gleichwohl hat das kaum etwas mit der real praktizierbaren sadomasochistischen Liebe zu tun. In der Kunst gerät das sinnliche Spiel um Schmerz und Lust, Dominanz und Unterwerfung zum existenziellen Drama, während etwa eine filmische Dokumentation real praktizierbarer S&M-Sexualität wohl nur zweierlei sein könnte: unspektakulär und enttäuschend oder aber obszön und abstoßend in der nackten Wahrheit des geschändeten Fleisches. Beides wird man in ambitionierten Kunstwerken kaum finden. Einigen wir uns also darauf, dass sich der künstlerische Sadomasochismus von einer sadomasochistischen Lebensart eklatant unterscheidet. Die metaphorische Kraft des Schmerzlust-Modells bleibt dabei unbestritten. Bereits Nagisa Oshima hatte in seinem berühmten erotischen Spielfilm *Im Reich der Sinne* (1976) die zwischen Eros, Schmerz und Tod ausgespannte Liebe mit einer weiteren Metapher verbunden und gesteigert: dem Stierkampf – der Originaltitel lautet übersetzt „Stierkampf der Liebe". Und ein Jahrzehnt später wurde der Spanier Pedro Almodóvar noch konkreter: Seine Symbiose von Eros und Thanatos mit dem programmatischen Titel *Matador* (1986) führte beide Metaphern in einer Fabel zusammen: traditioneller Stierkampf und sadomasochistische Sexualität werden hier zu ihrem fatalen Endpunkt getrieben und im Tod der Protagonisten vereinigt.

In seinem erotischen Thriller erzählt Almodóvar die Geschichte zweier Lustmörder: Diego Montes (Nacho Martinez), ein ehemaliger Matador, führt sein blutiges Geschäft im sexuellen Kontext fort; und die ebenso schöne wie kluge Rechtsanwältin Maria (Assumpta Serna) tötet ihre jungen Liebhaber in ausgeklügelten Ritualen wie eine Hohepriesterin. Zwischen ihnen steht der junge Angel, ein Schüler Diegos, der aus Liebe zu seinem Mentor die Morde auf sich nimmt. Als die tatsächlichen Täter von der Polizei in die Enge getrieben werden, ziehen sie sich in einen abgelegenen Landsitz zurück und nehmen sich im Liebesakt gegenseitig das Leben: die Erfüllung ihrer Leidenschaft im gemeinsamen Freitod.

Bereits die erste Einstellung des Films knüpft auf ungewohnt brachiale Weise die unmittelbare Koppelung von physischer Gewalt und sexueller Befriedigung: Auf einem Fernsehbildschirm ziehen Aufnahmen brutaler Gewaltakte vorüber, nicht von Ungefähr an die immer wieder belebte Diskussion um das gewaltpornographische „Snuff"-Phänomen gemahnend; ein dramaturgischer Kontext dieser Gewaltszenen ist nicht eruierbar, die Gewalt steht für sich, reduziert auf einen massiven physischen Reiz. Auch ist schwer zu ermitteln, ob es sich um reale, videografisch dokumentierte Gewaltakte handelt oder lediglich um eine inszenierte Simulation. Als sich die Kamera vom Bildschirm entfernt, wird deutlich,

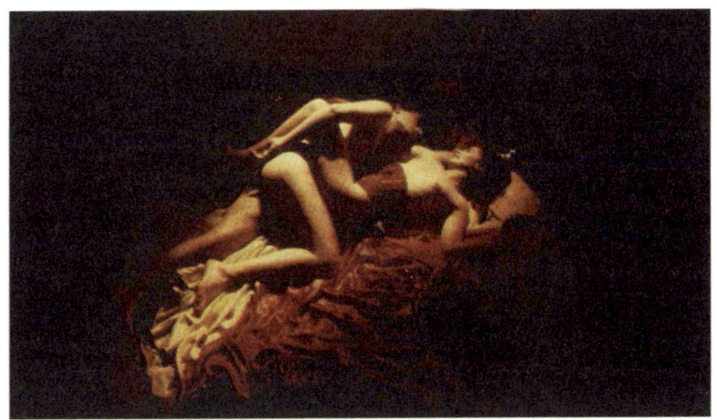

dass der männliche Betrachter zu diesen Bildern gerade masturbiert. Bereits David Cronenbergs Mediensatire *Videodrome*, drei Jahre zuvor entstanden, verweist auf diese durch die Einführung der reproduzierenden Heimmedien grundlegend veränderte, intime Nutzung von Film: In der Privatsphäre des eigenen Wohnzimmers ist die soziale Kontrolle anderer Kinobesucher nicht mehr gegeben. Die Nutzung der Bilder entzieht sich völlig der Kontrolle durch zweite. Film kann so um so mehr zur Projektionsfläche geheimster Träume und Wünsche werden, die nicht selten – der Surrealismus hatte es bereits vorgedacht – in eine wollüstige Rezeption sexueller und grausamer Darstellung münden. Erst die nächste Sequenz enthüllt, dass der Matadoren-Lehrer Diego auch beruflich einem um Eros und Thanatos kreisenden Geschäft nachgeht.

Ein Ritus von Leben und Tod

Der spanische Stierkampf (*corrida*) in seiner heutigen rituellen Form geht auf die berittenen Hirten zurück, die, um angreifende Tiere parieren zu können, akrobatische Sprünge und Ausweichsstrategien entwickeln mussten. Seit dem 17. Jahrhundert entwickelte sich dann ein strenges Regularium, nach dem die Zeremonie in drei Akten abläuft. Im ersten Akt wird der Stier von den berittenen picadores mit Hilfe von Lanzen an bestimmten Körperstellen verwundet. Diese Wunden sollen das Tier zum Kampf anreizen und zwingen, mit seinen Kräften zu haushalten, was zu überlegteren Angriffen führen soll. Im zweiten Akt ist es das Ziel der banderilleros, dem aggressiven Stier jeweils drei banderillas, Eisenspieße mit bunten Bändern, in jede Seite der Nackenmuskulatur zu stoßen. Diese gezielten Verwundungen bringen den Stier dazu, sein Haupt im Angriff zu senken; ebenso markieren sie die spätere Einstichstelle für den Degen des Matadors. Die Torreros des zweiten Aktes agieren bereits mit der Eleganz und Anmut, die zu den Qualitäten vor allem des Matadors zählen, der dann im dritten Akt, den tercio de muerte, mit capa, dem roten Tuch, und muletta, dem Degen, gegen den bereits angeschlagenen Stier antritt und ihn in einem tänzerischen Spiel reizt. Immer wieder weicht er den tödlichen Hörnern des Tieres gewandt aus, bis er im von ihm angepeilten richtigen Moment mit einem einzigen Degenstoss den Tod des Stiers herbeiführen muss. Immer wieder kommt es in diesem Akt auch zum Tod des Matadors, ein wesentliches Faktum, das die Reduktion der corrida auf eine makabre, rein ästhetische Etüde verhindert. Da der angreifende Stier für anbrandende Manneskraft und die aggressive männliche Sexualität steht und nur der Matador das Recht hat, dieser Macht mit einem einzige Stoß ein Ende zu setzen, lässt sich dieses morbide Ritual sowohl als ein homoerotisches Balzspiel wie auch als Demonstration männlicher Dominanz lesen. Es gehört zur Tradition, dass in den vordersten Reihen der Arena nur die schönsten Frauen den Auftritt des Matadors bezeugen und um die Gunst buhlen, die Ohren des toten Tieres überreicht zu bekommen.

Verführung

Dieses blutige Ritual wird von Diego Montes vor dessen Schülern ausführlich erläutert, wobei eine zunächst rätselhafte Parallelhandlung eingeführt wird: Auf einem weitläufigen, lichtüberfluteten Platz tritt die ebenso stolze wie selbstbewusste Anwältin Maria gekleidet in ein strahlend weißes Gewand auf, taxiert einen attraktiven jungen Mann und winkt ihn zu sich. „Erscheint der Torero in der Arena, taxiert er den Stier aus der Distanz und entscheidet sich für eine bestimmte Art des Kampfes", sind Diegos teilweise aus dem Off eingesprochene Worte. Der Betrachter wird Zeuge einer rasanten sexuellen Verführung – für die sich die Inszenierung im Übrigen nicht sonderlich intreressiert –, die in einem nahezu klassisch-antik eingerichteten Raum endet, wo sich die Verführerin und ihr Objekt einander hingeben werden. Wieder entsprechen die vorgeführten Handlungen Diegos Anweisungen: mit dem Parieren des capa fällt Marias Gewand, mit dem Stoßen der Hörner führt ihr Liebhaber die Penetration durch. Immer bleibt Marias Haltung distanziert und abschätzend. Mit einem Kuss markiert sie den Nacken gleich den banderilleros, deren Eisenspieße ersetzt ein roter Kreis aus Lippenstift, der die Einstichstelle markiert. „Ein guter Degenstoß ist immer das Ergebnis einer guten Naharbeit. In jeder guten Naharbeit kommt der Moment, in dem der Stier nicht mehr angreift. Er bittet uns um den Tod, um uns seinen Tod zu offenbaren", sind Diegos Worte. Ein Verharren vor dem finalen Akt: Maria begegnet dem Blick des Liebhabers zwischen ihren Brüsten hindurch, dann setzt sie ihre Haarnadel im Zentrum der Markierung an und stösst zu. Gleich dem jubelnden Publikum löst sich ihr Orgasmus in einem Lustschrei.

Die Begegnung mit dem Stierkampf mag für die traditionell todesflüchtige nordwesteuropäische Kultur verstörend anmuten, holt sie doch unvermittelt den nicht erwiderbaren Akt des Opfers gewaltsam in den Erfahrungshorizont zurück. Almodóvars *Matador* bedient sich dieser Thanatosfeier auf mehreren filmischen Ebenen, um seinerseits ein Verführungspiel ausgespannt zwischen Eros und Tod zu knüpfen. Ihn interessieren dabei weniger die alltäglichen Verführungs- oder eher Balz-Rituale zwischengeschlechtlicher Partnerwerbung – diese Szenen überspringt er mitunter –, wesentlicher erscheinen ihm jene Momente existenzieller, fataler Begegnungen, die jenem Ritual der corrida entsprechen und zwischen Film und Publikum ihrerseits ein herausforderndes seduktives Spiel entfesseln. In seinem kriminalistischen Verwirrspiel inszeniert der Film bis zu seinem tödlichen Höhepunkt hin diese Verführung als eine planvolle Hinführung zur Erkenntnis der wahren Schönheit dieses auf den ersten Blick psychopathischen Akts.

Die Überschreitung der Grenze

Am Ende flüchten Diego und Maria also auf einen romantischen Landsitz, wo sie sich zum ersten Mal in angemessener Hingabe – gebadet in eine goldene Aura gedämpften Lichtes – begegnen können: „Endlich zu Hause", so spricht Diego. Der sonst ungestüme Matador erkundet zärtlich, mit einer Rose im Mund den nackten, nur in ein rotes Cape gehüllten Körper der Frau, die zum ersten Mal in diesem Film genussvoll die Kontrolle abgibt. In einem zunächst konventionellen Akt treiben die beiden Liebenden ihrem sexuellen Höhepunkt entgegen. „Was willst Du von mir", fragt Maria, worauf Diego antwortet: „Alles. [...] Wir sind dazu verurteilt, zusammen zu sein. Niemand kann es verhindern. Niemand. Nicht einmal wir." Und während sich draußen die Polizei um das Haus sammelt, greift Almodóvar zu einer radikalen – wenn auch pathetischen – inszenatorischen Wendung: Die Sonne verfinstert sich.

Die ‚Schwarze Sonne' ist ein mit unterschiedlichsten Bedeutungen aufgeladener Mythos, oft verknüpft mit Apokalypse-Gedanken. Die Sonne verfinstert ihr Antlitz, entzieht der Welt die Wärme, die das Leben erhält. Dabei bleibt sie präsent in einer glimmenden Korona, finster und strahlend zugleich. Wie alle Apokalypse-Visionen dient auch diese temporäre Verfinsterung, die einem momentanen Stillstand gleicht, einer Aufhebung der profanen und einem Eintritt in die nichtlineare sakrale Zeit, letztlich der Neugeburt – einer Neu-Schöpfung der Welt. In ihrer Wiedergeburt kann die alte Welt neu betrachtet werden: Diego und Maria nutzen diesen Moment des Aussetzens, um sich gegenseitig den ersehnten Liebes-Tod zu schenken: „Niemand hat mich jemals so geküsst. Bisher liebte ich immer alleine. Ich liebe dich mehr als meinen eigenen Tod. Würde es dir gefallen, mich tot zu sehen?", so lauten Marias letzte Worte. „Nie habe ich jemanden so glücklich gesehen", wird der Kommissar sagen, als er der Toten angesichtig wird. Wer ein Leben als Gabe empfängt, kann diese allenfalls durch das Selbstopfer aufwiegen. Jean Baudrillard nennt den Tod in diesem Kontext auch eine „irreversible Gabe" („Der symbolische Tausch und der Tod"). Zugleich ist kein Moment einmaliger als die Überschreitung der Grenze vom Leben zum Tod. Diego ist der einzige Maria ebenbürtige Mensch, was bereits in ihrer früheren Begegnung in Marias Kanzlei dazu führt, dass die Frau den Matador barsch des Hauses verweist; bereits hier ahnt sie diese fatale Verknüpfung, die nicht nur sein, sondern auch ihr eigenes

Leben kosten wird. Die wertvollste Gabe ist die einmalige. Dem Film mit dem emblematischen Titel geht es von Anfang an um diese schicksalshafte Verknüpfung dieser beiden Wesen, was sich zunächst nur in der filmischen Parallel-Montage zeigt. Doch auch im Schwarzweiß ihrer Kostüme gleichen sich Diego und Maria schon früh. Schwarzweiß gefleckt wird auch das Kuhfell sein, auf dem sie sich dem Tod hingeben. „Der Tod bewegt jeden", sagt Maria einmal, und auch Diego reflektiert seine Leidenschaft: „Hätte ich mit dem Töten aufgehört, dann hätte ich aufgehört zu leben." Obwohl Diego auch in dieser letzten Sequenz zunächst in seinem Torerokostüm antritt, war stets er der Stier, der seine aggressiven Penetrationsversuche ungerichtet in die Umgebung seiner Liebhaber richtete: Seine Morde waren brachiale, mit den Händen ausgeführte, spontane Würgeakte. Ganz anders Maria: Sie ist die kühl kalkulierende Matadorin, die die Angriffe der selbst gewählten Stiere lustvoll pariert, bis sie im letzten Moment gezielt zustößt. Erst im finalen Akt weichen sich diese Grenzen auf und Maria kann sich Diegos Verführung hingeben. Georges Batailles in „Die Erotik" (1956) und anderswo formulierte Erkenntnis „Die Erotik kann man bestimmen als das Jasagen zum Leben bis in den Tod" findet hier eine letztgültige Erfüllung. Deshalb ist dieser letzte Akt auch nicht mehr Teil einer Verführungshandlung, sondern vielmehr der folgerichtige Endpunkt einer Verführung des Films am Zuschauer, dem es überlassen bleibt, sich im Blutrot des Abspanns von der verführerischen Logik des Films zu distanzieren oder aber die Erhabenheit des inszenierten Opferrituals als mythische Liebesgeschichte zu würdigen.

Dieser Text erschien erstmals
in dem Kulturmagazin :Ikonen: (www.ikonenmagazin.de).

Der kälteste Sommer

Erinnerungen an die verlorene Jugend und *Das Messer am Ufer*

Die Gemeinschaft der Opfer ist die gleiche, die das Opfer mit dem Henker verbindet. Aber der Henker weiß es nicht.

Albert Camus, Der Mensch in der Revolte

Die Jugend und der Tod

Die 1980er Jahre waren ein Paradies für Filmsammler – nicht nur wurden VHS-Cassetten immer erschwinglicher im Gegensatz zu den teuren Super-8 -Filmversionen der 1970er, auch hatten immer mehr Leute Videorekorder, so dass man sich als Jugendlicher immer wieder zu gemeinsamen Filmnachmittagen traf, auf denen die aktuellen Filme gesehen und diskutiert wurden. Und umso spannender für einen Post-Punk wie mich als 16-Jährigen wurde es, wenn diese Filme zudem die eigene Situation spiegelten. Filme über Jugendliche gab es, klar, aber nicht jeder mochte sich in *Pretty in Pink* (1984) von Howard Deutch oder *Footloose* (1984) von Herbert Ross wiederfinden. Ich sehnte mich nach Filmen, die authentische Einblicke in die spannenden Subkulturen jener Jahre boten, Filme wie *Sid & Nancy* (1987) von Alex Cox, *Suburbia* (1985) von Penelope Spheeris, *Made in the USA* (1987) von Ken Friedman – und *Das Messer am Ufer* (1986) von Tim Hunter.

Im Herbst 1987 also: Als Crispin Glover mit seinem Vehikel bei Keanu Reeves vorfuhr, die Metalmusik laut aufgedreht, war ich an den Film verloren. Durch diesen Film bekam ich Zugang zu *Easy Rider* (1969) und *Out of the Blue* (1980), die beiden früheren ‚Punk'-Filme von Dennis Hopper, der hier als irrer Schatten aus *Easy Rider* auftaucht („Der Scheck ist in der Post!"). Und ich verliebte ich mich etwas in Ione Skye, die mich später nochmal in *Verlorene Herzen* (1992) und *Four Rooms* (1995) begeisterte. In letzterem spielte sie eine junge Hexen-Novizin. *Das Messer am Ufer* – das war dröhnender Metal, Sex im Park und jugendliche Todessehnsucht. Aus meiner damaligen Sicht war ich selbst dieser Film. Irgendwie. Wenn auch nicht in letzter Konsequenz. Zudem spielte er in den USA.

Das Messer am Ufer wurde bereits am 10. September 1986 auf dem Toronto International Film Festival uraufgeführt. Produzentin Midge Sanford erinnerte sich an diese Vorführung lebhaft, da der Film das Publikum spaltete. Am Ende wurde er von Island Pictures zum Vertrieb erworben. Die Geschichte knüpft an einen realen US-amerikanischen Kriminalfall an: Ein High-School-Schüler ermordete seine Freundin und ließ ihren Körper am Tatort liegen. In den folgenden Tagen brachte er einige seiner Freunde dazu, ihren Körper zu betrachten, und nach und nach verbreitete sich die Kunde des Verbrechens in seinem Freundeskreis. Lange Zeit hatte niemand die Polizei verständigt. Als diese Umstände bekannt wurden, entwickelte sich eine öffentliche Diskussion über die Empathielosigkeit der jugendlichen Generation jener Jahre, die wie so oft auf Medienkonsum (Metalmusik, Filme) zurückgeführt wurde. Doch das war damals keine Erklärung und wäre es auch heute nicht. Das Ereignis rührt an eine tiefere Ebene der kapitalistischen westlichen Gesellschaft, gewährt gar einen Blick in verdrängte Abgründe, denen sich der Film auf eine fast jugendlich-sorglose Weise annähert.

Anders als die zahlreichen Artikel, die anhand dieses Ereignisses einen moralischen Zusammenbruch der Gesellschaft diagnostizierten, bietet *Das Messer*

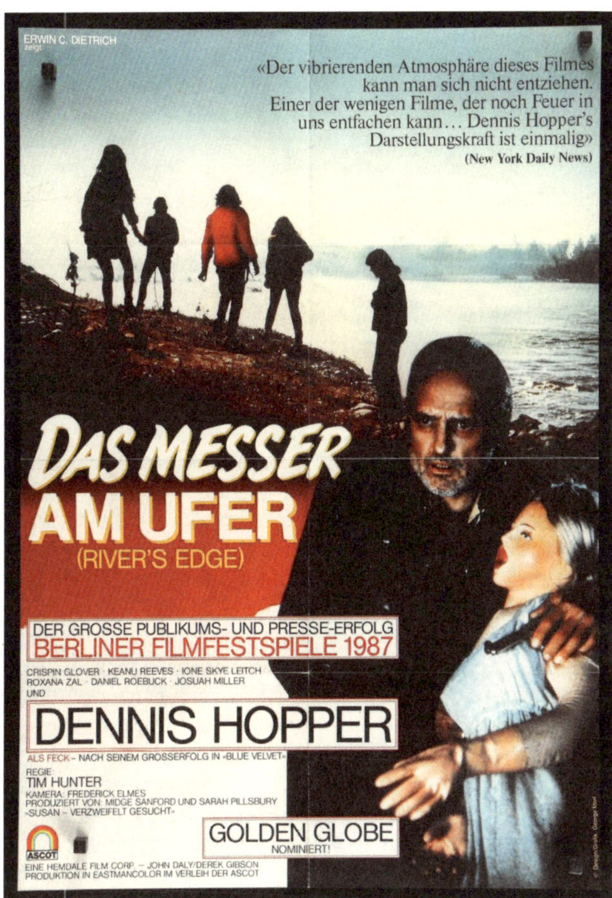
ERWIN C. DIETRICH
zeigt
«Der vibrierenden Atmosphäre dieses Filmes kann man sich nicht entziehen. Einer der wenigen Filme, der noch Feuer in uns entfachen kann… Dennis Hopper's Darstellungskraft ist einmalig»
(New York Daily News)
DAS MESSER
AM UFER
(RIVER'S EDGE)
DER GROSSE PUBLIKUMS- UND PRESSE-ERFOLG
BERLINER FILMFESTSPIELE 1987
CRISPIN GLOVER · KEANU REEVES · IONE SKYE LEITCH
ROXANA ZAL · DANIEL ROEBUCK · JOSUAH MILLER
UND
DENNIS HOPPER
ALS FECK – NACH SEINEM GROSSERFOLG IN «BLUE VELVET»
REGIE:
TIM HUNTER
KAMERA: FREDERICK ELMES
PRODUZIERT VON: MIDGE SANFORD UND SARAH PILLSBURY
«SUSAN – VERZWEIFELT GESUCHT»
GOLDEN GLOBE
NOMINIERT!
ASCOT
EINE HEMDALE FILM CORP. – JOHN DALY/DEREK GIBSON
PRODUKTION IN EASTMANCOLOR IM VERLEIH DER ASCOT

am Ufer als Film keine befriedigende Erklärung für die präsentierten Ereignisse. Das Verhalten der Jugendlichen bleibt so indifferent und unberechenbar wie in der Realität, als sie die Leiche am Ufer anstarren. Diese exponierte Leere macht den Film umso radikaler und intensiver, denn er lässt uns mit diesen Beobachtungen alleine.

„Willst Du eine echte Leiche sehen?"

Tim Hunters Film beginnt wie die episodische Momentaufnahme der suburbanen 1980er Jahre in Nordkalifornien. In den ersten Einstellungen wirft ein heranwachsender Junge, Tim (Joshua John Miller), eine Puppe in einen Fluss, als wolle er sich symbolisch von seiner Kindheit verabschieden. Erst später wird klar, dass er die Lieblingspuppe seiner kleinen Schwester entsorgt. Am anderen Ufer sieht er den Teenager Samson (Daniel Roebuck) eine Zigarette rauchen; Neben ihm liegt die nackte Leiche seiner Freundin Jamie (Danyi Deats).

Später in einem Supermarkt trifft Tim auf Samson, der sich mit dem Verkäufer über den Kauf von Bier streitet. Tim kehrt nach Hause zurück, wo sein Bruder Matt (Keanu Reeves) und seine Mutter nach der Puppe seiner kleinen Schwester suchen. Layne (Crispin Glover) kommt in seinem modfizierten Auto und dröhnender Metalmusik an und holt Matt ab. Die beiden fahren zu Feck (Dennis Hopper), einem neurotischen Ex-Biker und Drogendealer, um Marihuana zu kaufen.

In der Schule rauchen Layne und Matt mit ihren Freunden Clarissa (Ione Skye), Maggie (Roxana Zal) und Tony (Josh Richman). Matt spricht davon, dass er nach Portland fliehen will, was Clarissa ablehnt. Samson kommt an und erwähnt, dass er Jamie getötet hat. Clarissa und Maggie denken, er macht Witze und gehen zum Unterricht. Er bringt Layne und Matt allerdings dazu, die Leiche Jamies zu betrachten. Matt ist beunruhigt, während Layne sich darauf konzentriert, das Verbrechen zu verschleiern. Es ist diese falsch verstandene Loyalität, die Laynes Verhalten zunehmend neurotisch erscheinen lässt. Er versucht zu vertuschen, was nicht sein darf und entsorgt die Leiche selbst im Fluss. Als er merkt, dass er alleine bleibt mit seiner Idee von Freundschaft, verzweifelt er. Auch Matt, der zweitweise selbst in Verdacht gerät, muss zusehen, wie sein Leben aus den Fugen gerät. Der Täter Samson hingegen bleibt indifferent und ruhig.

Das Messer am Ufer bleibt bei all diesen Ereignissen verstörend distanziert und beobachtend. Hunter beschönigt nichts und wendet den Blick niemals ab. So sehen wir die nackte Leiche immer wieder und werden Zeuge der zynischen Demütigung des mental verwirrten Feck durch den Täter Samson. Der Dealer lebt mit einer Gummipuppe, in der er seine von ihm selbst getötete Freundin erkennt. Immerhin betont er, dass ihm schon bewusst ist, dass er mit einer Puppe lebt, doch als Samson respektlos mit seinem Fetisch umgeht, verfinstert sich das Verhältnis. Feck und Samson verbringen die Nacht am Ufer des Flusses. Morgens schießt Feck dem Mörder in den Kopf, denn nicht die Tatsache, dass er seine Freundin ermordet hat, stört den alten Mann, sondern der Umstand, dass Samson Jamie nicht geliebt hatte. Am Ende sagt Feck in Krankenhaus, er musste Samson töten, da „es keine Hoffung für ihn gab".

True Crime

Die 1980er Jahre sind die Ära des ‚True Crime'-Kultes und *Das Messer am Ufer* fällt als realitätsbasiertes Teenage-Angst-Movie genau in diesen Kontext. Das Drehbuch kombiniert unterschiedliche reale Ereignisse und Fälle: Am 3. November 1981 wurde Marcy Renee Conrad von Anthony Jacques Broussard in Milpitas, Kalifornien, vergewaltigt und erdrosselt – in der Folge zeigte der Täter die Leiche mehr als dreizehn Bekannten; auch die Ermordung von Gary Lauwers durch seinen Freund Ricky Kasso (1984) wurde im Zusammenhang gesehen (Jim van Bebber verfilmte den Fall später als *My Sweet Satan*, 1994).

Autor Neal Jimenez studierte Anfang der 1980er Jahre Drehbuch an der UCLA und betonte immer wieder, das diese Fälle nur als Inspiration gedient hätten. Ob beabsichtigt oder nicht, steht der Film doch in einer Tradition des New Hollywood, das zwischen 1967 und 1980 in Filmen wie *Kaltblütig* (1967) von Richard Brooks oder *Mord im Zwiebelfeld* (1979) von Harold Becker spektakuläre Verbrechen auf die Leinwand übertragen hatte. In all diesen Filmen geht es nicht nur um buchstäblich unfassbare Verbrechen, die auf den ersten Blick keinem rationalen Muster folgen, sondern auch um das Umfeld von Täter und Opfer, sowie deren beängstigende dialektische Verbindung. *Das Messer am Ufer* zeigt, dass alle Beteiligten der selben Welt, dem selben Milieu entstammen. Sie teilen die ökonomischen Nöte, die Langeweile der Vororte, die Träume und Leidenschaften, Musik und Sex. Und doch sind sie Täter und Opfer, wie der existenzialistische Philosoph Albert Camus in ‚Der Mensch in der Revolte' (Reinbek bei Hamburg 1969, S. 16) betont: „Die Gemeinschaft der Opfer ist die gleiche, die das Opfer mit dem Henker verbindet. Aber der Henker weiß es nicht." Samson ist der Abgrund, der in (vor?) seinem ganzen Freundeskreis lauert. Von dort kommt auch die verstörende Apathie und der blinde Aktionismus von Layne – als ahnten letztlich alle, was sie persönlich mit dem Mörder verbindet. Schließlich hat die tote Jamie niemand von ihnen wirklich geschätzt, und so wird sie auch nicht wirklich vermisst.

Der Kult um die ‚wahren Verbrechen' jener Jahre ist ein weiterer Spiegel einer konsumistischen Gesellschaft der sozialen Kälte, in der jeder austauschbar und bedeutungslos erscheint. Und so ist es der romantische Doppelmörder Feck, der gegen dieses System der Willkür und Leere aufbegehrt, denn sonst „gibt es keine Hoffnung". In einem späten Schatten aus *Easy Rider* (1969) ist Feck/Hopper noch einmal der Mensch in der Revolte und stellt die Balance wieder her. So mutet zumindest seine Tat an.

Close to Lynchville and beyond

Es ist interessant, dass Das Messer am Ufer zahlreiche Gemeinsamkeiten mit dem frühen Filmwerk von David Lynch aufweist. So fängt Kameramann Frederik Elmes hier jene suburbane Tristesse ein, die er im selben Jahr in David Lynchs *Blue Velvet* (1987) zu einer sonnengefluteten Vorhölle stilisierte. Lynch kannte ihn noch von seinem experimentellen Erstling *Eraserhead* (1977) und führt die Zusammenarbeit 1990 in *Wild at Heart - Die Geschichte von Sailor und Lula* fort. In *Blue Velvet* war auch Dennis Hopper in einer vergleichbar exzentrischen Rolle zu sehen wie die des Dealers Feck - auch sein Killer Frank ist ein Mensch, der nach einer eigenen Logik lebt und handelt. Und in *Wild at Heart* sehen wir Crispin Glover in einem bizarren Gastauftritt.

Wo Lynch seine amerikanische Alptraumlandschaft in märchenhafte Farben taucht, bleibt Hunter allerdings nah an der Realität und lässt den Wahnsinn schleichend aus dem Abgrund kriechen. Hier sind es erdige und grauschlierige Farben, mit denen Elmes arbeitet. Nach 1990 machte Tim Hunter schließlich mit einigen Folgen der Erfolgsserie *Twin Peaks* von sich reden, die er für Lynch inszenierte.

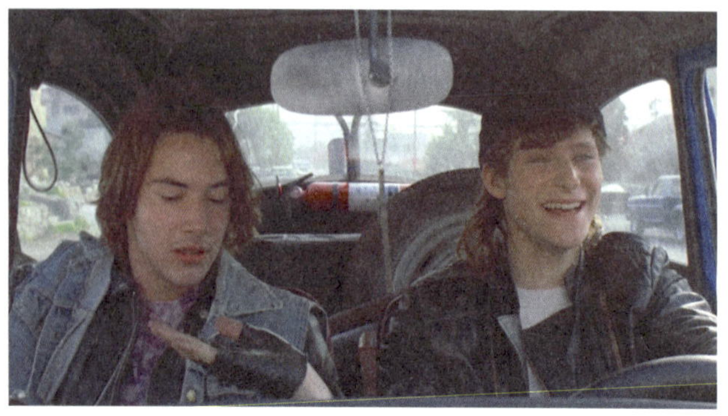

Auch der sonstige Kontext des Films ist bemerkenswert. Produziert wurde er von der kleinen und unabhängigen Hemdale Film Corporation, die nicht nur Jimenez' Drehbuch anstandslos akzeptierte, sondern auch zustimmte, dass Tim Hunter Regie führte. Hemdale hatte gute Erfahrung mit mutigen und aufstrebenden Regisseuren in jenen Jahren gemacht. Aus ihrer Produktion stammten *Der Terminator* (1984) von James Cameron, *Verdammt, die Zombies kommen!* (1985) von Dan O'Bannon, *Salvador* (1986) und *Platoon* (1986) von Oliver Stone, Bernardo Bertoluccis *Der letzte Kaiser* (1987) und andere höchst erfolgreiche Indiehits. Hemdale waren zu jener Zeit auch interessiert an der Förderung junger (und folglich günstiger) Schauspielerinnen und Schauspieler. Daniel Roebuck, Ione Skye und Keanu Reeves hatten damals kaum Erfahrung und wurden vor allem aufgrund ihrer persönlichen Präsenz gecastet. Sie sollten die Rollen ‚leben'. Roebuck und Reeves überzeugten alleine durch ihr passendes Outfit, mit dem sie zum Probespielen erschienen.

Joshua John Miller hatte 1987 seine große Stunde, denn er spielte sowohl Matts bösartigen kleinen Bruder, als auch den sadistischen Homer in Kathryn

Bigelows Vampir-Western *Near Dark – Die Nacht hat ihren Preis*. Er ist dort ein vierzigjähriger Vampir gefangen im Körper eines Zwölfjährigen – und entsprechend sexuell frustriert. Die kindlich-frühreife Bosheit von Homer schimmert auch bei Tim durch, etwa wenn er am Ende den Revolver auf seinen Bruder richtet. Heute ist Miller Drehbuchautor.

Man könnte meinen, Dennis Hopper sei die perfekte Besetzung für den Charakter des Feck, doch Hunter hatte ursprünglich John Lithgow für die Rolle in Erwägung gezogen. Erst als auch Harry Dean Stanton ablehnte, erhielt Hopper das Drehbuch und sagte zu. In der Logik eines Post-New-Hollywood-Films ist er die perfekte Besetzung, denn er bringt den Geist der (gescheiterten) Revolte der späten 1960er Jahre in den Film hinein. Bei einem Motorradunfall hat Feck sein Bein verloren, seiner Freundin entledigte er sich selbst; so bleibt er ein wunderliches Wrack, dem nur der endlose Cannabis-Rausch vergönnt ist, den er willig mit den Jugendlichen teilt. Vielleicht kann man Glovers Figur des Layne hier als einen zeitgenössischen Reflex des jungen, hyperaktiven Hopper interpretieren. Während sich die anderen anpassen werden, ist seine Zukunft ähnlich unbestimmt wie die von Feck, eines Relikts der Revolte.

Regisseur Tim Hunter, der Drehbuchautor von *Wut im Bauch* (1979) von Jonathan Kaplan, hatte zuvor mit *Tex* (1982) einen Coming of Age-Film für Walt Disney gedreht, in dem Matt Dillon einen von zwei verlassenen Brüdern spielt, der sich in Oklahoma durchschlagen muss. Drogenhandel ist eine der existenziellen Möglichkeiten auf dem schweren Weg in die Erwachsenenwelt. In *Das Messer am Ufer* ist dieser Drogenhandel längst Alltag geworden. Alkohol und Marihuana kursieren zwischen allen Beteiligten. Selbst Matts Mutter hat Angst um ihren Drogenvorrat, wie sie einmal lautstark bekundet. Die

Minderjährigen werden von den Älteren mit Sixpacks versorgt.

Ursprünglich in Los Angeles geplant, drehte man den Film schließlich bei Sacramento. Der Norden Kaliforniens erscheint zugleich trostloser, niemals glamourös, sondern stellenweise fast verlassen. Was Jahrzehnte zuvor als Luftkurgegend galt, war in den 1980er Jahren bereits der Luftverschmutzung anheim gefallen. Wie Made in USA ist auch *Das Messer am Ufer* ein depressiver Film über eine Gesellschaft der verlorenen Utopien. Alle Schauplätze atmen den Hauch einer Melancholie im Bewusstsein, dass hier einmal Hoffnung war – wo nun Armut herrscht. Sind die drei Protagonisten aus *Made in USA* noch einmal gebannt von der Magie der unter ihnen dahinrasenden endlosen Highways, dem Geist des Road Movies, wird *Das Messer am Ufer* von einem lähmenden Stillstand geprägt. Die Jugend ist bereits des Todes, auch wenn sie noch von der Karriere als Rockstar träumt, wie es Tony hier betont ... Ich bezweifle, dass sich bis heute viel verändert hat in jener Gegend.

Heute

Das Messer am Ufer ist ein Film, der tief in meinem Unterbewusstsein verwurzelt blieb. Ich habe ihn oft und immer wieder gesehen, vielleicht weil ich im richtigen Alter dafür war und er so perfekt passte in jene Galerie der Underdog-Filme, die ich so lieb(t)e: *Made in USA*, *Near Dark – Die Nacht hat ihren Preis* von Kathryn Bigelow, *Jung und rücksichtslos* (1984) von James Foley – allesamt Filme, die den Aufbruch der jugendlichen Revolte wie ihr Scheitern und den begleitenden Tod feiern; eine vergehende Schönheit, untermalt von sehnsuchtsvoller Rockmusik jener Jahre, als Ausdruck jener Melancholie, dem Bewusstsein, die Zeit würde alles zerstören.

Bleibt das ewige Geheimnis des deutschen Verleihtitels, denn im ganzen Film gibt es kein ‚Messer', und schon gar keines am ‚Ufer'. Übersetzt bezeichnet *River's Edge* das wörtliche und das metaphorische ‚Ufer des Flusses', wo der Mord geschieht und die Gemeinschaft scheitert. ‚Am Rande des Stromes' könnte man sich das poetisch denken. ‚Edge' heißt allerdings auch ‚Schneide', und man könnte sich einen Verleihpraktikanten vorstellen, der das mit ‚die Schneide des Flusses' übersetzt und dann ‚elegant' ein ‚Messer am Ufer' paraphrasierte. Ohne Sinn und Verstand natürlich. Naja, wir werden es nicht erfahren…

Das Messer am Ufer ist ungeachtet dieses Schönheitsfehlers ein bleibendes und somit zeitloses Dokument von Teenage Angst und Teenage Longing. Ein Film über den kältesten Sommer des Lebens. 1987. Unvergessen.

Das Messer am Ufer ist bei Camera Obscura
als Special Edition Bluray erschienen.

Spirituelle Reise durch eine verschwindende Welt

Der Kriegsfilm *Der schmale Grat* als existenzialphilosophischer Essayfilm

> *„Wer tötet uns? Beraubt uns des Lebens und des Lichts?"*
>
> Jim Caviezel in *Der schmale Grat*

1.

„Warum herrscht dieser Krieg in der Natur? Warum bekriegt die Natur sich selbst ...?" Diese zentralen Fragen tauchen in Terrence Malicks Pazifik-Kriegsfilm *Der schmale Grat* (1998) auf. In einem oft unvermittelt einsetzenden Off-Kommentar fragen die Protagonisten nach diesen existenziellen Dingen: nach dem Ursprung, nach dem Ende – und dem Leben dazwischen. Das Genre des Kriegsfilms wählt Malick lediglich als eine filmische Form, doch den Dschungelkämpfen stehen immer wieder Momente der Ruhe und der Reflexion gegenüber. *Der schmale Grat* vermittelt den Krieg auf eine ganz eigene, sehr filmische Weise als ‚inneres Erlebnis'.

Seit seiner ersten Regiearbeit aus dem Jahr 1971, *Badlands*, nutzt Malick die generischen Formen des Gangsterfilms, des Melodrams (*In der Glut des Südens*, 1978), des Kriegsfilms (*Der schmale Grat*) oder des Abenteuerfilms (*The New World*, 2003), um auf der Basis formaler und narrativer Konventionen wesentlich weiter reichende Modell aufzubauen, die es ihm ermöglichen, mit den Mitteln des Films über den Menschen selbst zu philosophieren. Malick entstammt der Tradition des New Hollywood der späten 1960er Jahre, einer der fruchtbarsten Erneuerungsbewegun-

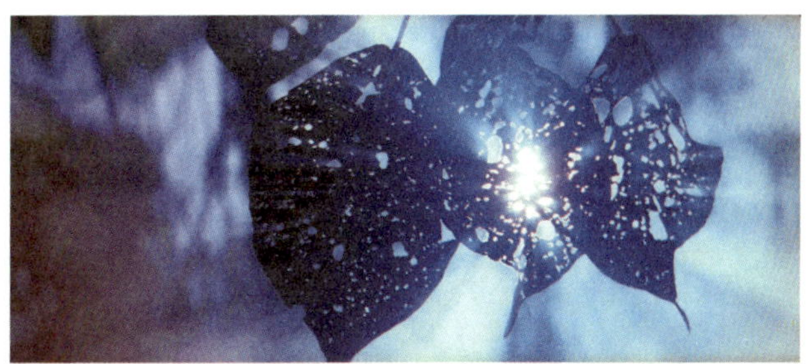

gen der Filmgeschichte, in der sich das Hollywoodkino aus dem Indiefilm heraus neu formierte. Mit nur zwei Regiearbeiten blieb Malick lange eine Legende dieser Ära – eine Legende übrigens, die sich sorgsam aus der Öffentlichkeit zurückhielt und keine Interviews zum eigenen Werk gab. Zudem eine Legende, deren philosophische Neigung nicht herbeigeredet werden musste, immerhin hatte er in den 1960er Jahren eine bis heute verbreitete Übersetzung von Martin Heideggers Text „Vom Wesen des Grundes" angefertigt. Die Frage nach dem Sein des Menschen, speziell seiner Seinsbedeutung in der Welt, könnte ein möglicher Schlüssel sein, um Malicks Werk einzuordnen und zu verstehen. Doch wie inszeniert Malick sein Kino als Philosophie?

2.

Ein verbindendes Element aller Malick-Filme ist die überwältigende Macht und Schönheit der Natur, die er in elegischen Bildkompositionen feiert. Lange blicken wir auch in Der schmale Grat auf wogende Gräser, auf Blattwerk oder schimmernde Unterwasserlandschaften, hören dazu sakrale Choräle, rituelle Gesänge oder schwere Streicher. Er feiert diese Schönheit im Tempel der Wälder, als gelte es, eine vergehende, heilige Welt zu bewahren, die der Moderne längst abhanden gekommen ist. Seine Bilder atmen die Beseeltheit der Lebewesen und Pflanzenwelt, sie stellen diese gleichwertig neben die ebenso nah und intim betrachteten Gesichter der Menschen, die oft voll stummem Staunen nach oben blicken. In der beseelten Welt der Natur liegt bei Malick das Heilige und Göttliche, mit Heideggers Worten kommt es hier zu einer „Lichtung des Heiligen". Dieses sakrale Licht beschwört Malick ganz bildlich, indem er uns durch die Augen seiner Protagonisten in die durch das Blattwerk blendende Sonne blicken lässt.

Die Natur ist also im Sinne dieser Beseeltheit (man nennt das Animismus) weit mehr als ein filmischer Handlungsraum, es ist vielmehr der Ort, an dem sich Mensch und Tier begegnen, an dem Schönheit und Tod von jeher verbunden sind. Bereits im 18. Jahrhundert gab es eine u. a. von J. W. von Goethe vertretene philosophisch-religiöse Strömung, die sich Pantheismus nannte und Gott in der gesamten Schöpfung fand: ‚pan' ist das Umfassende, Ganzheitliche, und ‚theismus' das Göttliche. Im Pantheismus wird das Verhältnis zwischen Gott und der Welt ausgehandelt – und zwar auf eine nicht immer klar definierbare Weise. Der Pantheismus steht so im Gegensatz zu einem dogmatischen Theismus, der Gott als heilige Entität begreift, die nicht zugleich Teil der Welt sein muss. Folglich ist der Pantheismus keine religiöse Position, sondern eher eine philosophische Weltanschauung, die mit dem Animismus des Buddhismus ebenso Ähnlichkeiten aufweist wie mit dem christlichen Mystizismus. Eine mögliche Definition des Pantheismus begreift die Welt als eine Gesamtheit aus der Natur, den Menschen, dem Kosmos und Gott. Daraus ließe sich in einem nächsten Schritt die Ansicht ableiten, es gebe eine dem ganzen Kosmos eigene Kraft, die alles verbindet und Inspiration für ethische oder religiöse Werte darstellt. Man könnte daraus folgern, dass der Mensch ein gleichberechtigter Teil dieser Aspekte ist, also weder die Erde „Untertan machen sollte", noch selbst Gott untergeordnet ist. Ohnehin gibt es im Pantheismus nicht mehr einen personifizierten Gott, sondern vielmehr ein kosmisches, göttliches Prinzip, das Mensch und Natur durchdringt. Diese Ansicht wird von Anhängern eines fundamentalistischen Monotheismus nachvollziehbar als ‚atheistisch' abgelehnt.

Da Mensch, Natur und Kosmos alle dem göttlichen Prinzip unterworfen sind, ist eine Trennung zwischen Wissenschaft und Religion ebenso aufgehoben: alles ist beseelt, alles ist eins. Obwohl der Begriff ‚Pantheismus' 1705 von dem Philosophen John Toland eingeführt wurde, geht diese Sichtweise bis in die Antike zurück. Bereits die Stoiker betrachteten das Universum als eine Einheit und folgerten daraus, man müsse die Einheit mit Gleichmut akzeptieren. Statt nach rationaler Erkenntnis zu streben, wurden auch Gefühl und Vorstellungskraft als wichtige Erkenntnisquellen gewürdigt. Man könnte bereits an diesem Punkt so weit gehen, dass auch ein Kunstwerk in der Lage sein kann, Erkenntnis zu vermitteln wie ein philosophischer Aufsatz.

Im 18. Jahrhundert kam es um den Pantheismus zu einem Streit zwischen den verschiedenen Wissenschaften, die sich aufgrund dieser Perspektive in Frage gestellt fühlten. Dieser Umstand erinnert an die harschen Diskussionen um die Filme Terence Malicks, dessen ‚Familienmelodram' *Tree of Life* (2011) mitunter als ‚spiritualistischer Kitsch' angegriffen wurde, weil er hier radikaler als zuvor die Durchdrungenheit von Zeit, Raum, Mensch und Natur inszenierte. Malicks Weltsicht entfernt sich deutlich von einer rationalen oder pragmatischen Perspektive, und gerade das Genrepublikum fühlt sich in diesen philosophischen Exkursen ‚getäuscht'.

Für Malick ist emotionale Intuition ein wichtigeres Prinzip als rationale Verstehbarkeit: Seine Filme ereignen sich in einem kontinuierlichen Fluss, der die konventionelle Aktstruktur der Hollywooddramaturgie bewusst verweigert. Wie andere radikale Erneuerer der Filmkunst mit oder nach ihm (etwa Andrej Tarkowskij, Lars von Trier, Gaspar Noé, Bruno Dumont oder Nicholas Winding Refn) erweisen sich Malicks Filme als assoziative Reisen, die weniger durch eine Spannungskurve als durch einen spirituellen Puls zusammengehalten werden. Man muss einen Film wie Der schmale Grat mehr erleben, als dass man ihn unmittelbar ‚versteht'.

Ein späterer Autor, der sich am Pantheismus orientierte, war der Religionswissenschaftler Mircea Eliade, der das Begriffspaar des Profanen und des Sakralen gegenüberstellte: so bezeichnete er das Alltägliche und das Heilige. Dabei handelt es sich jedoch nicht um Gegensätze, sondern das Profane kann vom Heiligen durchdrungen werden. In der Kunst könnte man dieses Durchdringen mit Paul Schrader (1972) als einen „transzendenten Stil" bezeichnen: die Lichtung des Heiligen im Filmbild etwa. Terrence Malicks Kino mag ebenso für einen solchen transzendenten Stil stehen, wie zuvor die Filme von Robert Bresson oder Ingmar Bergman: In seinen scheinbar alltäglichen Geschichten von Abschied, Tod, Krieg und Liebe kommt es immer wieder zu einem Moment des ‚Durchscheinens'. Das Heilige zeigt sich im Alltäglichen, das Sakrale im Profanen. Eliade vertraut auf die These, dass es sich bei diesem Modell um eine transkulturelle Konstante handelte, dass man die Lichtung des Heiligen im Profanen auch in nichtchristlichen, nichtmonotheistischen Kulturen finde. Was zurück zum Animismus führt, etwa zum Buddhismus und

Shintoismus in Asien. Auch in gegenwärtigen Strömungen von New Age-Denken und Esoterik findet sich diese Idee einer ganzheitlichen Weltsicht.

3.

Historisch orientiert sich *Der schmale Grat* an dem Sieg der Amerikaner in der Schlacht um Guadalcanal am 9. Februar 1943. Auf den Salomoninseln im Pazifik triumphierten US-Truppen über die dort stationierten Japaner. Bereits 1943 verfilmte Lewis Seiler diese Ereignisse aus der persönlichen Sicht der Soldaten in Guadalcanal – *Die Hölle im Pazifik* (1943). James Jones schrieb seinen Roman „The Thin Red Line" danach, der ebenfalls eine sehr persönlich-reflektierende Perspektive einnimmt. 1964 wurde er unter diesem Titel mit Keir Dullea bereits verfilmt. Inspiriert von Roman und Film drehte Regisseur, Autor und Hauptdarsteller Cornel Wilde 1967 eine Variante mit *Blutiger Strand*. Hier montierte er mitten in die Kampfszenen subjektive Erinnerungsbilder der Soldaten und legte ihre Off-Kommentare über die Bilder – eine Technik, die Malick für seinen Film übernahm. Es ist allerdings nicht bekannt, ob er *Blutiger Strand* kannte. Die blutigen Kampfszenen bei der Landung auf der Pazifikinsel nahmen zudem den Anfang von Steven Spielbergs *Der Soldat James Ryan* (1996) vorweg.

Bei all diesen Filmen ist die historische Dimension wesentlich wichtiger als bei Malick. In seinem *schmalen Grat* wird Guadalcanal eher beiläufig erwähnt, oft heißt es schlicht: der Felsen. Nie geht es um den Hintergrund der militärischen Aktionen, wir erleben lediglich die Aktion selbst und die Resultate. Im Gegensatz zu anderen Kriegsfilmen interessiert sich Malick selten für konventionelle Spannungsdramaturgie und narrativ etablierte Konflikte. Allenfalls die Befehlsverweigerung von Captain Staros (Elias Koteas) gegenüber Colonel Tall (Nick Nolte) erinnert an solche Standardsituationen. Immer wieder beschwört er Szenen des Anschleichens, des Marschierens im Feindesland, des Kampfes, doch die Inszenierung kennzeichnet meist deutlich, worum es eigentlich geht: um den Blick zur Seite, um die wippenden Blätter und schnatternden Vögel in den Bäumen, die gleichberechtigt zu den Soldaten gezeigt werden. Alles ist eins, selbst im Krieg. Mitten im Kampf sehen wir ein Vogelkücken, das aus dem Nest gefallen ist und seinerseits ums Überleben kämpft, mitten im Kampf wird ein Soldat im hohen Gras von einer Giftschlange attackiert. Die Natur scheint im Krieg mit sich selbst. Und zugleich ist all das nur ein Ausdruck der Existenz an sich. Aus diesem Grund wäre es auch absurd, den Film als „Antikriegsfilm" zu bezeichnen, denn eine solche ideologische Perspektive wäre Malick vermutlich sehr fremd. Geburt und Tod, Krieg und Frieden, Liebe und Hass sind nur Ausdruck des selben kosmischen Gefüges. Aus dieser Sicht wäre es sogar müßig und banal, einen Film ‚gegen den Krieg' zu machen. Private Witt (James Caviezel) fragt ganz deutlich: „Wie kommt das Böse in die Welt? Warum ist die Natur mit sich selbst im Konflikt?" Hinterfragt wird das jedoch nie: das ‚Böse' existiert in dieser Welt – ebenso wie die Schönheit der Korallenriffs, die Witt zuvor erkundet hat. Witt stellt das Militär in Frage, wie in dem Verhör durch den zynischenVorgesetzten Welsh (Sean Penn) deutlich wird, er hinterfragt aber nie den Krieg. Folglich wird auch an keiner Stelle klar, worum hier gekämpft wird – um „Besitz", wie Welsh das ausdrückt, geht es nicht. Auch der ausgestellte Humanismus von Captain Staros kann hier nicht als befriedigende Lösung gesehen werden, denn seine punktuelle Weigerung inmitten des Infernos bleibt merkwürdig rhetorisch.

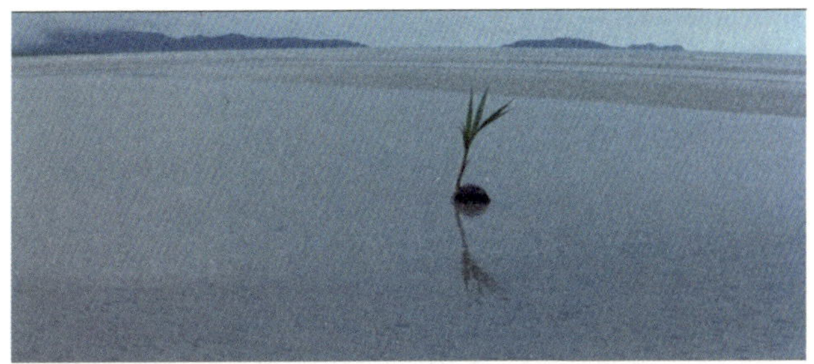

Den Filmraum erkundet Malicks Film nicht mit dem Interesse, dem Zuschauer eine bessere Orientierung zu ermöglichen. Vielmehr reiht er Impressionen der Dschungelumgebung aneinander, als wolle er mit der Kamera diese fremde Welt erkunden. Die Gesichter der Soldaten werden zu Projektionsflächen der eigenen Wahrnehmung, während sich eine nur vermeintlich subjektiv geführte Kamera selbstbestimmt durch die Natur bewegt. So geraten immer wieder scheinbar nebensächliche Objekte und Ereignisse in den Fokus. Das gilt auch für die Schlachtendarstellungen: Hier wird mitunter nicht die feindliche Stellung gezeigt – die Gewehrsalven scheinen direkt dem Wald zu gelten, als befinde sich der Mensch mit der Natur selbst im Krieg. Die Soldaten beschießen die Bäume und fangen ein Krokodil, das sie mit zugebundenem Maul exponieren. Dagegen steht die immer wieder vorgeführte Schönheit der Landschaft. Die Natur wird durch den Krieg ebenso zerstört, wie sie letztlich scheinbar unberührt bleibt. Diese Indifferenz spiegelt sich auch in der Begegnung der Soldaten mit einem Inselbewohner, der nahezu gleichgültig an den voll bewaffneten Männern vorbeiwandert. In späteren Szenen tarnen sich die Soldaten, werden selbst optisch Teil der Natur. In Malicks Augen sind sie das ohnehin. In seinem filmischen Blick gibt es keine Hierarchie, denn: alles ist eins.

4.

Das Sakrale zeigt sich in Malicks Film zunächst in den Naturbildern, doch es findet sich ebenso in seinen Bildkompositionen. Als Private Bell (Ben Chaplin) im ersten Drittel alleine auf Erkundung geht, sieht er in der Ferne einen Hügel mit drei verkohlten Baumstämmen, der in dieser Perspektive an eine Darstellung der Jerusalemer Schädelstätte erinnert, auf der die drei Kreuze errichtet wurden. Dieses Golgatha-Motiv etabliert neben der Pantheismusebene eine explizit religiöse Ebene, die den Film durchzieht. Rituell kehren Figuren, Motive und Gedanken wieder, untermalt von den predigtartigen Off-Kommentaren. Und immer wieder sehen wir den Blick gen Himmel, ins reine Licht, das heilige Licht.

Scheinbar alltäglichen Gesten eignet in *Der schmale Grat* etwas Rituelles, Sakrales, etwa wenn ein Verwundeter mit Wasser ‚getauft' wird. Überhaupt ist das ewig fließende Wasser ein Motiv der Transzendenz, der ständigen Durchdringung und zyklischer Lebensprozesse. In einer der poetischsten Einstellungen des Films sehen wir den desertierten Witt mit kindlichen Insulanern im strahlenden Blau tauchen. Es wird das letzte (Erinnerungs)Bild sein, bevor er von den Japanern erschossen wird. Einer eigentümlichen Logik folgend, wird dieser Schauspieler Jim Caviezel später Jesus in Mel Gibsons *Die Passion Christi* (2004) spielen. „Vielleicht haben alle Menschen eine große Seele", grübelt Witt im Lazarett. An anderer Stelle spricht Witt von einem „Funken", der synonym für die Weltseele begriffen werden kann. In seinem finalen Opfertod wird er buchstäblich zu einer Märtyrerfigur: Witt, der den ganzen Film über an der Grenze wandelte – zwischen Wasser und Land, zwischen Erde und Himmel. Als er von Japanern umzingelt wird, blickt er gen Himmel und reagiert nicht auf die Zurufe, sein Gewehr fallen zu lassen. Stattdessen hebt er das Gewehr und wird erschossen. Der in diesem Moment entrückt erscheinende Gesichtsausdruck scheint aufzugehen in der Ganzheit der Welt im Angesicht des nahen Todes. In seinem Selbstopfer wird er Teil des Sakralen und transzendiert die reine Gegenwart des Krieges.

Die innere Stimme des Films wird verteilt auf mehrere Personen, und erweist sich doch als die Stimme des Filmemachers. Auch Bell formuliert diese Idee der transzendentalen Verschmelzung, des Erreichens der Einheit in der Liebe zweier Menschen, wenn er während der Bilder eines Rückblicks über seine Frau sagt: „Wir! Wir beide! Ein Wesen ..."

5.

Anhand des philosophischen Kriegsfilms *Der schmale Grat* zeigt sich, wie ein Film den eigenen Genrediskurs überwinden kann, um einen Schritt weiter zu gehen. Während auf der Tonspur über die Natur des Bösen reflektiert wird, sehen wir Bilder einer unabhängig von menschlichem Geist existierenden Natur. Diese Natur löst Hierarchien und Begehren auf und existiert einfach ‚für sich' – als existenzielles ‚Nichts'. Rüdiger Safranski wies einmal darauf hin, dass Kurtz in Joseph Conrads Novelle „Herz der Finsternis" (und in Francis Ford Coppolas Verfilmung *Apocalypse Now*, 1979) genau diese Entdeckung im Dschungel gemacht haben könnte, die ihm am Ende die Worte „das Grauen!" abnötigt: Die Erkenntnis der absoluten Sinnfreiheit der Existenz. In *Der schmale Grat* erscheint das versöhnlicher: In den zahlreichen Nahaufnahmen menschlicher Gesichter, die der Film mit dem Blick auf die Natur kombiniert, zeigt sich eine Auflösung der Bezüge zwischen dem Menschen und der Welt. Malicks Film erstrebt einen ,neutralen Blick', der das Phänomen des Krieges in einem völlig neuen Licht erscheinen lässt. Malick beschwört eine „Allheit" der Welt und befähigt den Zuschauer, dies im Rahmen (ausgerechnet) eines Kriegsfilms zu erfahren.

Bersani, Leo/Dutoit, Ulysse: Forms of Being. Cinema, Aesthetics, Subjectivity. London 2004.
Mihm, Kai: Balladen über eine verschwindende Welt. Terrence Malick als Chronist der amerikanischen Seele. In Stiglegger, Marcus (Hrsg.): Splitter im Gewebe. Filmemacher zwischen Autorenfilm und Mainstreamkino. Mainz 2000. S. 44-58.
Safranski, Rüdiger: Das Böse oder Das Drama der Freiheit, Frankfurt am Main 1999.
Schrader, Paul: Transcendental Style in Film, Berkeley 1972.
Stiglegger, Marcus: Heiliges Licht. Reines Licht als Signum der Transzendenz im Film. In: Filmdienst 22/2007, S. 8.
Stiglegger, Marcus: The Thin Red Line. In: Koebner, Thomas (Hrsg.): Filmklassiker. Bd. 5. Stuttgart 2006.

Der schmale Grat ist bei
Film Confect als Special Edition Bluray erschienen.

Der Endpunkt des Horrorgenres?

The Last Horror Movie im ,Snuff'-Diskurs

1.

Sind wir noch im Film? Oder ist das alles echt? So lange es das Medium Film gibt, ranken sich Legenden um die Dokumentation und Inszenierung realer Mordakte vor der Kamera. Bereits früh wurde aber auch deutlich, dass gerade das Medium Film zur Not auch ohne die Authentizität der vorfilmischen Wirklichkeit auskommen kann, denn visuelle Effekte, geschickte Perspektiven und Materialmanipulationen schaffen in vielen Fällen einen überzeugenden Realitätseindruck. So ist es noch heute schwer zu überprüfen, ob es sich bei gefilmten Hinrichtungen, Kriegshandlungen und Folterungen um Realität oder Performance handelt. Gerade in letzter Zeit fand eine intensive Diskussion über die Authentizität der Hinrichtungsvideos der Terrorgruppe ,Islamischer Staat' statt. Wichtig erscheint stets die Wirkung dieser Szenen auf den Rezipienten, und tatsächlich konnte in den bekannten Prozessen um vermeintliche Snuff-Filme meist ausdrücklich deren Inszeniertheit nachgewiesen werden. Zu einigen Filmen fanden gar Gerichtsprozesse statt: *Emanuelle in Amerika* (1976; R: Joe D'Amato), *Nackt und zerfleischt* (1979; R: Ruggero Deodato), *Guinea Pig – Flower of Flesh and Blood* (1985; R: Hideshi Hino).

Alles ist verknüpft mit dem Begriff snuff (engl. „Auslöschen, Auspusten"), der bis heute in der Diskussion um die sogenannten „torture porns" eine Schlüsselrolle spielt. Der Mythos um reale Gewaltpornografie tauchte im Umfeld des Prozesses um die Morde der kalifornischen Charles-Manson-Family erstmals auf und wurde 1976 auch als Verleihtitel für Roberta und Michael Findlays Manson-Adaption *Slaughter* (1971) verwendet. 2003 drehte der britische Regisseur Julian Richards einen Film, der mit dem Mythos Snuff auf frappierende Weise spielte und zugleich formal wie inhaltlich einen möglichen Endpunkt des Horrorgenres anvisierte: *The Last Horror Movie*.

2.

The Last Horror Movie beginnt wie ein amerikanischer Teenie-Slasher-Film: etwas überdreht inszeniert, bunt, mit vorhersehbaren Spannungseffekten. Eine Kellnerin wird in ihrer Kneipe von einem Serialkiller attackiert. Als sie sich nach vorne beugt, steht er bereits hinter ihr – der *Tenebrae*-Effekt (aus Dario Argentos gleichnamigem Thriller von 1983). Doch dann: ein Störbild. Der Film bricht ab und ein freundlich plaudernder Mann Mitte dreißig in alltäglicher Umgebung übernimmt das Wort. So lernen wir Max Parry (Kevin Howarth) kennen, einen psychisch schwer gestörten Hochzeitsvideofilmer, der mit seinem Assistenten (Mark Stevenson) loszieht, um reale Morde auf Video aufzunehmen. Danach schneidet Parry diese Snuff-Clips mit seinen medienreflexiven Kommentaren in Videotheken-Cassetten hinein. Ahnungslose Videothekenkunden werden so unvermittelt mit den blutigen Exzessen konfrontiert – und unangenehmen Fragen: „War es nicht das, was Ihr ohnehin sehen wolltet?"

Mit seinen Kommentaren durchbricht Parry als ‚Regisseur' des wahren Grauens immer wieder die ‚vierte Wand', durchbricht die filmische Illusion und spricht uns, die Zuschauer, persönlich an. Was durch die Verfremdung eine größtmögliche Distanz zum Geschehen verursachen könnte, führt allerdings in dieser fordernden Direktheit zu einem Distanzver-

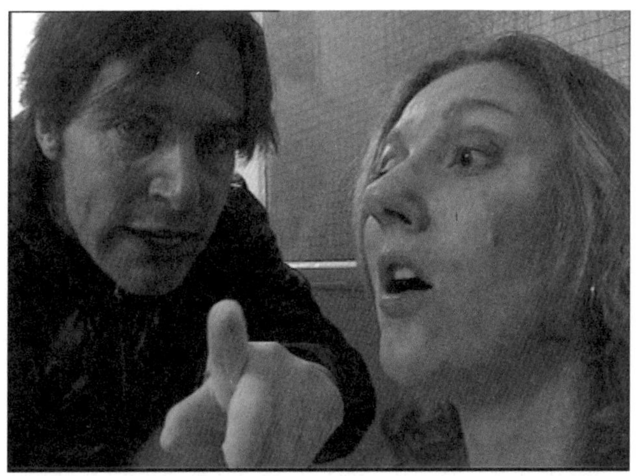

lust – zur unangenehmen Nähe zwischen sensationsgierigem Publikum und psychotischem Gewalttäter.

Insofern ist *The Last Horror Movie* ein sogenannter Meta-Film: ein Film über das Filmemachen selbst. Mit Parry werden wir gezwungen, über Sehkonventionen, Zuschauerbedürfnisse und unsere eigene Gier nach dem Schrecklichsten nachzudenken. So wird das eigentlich unhinterfragbare Vergnügen an der Körperzerstörung, das das verführerische Potential des Splatterkinos ausmacht, zum Thema des Films. Und am Ende des Films steht der bange Verdacht, man können (weg) nun selbst zum Opfer Parrys werden.

The Last Horror Movie ist die makabre Einladung an uns, das geneigte Publikum, uns nicht nur von diesem Film spannend unterhalten zu lassen, sondern uns als Teil eines Spiels tödlicher Verführung zu begreifen. Und verführbar ist nur, wer letztlich auch verführt werden will. So werden wir im Laufe dieses Found-Footage-Films (von denen es heute bekanntlich zahllose gibt) selbst zu Komplizen des Killers. Und des Regisseurs.

Julian Richards verweist auf Stephen Kings Selbstbespiegelung ‚Danse Macabre' als Inspirationsquelle, denn der berühmte Horrorautor habe ihm dort die Möglichkeit eröffnet, mit den Mitteln des Horrors über das Wesen des Grauens selbst nachzudenken. Doch statt uns zu helfen, unsere Ängste zu erkennen und zu verarbeiten, dient der Film eher als Rechtfertigung für Parrys Serienmorde. Und darin ist Richards' Film so effektiv, weil er mit einfachsten Mitteln an realen Orten gedreht wurde und uns das alles als reales Dokumentarmaterial präsentiert.

Die überzeugenden Spezialeffekte während der Morde wurden dabei aufwändig prothetisch erstellt: Alles musste während eines ungeschnittenen Takes on camera (vor laufender Kamera) umsetzbar sein. Und so ist gerade dieser Umstand so verstörend – dass wir buchstäblich in Echtzeit dem gewaltsamen Tod der Opfer beiwohnen, als wären wir Zeugen eines Hinrichtungsvideos islamistischer Terroristen.

Der britische Film hatte am 24. August 2003 seine Premiere auf dem London Film Festival, wo er wohlwollend besprochen wurde – als er jedoch in Deutschland auf DVD erscheinen sollte, verweigerte die FSK eine Freigabe für die ungekürzte Fassung. Für die freigegebene Fassung entschied sich das damalige Label gegen die Kürzung und griff zum Mittel der optischen Zensur. Inzwischen liegt der Film natürlich ungekürzt und unzensiert vor.

3.

Bemerkenswert an *The Last Horror Movie* ist in jedem Fall der oberflächlich charmante, letztlich aber zynische und höchst gefährliche Protagonist, dargestellt von Hauptdarsteller Kevin Howarth. Howarth hatte an der Webber Douglas Academy of Dramatic Art in London Schauspiel studiert und abgeschlossen, bevor er in zahlreichen Genreproduktionen auftrat, u.a. *Razor blade smile* (1998) und in Julian Richards' späterem Film, dem Geiseldrama *Summer Scars* (2007). In *Herr der Ringe: Die Rückkehr des Königs* (2003) war er zumindest als Stimme präsent. In den letzten Jahren fiel der britische Schauspieler u. a. in dem packenden Kriegsdrama *The Seasoning House* (2012) auf.

Mit dem Waliser Julian Richards verbindet ihn eine kreative Freundschaft, die sich möglicherweise auch zukünftig in gemeinsamen Projekten manifestiert. Richards hatte es nicht leicht, von Newport, South Wales, seine Karriere im Filmgeschäft zu starten, doch erste Super-8-mm-Filme waren ein gelungener Anfang, darunter einige Kurzfilme, die von der BBC ausgestrahlt wurden. Danach studierte er zunächst Kunst und Design, bevor er 1985 die Filmschule in Bournemouth und das Poole College of Art besuchte, wo er weitere beachtete 8- und 16-mm-Filme drehte, die teilweise in der BBC liefen. So setzte sich Richards Karriere nicht ungünstig fort: 1988 besuchte er die National Film and Television School in Beaconsfield, wo er einen Dokumentarfilm drehte. 1992 absolvierte Richards die NFTS mit dem 16 mm Kurzfilm *Bad Company*, der umgehend auf ITV ausgestrahlt wurde und ihm eine Einladung auf das AFI Festival in Los Angeles einbrachte. Im selben Jahr zog Richards nach Los Angeles, wo er für Shapiro Glickenhaus Entertainment das Making Of von James Glickenhaus' *In Cold Blood* (1993) drehte. Im folgenden Jahr kehrte er wieder nach London zurück, wo er für die BBC arbeitete.

Seinen Debütspielfilm schrieb und inszenierte Julian Richards 1996. *Darklands* wurde als walisischer *The Wicker Man* (1972) bezeichnet, da es hier wie dort um einen archaischen Opferkult geht, dem der Ermittler zum Opfer fällt. Der düster stilisierte Film belegt bereits das tiefgehende Interesse Richards', das Horrorgenre als Medium für weiterführende Themen zu erkunden. Für *Darklands* erhielt er zahlreiche Preise und konnte problemlos mit dem urbanen Thriller *Silent Cry* anknüpfen.

Im Jahre 2003 gründete Richards seine Firma Produktive Films, mit der er schließlich *The Last Horror Movie* produzierte, einen Ultra-Low-Budget-Film, der seine Kosten hauptsächlich im Kontext der Spezialeffekte generierte. Doch das Ergebnis wurde weltweit gewürdigt: Auf dem Raindance Film Festival bekam er z. B. einen Hauptpreis. In den USA übernahm die in Genrekreisen renommierte Firma Fangoria den Vertrieb, in Großbritannien wurden *The Last Horror Movie* von Tartan Films veröffentlicht. Wirkliche Zensurprobleme hatte nur Legend Films bei der deutschen DVD-Veröffentlichung, was zweifellos auf den „Authentizitätseffekt" der Echtzeit-Gewalt zurückzuführen ist.

2006 produzierte und inszenierte Richards den Coming-of-Age-Thriller *Summer Scars*, der teilweise auf eigenen Kindheitserlebnissen basiert und ebenso an Stephen King orientiert wirkt. Elemente erinnern an dessen Novelle „Stand by me". Neben einer Charles Dickens-Dokumentation (2008) mit Derek Jacobi fiel Richards zuletzt durch den psychologischen Horrorfilm *Shiver* (2011) mit Danielle Harris, Casper Van Dien und Rae Dawn Chong auf, der weltweite Resonanz fand.

2003 kamen erste Gerüchte einer Fortsetzung von *The Last Horror Movie* auf, doch Richards war sich unsicher, ob es wieder ein Found-Footage-Film werden sollte oder aber ein konventioneller Slasher-Film. Erst 2012 bestätigte er, dass es wirklich aktuelle Pläne für das Projekt gäbe. Die Fortsetzung soll an das Ende des ersten Films anknüpfen, aber Jahre später in Los Angeles spielen, wo Parry nun lebt und eine Social-Network-Seite für sich entdeckt ...

4.

The Last Horror Movie ist also der Versuch eines ambitionierten Genreauteurs, dem Horrorgenre einen reflektierten Endpunkt zu verpassen. Dabei ist allerdings eine sehr eingeschränkte Idee vorausgesetzt, was ein Horrorfilm ist oder sein kann. Tatsächlich knüpft der Film an einige Momente des Thrillers *Henry – Portrait of a Serial Killer* (1986) von John MacNaughton an, in denen das Täterpaar Henry und Otis seine Taten auf Video aufzeichnet. Was *The Last Horror Movie* also wirklich leistet, ist es, jene morbide Schaulust am true crime' zu entlarven und an uns als Zuschauer durchzuspielen. Es handelt sich also weniger um *The Last Horror Movie*, als vielmehr um „The Last Snuff Movie". Doch so oder so hat *The Last Horror Movie* heute nichts an Intensität verloren und bleibt das ebenso letzte Dokument einer Ära der Videotheken und VHS-Cassetten, in der es wirklich passieren konnte, das ein bösartiger Kunde die Schutzlasche überklebte und den entliehenen Film mit neuem Material überspielte. Hoffen wir, dass es nicht Parry war.

Francos Labyrinth

Guillermo del Toros antifaschistisches Märchen *Pans Labyrinth*

1.

Als ich Mitte der 1990er Jahre erstmals Guillermo del Toros *Cronos* (1993) sah, war ich von dieser eigenwilligen Mischung aus psychologischem Drama und Fantasy/Horrorelementen fasziniert. Der junge mexikanische Regisseur kannte sich offenbar gut aus in den phantastischen Genres, es schien ihm jedoch ebenso ernst zu sein mit der Entwicklung der psychologischen Dimension seiner alchemistisch inspirierten Geschichte, in der sich Gegenwart und Vergangenheit auf beklemmende Weise durchdringen. 2001 knüpfte er überzeugend an dieses Konzept an und entwickelte es weiter: In dem Geisterfilm *The Devil's Backbone* entfaltet sich die Handlung um dem Geist eines ermordeten Waisenjungen vor dem Hintergrund der aufziehenden Franco-Diktatur in Spanien. Auch hier interessiert sich del Toro vor allem für die gesellschaftlichen Mechanismen von Widerstand und Denunziation, während der Geist eher metaphorisch präsent bleibt. Auch geht die Bedrohung von dem korrupten System aus, nicht von der traurigen Erscheinung eines ermordeten Jungen. Oft lässt uns del Toro gar die Perspektive des Geistes einnehmen, mit dem er sich mehr identifiziert als mit den Menschen. Fernando Tielve und Íñigo Garcés, die die Protagonisten von *The Devil's Backbone* spielten, treten in seinem späteren Film *Pans Labyrinth* als Partisanen auf, was den 2006 gedrehten Film als eine indirekte Fortsetzung des Geisterfilms ausweist.

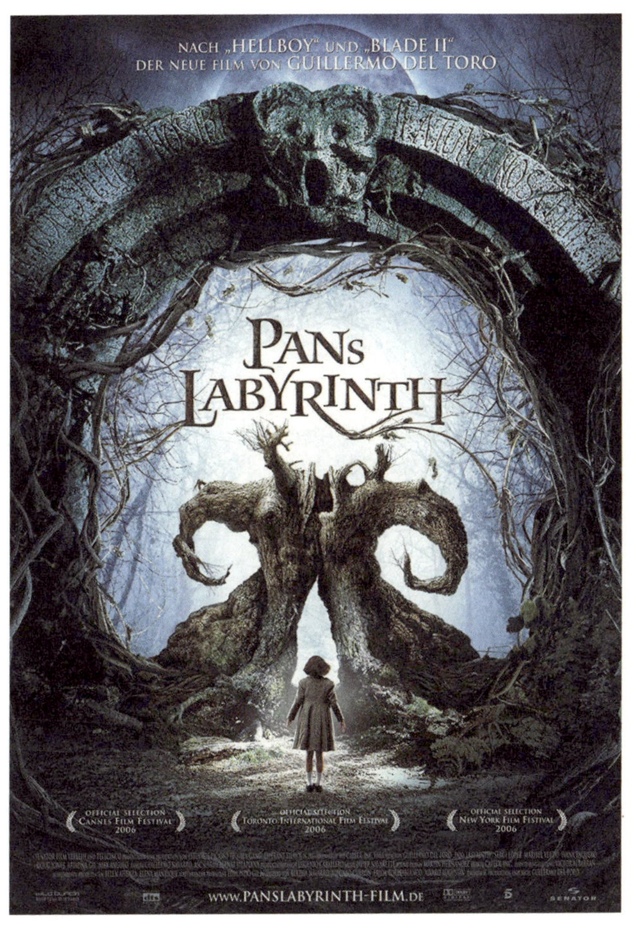
NACH „HELLBOY" UND „BLADE II"
DER NEUE FILM VON GUILLERMO DEL TORO
PANS LABYRINTH
OFFICIAL SELECTION CANNES FILM FESTIVAL 2006
OFFICIAL SELECTION TORONTO INTERNATIONAL FILM FESTIVAL 2006
OFFICIAL SELECTION NEW YORK FILM FESTIVAL 2006
WWW.PANSLABYRINTH-FILM.DE
SENATOR

2.

Als 2006 del Toros neues Werk *Pans Labyrinth* angekündigt wurde, war die Spannung groß, denn bereits die Handlung kündigte erneut jene bewährte Mischung aus Historie und Phantastik an, in der die sich durchdringenden Welten jeweils zu einem metaphorischen Abbild der aufziehenden Bedrohung werden, während sich die Dramaturgie an Märchenerzählungen wie *Alice im Wunderland* (1951 erschien der Walt Disney-Animationsfilm) oder *Das zauberhafte Land* (verfilmt 1939 von Victor Fleming) orientiert.

Die Geschichte von *Pans Labyrinth* spielt in Spanien des Sommers 1944, fünf Jahre nach dem Spanischen Bürgerkrieg, in den ersten Jahren der Franco-Diktatur. Die Erzählung konfrontiert diese reale, historische Welt mit einer mythischen Parallelwelt, die ein verlassenes Labyrinth und eine mysteriöse Faun-Kreatur (Doug Jones) beschwört, mit der die Hauptfigur Ofelia (Ivana Baquero) interagiert. Ofelias Stiefvater, der grausame Falangistenhauptmann Vidal (Sergi López), jagt Partisanen, die von den Bergen aus gegen das Franco-Regime in der Region kämpfen, während Ofelias schwangere Mutter Carmen (Ariadna Gil) zunehmend krank wird. In ihren Reisen in die mythische Welt begegnet Ofelia mehreren seltsamen und magischen Kreaturen, die sie durch die Prüfungen des alten Labyrinthgartens führen.

Wie bereits bei *The Devil's Backbone* ist die phantastische Welt als Parabel zu betrachten. Bezog er sich in *Cronos* auf Vampir-Motive und in *The Devil's Backbone* auf den klassischen Geisterfilm, betritt *Pans Labyrinth* das Reich des Fantasy- und Märchenfilms. Im spanischen Originaltitel *El laberinto del Fauno* orientierte sich del Toro auf die Faune der römischen Mythologie, während die englischen und deutschen Verleihtitel den griechischen Gott Pan zitieren, der nur Ähnlichkeiten zum Faun besitzt, aber letztlich eine etwas andere Bedeutung hat: Er beschützt den Wald und die Natur und wurde von den Hirten verehrt.

Der Faun des Films ist wesentlich ambivalenter und entstammt nach eigenen Aussagen im Audiokommentar einem kindlichen Alptraum des Regisseurs. Es handelt sich hier um eine Urszene des Regisseurs, denn all seine Filme erkunden letztlich die Vielschichtigkeit der Monster und die Kommunikation zwischen Kindern (bzw. zunächst naiv anmutenden Charakteren) und diesen vermeintlichen Alptraumfiguren. In allen Filmen erweisen sich die Menschen als tatsächliche Monster, während die Kreaturen menschliche Qualitäten zeigen.

3.

Als mexikanischer Filmemacher steht del Toro nicht nur in der Tradition des US-amerikanischen Märchenfilms, sondern er knüpft mit seiner historisch basierten Phantastik an einen berühmten spanischen Filmklassiker von Victor Erice an: *Der Geist des Bienenstocks* (1973). Hier begegnen zwei phantasievolle Mädchen vor dem Hintergrund des Franco-Regimes Frankensteins Monster, das sie zuvor auf der Leinwand erlebt hatten. Adrian Martin und Cristina Álvarez López diskutieren in ihrem Videoessay *Haunted Memory* (2016) Victor Erices von der klassischen Malerei inspirierte Bildsprache, die den aus Lateinamerika bekannten magischen Realismus mit Elementen des Genrekinos zusammenbringt. Insofern ist del Toros Kino vielschichtig aus dem Kino heraus geboren, das ihm verhalf, gesellschaftliche und persönliche Traumata in der Kunst zu verarbeiten. Wie Erice mischt er direkte Zitate, Hommagen, literarische Verweise, Stilismen der bildenden Kunst und historische Fakten in seinen besten Filmen. Selbst seine beiden *Hellboy*-Comic-Adaptionen (2004 und 2008) zeigen Spuren dieses Vorgehens, was del Toro selbst bestätigt: „Die Leute sagen: ‚Ich mag deine spanischen Filme mehr als deine englischen Filme, weil diese nicht so persönlich sind', und ich erwidere ‚Fuck, du täuschst dich!' *Hellboy* ist für mich so persönlich wie *Pans Labyrinth*. Sie sind klanglich anders, und ja, natürlich kann man einen mehr als den anderen mögen – der andere mag banal erscheinen oder was auch immer es ist, was einem nicht gefällt. Aber es ist wirklich Teil desselben Films. Du machst immer einen Film. Hitchcock hat einen Film gemacht, sein ganzes Leben lang", sagt er in Twitch Film (15. Januar 2013).

Del Toros Konzept ist es, den phantastischen Film politisch und den politischen Film phantastisch zu codieren, denn er sieht im Genrekino – vor allem im Horror – ein Medium des Widerstandes gegen die totalitäre Ordnung. Man kann in diesem Sinne Pans Labyrinth als genuin antifaschistischen Film betrachten, der sich konkret gegen das faschistisch organisierte, militaristische und autoritär regierte Franco-Spanien richtet, um daraus verallgemeinerbare Erkenntnisse über faschistische Systeme abzuleiten. Das verbindet ihn in gewisser Weise mit jenen Filmemachern, mit denen er seine Karriere gemeinsam begann: Alfonso Cuarón (*Harry Potter und der Gefangene von Askaban*, 2004; *Children of Men*, 2006; *Roma*, 2018) und Alejandro González Iñárritu (*Babel*, 2006; *The Revenant – Der Rückkehrer*, 2015). Beide waren als Produzent bzw. Autor an *Pans Labyrinth* beteiligt und gründeten zusammen die Produktionsfirma Cha Cha Cha Films.

4.

Pans Labyrinth ist nur unter schwierigen Bedingungen verwirklicht worden. Der Erfolg von *Hellboy* brachte del Toro zahlreiche Angebote ein, weitere Superheldenfilme zu inszenieren, doch sein Herzensprojekt blieb – neben einer bis heute ausstehenden Howard Philipps Lovecraft-Adaption – dieses Märchen für Erwachsene. Erst mit Zugeständnissen beim Budget wurde die Produktion möglich. Der Film wurde in den Kiefernwäldern von San Rafael, einer Stadt in der Provinz Segovia (Spanien) zwischen Juli und September 2005 gedreht. Außenaufnahmen entstanden in den Ruinen der alten Stadt Belchite. Del Toro verzichtete zur Fertigstellung der Special Effects auf seine Gage.

2006 wurde der Film auf dem Filmfestival in Cannes uraufgeführt. Es folgten Kinostarts in Europa und Amerika, wo *Pans Labyrinth* von der Kritik mit großem Interesse aufgenommen wurde. Der Film gewann zahlreiche internationale Preise, darunter drei Academy Awards, drei BAFTA Awards, darunter für den besten Film in englischer Sprache, den Ariel Award für das beste Bild, den Saturn Award für den besten internationalen Film und die beste Darstellung eines jüngeren Schauspielers für Ivana Baquero sowie 2007 den Hugo Award für die beste dramatische Präsentation. Der Film entwickelte sich also bald zu einem Überraschungserfolg für alle Beteiligten, allen voran die außerhalb Spanien kaum bekannten Darstellerinnen und Darsteller.

Im Zentrum des Films steht Ivana Baquero als Ofelia bzw. Prinzessin Moanna. Del Toro fand die Zehnjährige eher zufällig im Jahr vor den Dreharbeiten. Im Drehbuch war das Mädchen acht Jahre alt, doch er entschied sich, die Rolle nach der jungen Darstellerin umzugestalten, da er beim Casting zu Tränen gerührt wurde. Zur Vorbereitung auf die Rolle schenkte der Regisseur ihr Comics und Märchensammlungen, die auch ihm als Inspiration gedient hatten.

Der reale Gegenspieler von Ofelia ist ihr Stiefvater: Sergi López als Kapitän Vidal. Der Schauspieler ist in Spanien in dramatischen und komödiantischen Rollen etabliert und war del Toros Wunschbesetzung. Nachdem er eine mündliche Schilderung der Geschichte gehört hatte, sagte er umgehend zu – ein Drehbuch lag noch nicht vor. López tauchte wenig später in Agustí Villarongas Historiendrama *Pa Negre* (2003) wieder auf. Er selbst nahm die Herausforderung der schwierigen und grausamen Rolle des Vidal gerne an, obwohl del Toros Produzenten versuchten, dem Regisseur diesen Schauspieler auszureden.

Einen bleibenden Eindruck hinterließ vor allem der Körperkünstler Doug Jones in den Rollen des Fauns und des blinden Pale Man, der Ofelia in der Unterwelt attackiert. Del Toro kannte den auf bizarre Kreaturen spezialisierten Jones von den Dreharbeiten von *Mimic* (1997) und *Hellboy*. Auch Jones war eine Wunschbesetzung, denn er ist auf die außerweltliche Gestik und Bewegungsform bizarrer Wesen spezialisiert. Da Jones kein Spanisch sprach, lernte er den Text während der langen Maskensessions mit dem Team von David Martí, Montse Ribé und Xavi Bastida auswendig. Die spanischen Darsteller reagierten entsprechend auf ihn. Der Umstand, dass Jones zwei der mythischen Wesen darstellt, hat nicht nur einen pragmatischen Hintergrund, sondern kann als Verweis darauf gesehen werden, dass es sich bei diesen phantastischen Kreaturen letztlich um Inkarnationen des selben Wesens handelt. Der Faun im Zentrum des Labyrinths erschafft quasi die anderen Dämonen aus sich heraus. Der Pale Man erinnert mit seinen Augen in den Handflächen an den japanischen Dämon Tenome, dessen Name „Augen auf den Händen" bedeutet. Del Toro verweist auf die unterschiedlichsten Quellen, aus denen er schöpfte: Klassiker der schwarzen Romantik, traditionelle Märchen, internationale Mythen und natürlich die Filmgeschichte.

5.

Zwanzig Jahre lang hatte Guillermo del Toro die Ideen zu *Pans Labyrinth* in einem Notiz- und Skizzenbuch gesammelt, ohne dass es ein konkretes Drehbuch gab. Die Hauptfigur war anfangs eine schwangere Frau, doch aus kindlicher Perspektive funktionierte die märchenhafte Handlung weit besser. Bei einem Besuch in London ließ del Toro sein Notizbuch in einem Taxi liegen, doch er hatte Glück, denn der Taxifahrer gab es ihm nicht nur zurück, sondern ermutigte ihn, den Film anzugehen. Wie *The Devil's Backbone* gab ihm das die Chance, endlich seine kindlichen Alpträume offensiv in der Kunst zu verarbeiten. Dazu kamen die literarischen Quellen, Lewis Carrolls Alice-Geschichten, die Naturmystik des Theosophen Algernon Blackwoods aus ‚Pan's Garden' (1921), Arthur Machens Schauererzählung ‚Der Große Gott Pan' (1923), der lateinamerikanische Surrealist Jorge Luis Borges, Lord Dunsanys Fantasywerk ‚The Blessings of Pan' (1927) sowie Francisco Goyas Gemälde 'Saturn verschlingt seinen Sohn' (1823) und die morbiden Illustrationen von Arthur Rackham. All diese Einflüsse sind in Pans Labyrinth spürbar – und doch ist der Film zutiefst eigen und originell, trägt in jedem Bild del Toros Handschrift: hybride Monster von tragischer Herkunft, komplexe Mechanismen (hier etwa die Uhr, die Vidal geerbt hat), unterirdische Gänge, bizarre Insekten (hier etwa die Gottesanbeterin) und farbige Lichtstimmungen finden sich in den meisten seiner Filme.

Wie Martin Urschel in dem Buch „Dawn of an Evil Millenium" (Hg. Jörg van Bebber, Darmstadt 2011, S. 301ff.) betont, ist es stets auch der Konflikt mit einem abwesenden bzw. bösartigen Vater, der del Toros Filme kennzeichnet. Seine Hinwendung zu Chaos, Monströsem und den Außenseitern der Gesellschaft mag eine Antwort auf den Druck durch das patriarchale System sein, das oft mit der Kirche, meist aber mit der Politik assoziiert ist.

In einem Interview aus dem Jahr 2007 gab del Toro die auffälligen Ähnlichkeiten zwischen seinem Film und den *Chroniken von Narnia* von Walt Disney Pictures zu, der ihm zuvor angeboten worden war: Beide Filme sind ungefähr zur selben Zeit entstanden, haben ähnliche Hauptfiguren im Kindesalter, mythische Kreaturen (auch Faune) und behandeln Motive des Ungehorsams. Trotz der Ähnlichkeiten zu seiner Vision, lehnte del Toro ursprünglich ab, selbst *Die Chroniken von Narnia* zu verfilmen und widmete sich ausschließlich *Pans Labyrinth*, da dort die historisch-politische Ebene hinzukam.

Als Fantasy-Film gesehen steht er deutlich in der Tradition von Jim Hansons *Die Reise ins Labyrinth* (1986) und Hayao Miyazakis Anime *Chihiros Reise ins Zauberland* (2003) – in all diesen Filmen muss ein junges Mädchen die mythisch-alptraumhafte Unterwelt durchwandern, um eine existenzielle Mission zu erfüllen. Andererseits muss man del Toro zurechnen, dass sein Film sich eher an ein erwachsenes Publikum richtet, das seine religiösen, mythischen und politischen Verweise einordnen kann. Die kindliche Protagonistin fungiert bei ihm weniger als Identifikationscharakter, denn als eine Katalysatorin für den mythisch-mystischen Subtext, der zugleich den Hintergrund für einen ernsthaften Kommentar zum historisch-politischen System abgibt.

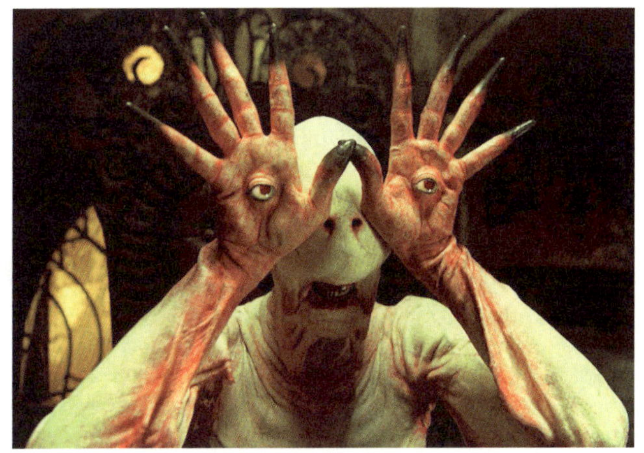

6.

Pans Labyrinth ist letztlich ein antifaschistischer Film im Gewand eines Horrormärchens. Im Film erscheint Hauptmann Vidal als Inkarnation des protofaschistischen Franco-Systems in Spanien: Er verlangt bedingungslose Loyalität und verfolgt gnadenlos die Feinde des Regimes. Wer eine Gewaltherrschaft etabliert, lebt in ständiger Angst vor dem Widerstand, den Partisanen, und muss viel Energie auf die Bekämpfung dieser Kräfte verwenden. Vidals Kampf mit den Partisanen im Wald wird zu einem Massaker, denn es werden keine Gefangenen gemacht. In unangenehmen Details sehen wir, wie die Verwundeten mit Schüssen ins Gesicht exekutiert werden. Die frühe Schlüsselszene ist jedoch jener drastische Moment, in dem Vidal einem gefangenen Partisanen mit einer Flasche das Gesicht zertrümmert. Es geht um ein Exempel, ein Fanal der Einschüchterung, das in der Exekutionen zweier Gefangener mündet. Später wird er genüsslich seine „Verhörwerkzeuge" vor einem Gefangenen ausbreiten, der danach in übel zugerichteter Verfassung wieder zu sehen ist. Dabei ist Vidal selbst eitel und machtsüchtig. Selbst bei turbulenten Strafaktionen sitzt seine Uniform und die gescheitelte Frisur – es entspricht der Logik von del Toros Perspektive, dass der Angriff auf Vidal vor allem auf seine Eitelkeit zielt: So schlitzt ihm Mercedes einen Mundwinkel fast bis zum Ohr auf, woraufhin er die Wunde selbst vor dem Spiegel näht. Am Ende steht er mit dem geretteten Kind auf dem Arm vor den Partisanen. Er akzeptiert seinen bevorstehenden Tod und möchte nur noch sein Erbe etablieren, indem er das Baby an Mercedes übergibt. Er will als Held sterben, doch Mercedes versichert ihm, das Kind werde „nie von ihm erfahren". Dann wird er mit einer Kugel im Gesicht getroffen, woraufhin sein rechtes Auge sich blutunterlaufen nach oben dreht. Del Toro gibt sich viel Mühe, solche Momente mit einem schockierenden Realismus aufzuladen, um die Grausamkeit eines Krieges aufzuzeigen, der nur Verlierer kennt, keine Sieger. Dieser Philosophie ist der Regisseur bis heute treu geblieben.

The Shape of Water ist 2018 zu del Toros großem Triumph geworden: Sein Beharren auf seinen Standardmotiven – allen voran die Beziehung zwischen Mensch und Kreatur sowie der totalitäre historische Hintergrund – zahlte sich in einem weltweiten Erfolg aus und etablierte Guillermo del Toro als jenen Genre-Auteur, der er letztlich schon seit *Cronos* war.

Pans Labyrinth ist
als Bluray erschienen (Capelight).

Ein Täterfilm: *Michael*

> *Eine Gesellschaft kann nur soweit entwickelt sein, wie sie auch in der Lage ist, sich mit ihren Tätern auseinander zu setzen.*
>
> Markus Schleinzer

Das letzte Tabu des Kinos

Der österreichische Spielfilm *Michael* berührt das möglicherweise letzte Tabu, welches das Kino bis heute sorgfältig hütet: Pädophilie – den sexuellen Kontakt zwischen Erwachsenen und Kindern. In Deutschland ist nicht nur der tatsächliche Sexualkontakt von Erwachsenen und Kindern unter hohen Strafen verboten, sondern bereits der Besitz und die Verbreitung von pädosexuellen Medieninhalten führen zur Strafverfolgung. Selbst die bloße Thematisierung pädosexueller Inhalte in narrativen Spielfilmen führte immer wieder zu Skandalen, sogar wenn die Filme selbst – wie auch das vorliegende Beispiel – äußerst verantwortungsbewusst mit dem Thema umgehen.

Im Hollywoodkino entzündete sich die Pädophiliediskussion zunächst am Lolita-Komplex, der auf Vladimir Nabokovs Skandalroman „Lolita" (1955) basiert, in dem sich ein Mittvierziger in seine zwölfjährige Stieftochter verliebt. Strenggenommen geht es hier um Hebephilie, also die sexuelle Leidenschaft für pubertierende Jugendliche, während Pädophilie die Leidenschaft für Vorpubertierende bezeichnet, ein Unterschied, der gegenwärtig in der Diskussion jedoch kaum noch eine Rolle spielt. Während sich Stanley Kubricks Verfilmung *Lolita* (1962) noch mit einem satirischen Ansatz aus der Anzüglichkeit rettete, gingen spätere Verfilmungen der Thematik deutlicher und radikaler vor: Louis Malles *Pretty Baby* (1978)

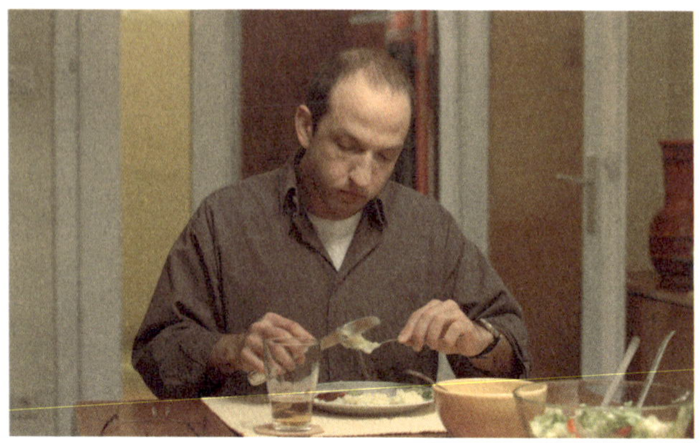

etwa erzählte, wie in einem Südstaatenbordell die Jungfräulichkeit einer Elfjährigen (Brooke Shields) versteigert wird. 1977 erregte Pier Giuseppe Murgias und Peter Berlings *Spielen wir Liebe* Aufsehen, obwohl dort tatsächlich kein erwachsenes Begehren gezeigt wird, sondern nur ein Amour fou unter Pubertierenden. Umstritten ist der Film eher bezüglich der Attraktivität, die er auf geneigte Zuschauer haben könnte. 1986 erregte Serge Gainsbourg Aufsehen mit dem seiner Tochter gewidmeten Film *Charlotte for Ever*, in dem er die inzestuöse Neigung der von ihm selbst gespielten Hauptfigur durchaus in Richtung Pädophilie trieb. Peter Kern erzählte in *Gossenkind* (1992) von der Annäherung eines 14-jährigen Strichjungen und eines Familienvaters. Todd Solondz integrierte eine pädophile Vaterfigur in seine Komödie *Happiness* (1998). Und in dem seinem Vater gewidmeten Psychodrama *The War Zone* (1999) inszenierte Tim Roth Ray Winstone als oberflächlich fürsorglichen Vater, der zunächst die pubertierende Tochter und schließlich das neugeborene Baby vergewaltigt.

Während das Thema Pädophilie meist eher als Subtext in anderen Kontexten auftauchte, kam es um 2000 zu einer Schwemme an Adaptionen, und zwar vor allem im nordamerikanischen Independent-Kino. In *Mysterious Skin* (2004) erzählt Gregg Araki von einer Jungenfreundschaft, die sich durch den gemeinsamen sexuellen Missbrauch durch den Sportlehrer definiert. 2005 verfilmte Michael Cuesta mit *L.I.E. – Long Island Expressway* seine Jugend, die auch Kindesmissbrauch und Jugendprostitution berührte. David Slade ließ Ellen Page in *Hard Candy* (2005) als Lockvogel einen pädophilen Fotografen in eine gefährliche Falle laufen. Von einem jugendlichen Pädophilen und seinem ratlosen Vater erzählt *Guter Junge* (2007) von Torsten C. Fischer. Ebenso unverkrampft und ironisch wie zuvor in seinem Drehbuch zu *American Beauty* (1999) geht Alan Ball in seiner Regiearbeit *Unverblümt – Nichts ist privat* (2007) vor, in dem eine libanesische Jugendliche den pädophilen Nachbarn (Aaron Eckhart) verführt. Mit *This is Love* (2011) erzählt Matthias Glasner von der Liebe eines Mittdreißigers zu einem jungen vietnamesischen Mädchen, während David Schwimmer in *Trust – Die Spur führt ins Netz* (2011) einen Vater auf die Spur eines pädophilen Internettäters setzt.

Aus dieser Auswahl von Spielfilmen über Pädophilie wird deutlich, dass kaum einer der Filme diese Neigung an sich thematisiert. Fast immer wird sie generisch kontextualisiert (etwa im Rachethriller *Hard Candy*), ironisiert (*Unverblümt*) oder ist nur eines von zahlreichen Themen (*Happiness*). Das Wagnis, den Protagonisten selbst als Pädophilen zu präsentieren, gingen bislang eher wenige Filmemacher ein. Markus Schleinzer entschloss sich, mit Michael den Weg dieses letzten filmischen Tabus zu gehen, denn Michael (Michael Fuith) ist nicht etwa Opfer, sondern selbst ein pädophiler Täter.

Michael reiht sich bereits nach wenigen Szenen deutlich in jene Tendenz des österreichischen Soziodramas ein, das – geprägt von Ulrich Seidl und Michael Haneke – eine karge, kalte Filmsprache kultiviert: planimetrische Bilder, oft zentralperspektivisch, distanziert, ohne Musikuntermalung, betont neutral gespielt. Regisseur Markus Schleinzer ist ein Schüler dieser Vorbilder: 1971 in Wien geboren, war er zwischen 1994 und 2010 als Casting Director tätig. In dieser Zeit arbeitete er an über sechzig Spielfilmprojekten, darunter Jessica Hausners Filme *Lovely Rita*, *Hotel* und *Lourdes*, Ulrich Seidls *Hundstage*, Benjamin Heisenbergs *Schläfer* und *Der Räuber*, Shirin Neshats *Women without men*, sowie Michael Hanekes *Die Klavierspielerin*, *Wolfzeit* und *Das weiße Band*. In letzterem betreute er die Kinder auch als Trainer und erarbeitete mit ihnen die Szenen. Diese Erfahrung habe ihm Mut gemacht, einen geeigneten Kinderdarsteller für sein Regiedebüt *Michael* zu suchen.

Michael beginnt nahezu unspektakulär: Ein Mann Ende dreißig fährt in die Garage seines kleinen Hauses in suburbanen Gefilden. Das Tor schließt automatisch, die Wohnung scheint sich gegen die Außenwelt abzuschirmen. In der Küche bereitet der Mann das Essen zu. Er geht in den Keller und öffnet eine schallgedämmte blaue Tür. In der nächsten Einstellung sitzt ihm ein 10-jähriger Junge gegenüber und isst wortlos. Der Fernseher läuft, menschliche Kommunikation findet kaum statt.

Die Situation des im Keller gefangenen Jungen erinnert an die großen österreichischen Realdramen der letzten Jahre – doch Regisseur Schleinzer hört den Vergleich zum Fall Fritzl oder der Entführung von Natascha Kampusch nicht gerne. Es geht ihm um Grundsätzlicheres als etwa eine Art Doku-Fiction, einen True-Crime-Thriller. *Michael* widmet sich mit schmerzlicher Distanz einem Täter, der Unfassbares vereint: Ein unspektakuläres und funktionierendes bürgerliches Berufsleben und ein privates Doppelleben als Missbrauchstäter und Kindesentführer. Irritierend ist die Alltäglichkeit, die sich in den ersten Szenen bereits zwischen Täter und Opfer zeigt: Der Junge will noch länger aufbleiben und fernsehen, doch der Mann verordnet Schlafenszeit. Es scheint, als spiele er ein Familienmodell durch, das ihm selbst als schützender Rahmen für den folgenden Missbrauch dient. „Es ist ein Täterfilm", sagt Schleinzer (Presseheft, S. 4), „ich wollte aus der Welt und aus der Sicht des Täters berichten. Also war es mir wichtig, keine äußere richtende Instanz, oder Moral zu schaffen, die Geschichte nicht durch meine eigenen moralischen Ansichten färben. Es gibt also nur den Mann und den Knaben und ihre Interaktionen."

Michael zeigt den Täter nicht ausschließlich als Kriminellen, so der Regisseur (PH, S. 4): „Diesen Mechanismus habe ich gezielt versucht, bei *Michael* außer Kraft zu setzen. Mein zentraler Punkt war: Ich schaffe nur dann einen Umgang mit jedweder Kriminalität, indem ich sie anerkenne, also auf Augenhöhe damit bin. Ich muss dessen Existenz anerkennen. Das heißt nicht Vergeben, das steht vermutlich nur den Opfern zu. Die Verurteilung erledigt das Gericht." Doch auch das Alltagsleben des Protagonisten funktioniert hier nur oberflächlich. Tatsächlich ist Michael durchaus sozial gehemmt – sei es beim Smalltalk, bei Annäherungen der Kollegin oder beim spontanen Sex mit einer Skihüttenkellnerin. Der Film zeigt, dass alles ganz ‚normal' sein könnte – es aber nicht ist. „Sollte Abnormalität das Gegenteil von Normalität sein, glaube ich nicht, dass sie sich dann auch durch alle Lebensbereiche zieht. Das Abnormale ist nur eine Facette. In Michael hat die Abnormalität des Täters, die Pädophilie, ihn dazu getrieben, dieses Kind zu entführen. Aber das ist nichts, was ihn erkennbar macht, dass man sofort von ihm abrücken könnte. Und wenn dann – wie bei solchen Fällen typisch – die Nachbarn zusammenströmen und sagen ‚Er war doch immer so nett …', so versuchen sie, das Dysfunktionale mit dem Funktionalen irgendwie aufzuwiegen" (PH, S. 5). Was ‚draußen' nicht funktioniert, will *Michael* im hermetischen Kosmos seines kargen Vorstadthäuschens herbeizwingen. So suggeriert er dem Jungen, er sei sein Stiefvater und die Eltern hätten kein Interesse mehr an ihrem Kind. Er simuliert, dass er die Briefe an die Eltern tatsächlich abschickt, benutzt sie später aber strategisch gegen den Jungen. Der Film lässt sich nie dazu herab, Michaels Handeln zu psychologisieren. Der kalte Blick der Kamera dokumentiert, wie Täter und Opfer in einem Zerrbild bürgerlicher Idylle leben, Weihnachten feiern, auf den Rummel gehen und dort sogar nach einem Spielkameraden ‚suchen'. In dieser Szene wird das verheerende psychotische Potential des Pädophilen deutlich, der jederzeit seine Taten wiederholen kann. Oder in einem schockierenden Filmzitat, in dem Michael dem Jungen die Wahl zwischen Messer und Penis lässt – der Junge wählt das Messer.

Die Inszenierung bleibt vor allem was den Missbrauch selbst betrifft radikal distanziert, deutet an, spart aus, denn „das Kind ist zu schützen", sagt der Regisseur, „wie auch die Kinderfigur in diesem Film zu schützen ist – vor mir und vor dem Publikum – um jede Art von Voyeurismus und jede Form von Obszönität auszuschließen" (PH, S. 6). *Michael* lässt uns außen vor – wir verstehen nicht die Psyche des Täters, seine Geschichte, was wir verstehen, ist die beklemmende Logik eines Triebtäters, eine erschreckende Welt, die nach eigenen Gesetzen funktioniert.

Michael als Tabubruch

Beim Filmfestival in Cannes lief *Michael* im Wettbewerb um die Goldene Palme. Seine Aufführung am Festivalsamstag wurde mit Bangen erwartet, und tatsächlich erntete er den erwarteten Jubel und Protest des Publikums. Sieht man diesen beklemmenden Film heute, ist das wenig verständlich, denn der Film provoziert weniger, als dass er intensiv zur Reflexion herausfordert. Regisseur Schleinzer aber vermutet (im Interview mit ARTE 2011), das Thema selbst werde als Tabubruch betrachtet, wobei diese Perspektive Opfer wie Täter gleichermaßen diskriminiere. Zugleich kennzeichnet das Tabu, ein dogmatisches, wenn auch willkürlich festlegbares Verbot, einen Moment der Verführung, die dem Film *Michael* an sich nicht unterstellt werden kann.

Eine besondere Rolle kommt beim Tabu-Denken dem Begehren des Verbotenen zu. Das Spiel mit Erfüllung und Verweigerung einer Erfüllung des (Zuschauer-)Begehrens öffnet der filmischen Inszenierung eine Vielzahl von Möglichkeiten, die in anderen (auch genannten) Beispielen intensive Verwendung finden. Aus dieser Perspektive betrachtet, verwundert es kaum, dass zahlreiche Filme das Betrachterinteresse durch die Thematisierung oder Inszenierung von Grenzüberschreitungen und Tabubrüchen sichern (das gilt ebenso für *Spielen wir Liebe* wie auch für Adrian Lynes *Lolita* oder *Charlotte for Ever*). Oft ist ein solcher Tabubruch der Schlüsselmoment des filmischen Dramas, oft zwingen diese Filme den Zuschauer geradezu, sich mit einem gesellschaftlich und kulturell verankerten Tabu auseinander zu setzen, indem sie dessen Faszination affirmieren.

Die Übertragung des ethnologischen Begriffes Tabu auf die „Neurosen" der westlichen Gesellschaft geht auf Sigmund Freud zurück, der in ‚Totem und Tabu' (1913) vier Punkte der Gemeinsamkeit nennt: „1. In der Unmotiviertheit der Gebote, 2. in ihrer Befestigung durch eine innere Nötigung, 3. in ihrer Verschiebbarkeit und in der Ansteckungsgefahr durch das Verbotene, 4. in der Verursachung von zeremoniösen Handlungen, Geboten, die von den Verboten ausgehen." Diese Tabudefinition erscheint zunächst etwas sperrig, da sie primär den pathologischen Zwangscharakter beschreibt. Das Tabu hat oder braucht keine rationale Begründung („Unmotiviertheit"), es ist somit in gewisser Weise willkürlich. Betrachtet man sich Tabus der westlichen Industriegesellschaft, so haftet diesen dagegen meist eine bestimmte rationale Erklärung an, die als Begründung für die „innere Nötigung", das Tabu zu achten, herhalten muss. Im Bruch des Tabus liegt zugleich der Reiz: die Überschreitung der Tabugrenze zu begehren, um das verbotene ‚Andere' zu erlangen. Mit der Änderung gesellschaftlicher Wertvorstellungen kann sich die spezielle Ausprägung von Tabus „verschieben": Heute wird der Ehebruch vermutlich als weniger harter Tabubruch empfunden als etwa in den 1950er Jahren. Pädophilie dagegen ist zur vieldiskutierten Tabuthematik geworden.

Deutlich ist beim Tabu-Denken die „Ansteckung" durch das Tabu bzw. den Tabubruch: Wer das Tabu bricht, wird selbst zur tabuisierten Person – ein Schicksal, das auch den Regisseur von *Michael* tendenziell ereilte. Solche Mechanismen greifen in der westlichen Gesellschaft vor allem an der Schnittstelle von Politik und Moral. Wer als Künstler ein zeitgenössisches Tabu bricht, wird umgehend selbst zum Tabu, und es besteht die Gefahr, in der Auseinandersetzung mit der tabuisierten Person selbst „angesteckt" zu werden. Es haben sich folglich gesellschaftliche Rituale und Verhaltensweisen etabliert („Gebote"), wie mit einer bestimmten Thematik zu verfahren ist. Der seduktive Aspekt des Tabu-Modells wird in einem späteren Satz von Freud deutlich: „Der Mensch, der ein Tabu übertreten hat, wird selbst tabu, weil er die gefährliche Eignung hat, andere zu versuchen, dass sie seinem Beispiel folgen. Er erweckt Neid; warum sollte ihm gestattet sein, was anderen verboten ist? Er ist also wirklich ansteckend, insofern jedes Beispiel zur Nachahmung ansteckt, und darum muß er selbst gemieden werden." Dieser Punkt ist auch für das Medium Film sehr wichtig, erklärt er doch, dass Film in recht konkreter Weise als „Beispiel", also Vorbild empfunden wird und somit als „Versuchung" wirken kann. Auf diese vereinfachende Annahme gründen sich u. a. die Thesen der konservativen Gewaltwirkungsforschung.

Michael ist also ein Film, der aufgrund seines Themas (Pädophilie) und seiner Perspektive (des Täters) *a priori* als Tabubruch gewertet wurde. Das Thema ‚infizierte' Film und Filmteam ebenso wie die unreflektierten Zuschauer noch vor der Sichtung. Sieht man den Film schließlich, wird deutlich, wie sorgsam Schleinzer jede Affirmation und jedes Faszinosum des Verbotenen meidet. Er meistert seine Aufgabe mit kaltem Stil und intellektueller Herausforderung, was ihn in eine Reihe stellt mit seinen Landsleuten Seidl, Haneke und Hausner. Das Tabu selbst und die darauf beruhende gesellschaftliche Hysterie ist ein anderes Symptom: ein Zeichen der Verdrängung, der Ausblendung. Es ist keinesfalls einem Film wie *Michael* vorzuwerfen, dass ‚nicht sein kann, was nicht sein darf'. Ein Bilderverbot hat noch keine Realität verbessert.

Interview:
http://www.michaelfilm.com/press/04_MICHAEL_Presseheft.pdf

Michael ist in der Reihe Kino Kontrovers
(Euro Video) als DVD erschienen.

La Vie nouvelle du cinéma

Philippe Grandrieux und die Erweiterung des Dispositivs Kino

Das helle Rechteck in der Finsternis

Als Philippe Grandrieux 2002 sein ebenso rätselhaftes wie experimentelles Melodram *La vie nouvelle – Verraten und verkauft* in die französischen Kino brachte, provozierte er geradezu zu jenes Wortspiel, das seine Bestreben markiert, die Grenzen der Filmerfahrung so weit auszudehnen, dass man von einem ‚neuen Leben des Kinos' sprechen könne. Und wie zu erwarten, stieß er mit seiner radikalen, die Grenzen der Leinwand vorsätzlich sprengenden Bild- und Tongestaltung auf zahlreiche Widersprüche – in Frankreich, aber auch international. Zehn Jahre später ging er mit *White Epilepsy* noch einen deutlichen Schritt weiter: hier filmte er auf das inzwischen verbreitete iPhone-Format hochkant und präsentierte zu rätselhaften Fieldrecordings Zeitlupenaufnahmen interagierender nackter Körper. Was man als filmische Entsprechung zur experimentellen atmosphärischen Post-Industrial- und Darkambient-Musik[1] begreifen könnte, bleibt doch verstörend, sofern es sich im hermetischen Dispositiv des Kinos ereignet. Grandrieux betrachtet seine Werke noch immer als ‚Spielfilme' im weitesten Sinne, er verlässt mit ihnen nicht die Dunkelheit des Kinoraumes, er erweitert nicht die zentrale Leinwand oder loopt die Ereignisse zur chronologischen Willkür. Grandrieux' Kunst ist nicht performativ, indem er das Kinodispositiv zum theatralen Ereignisraum auflöst, sondern sie ist es,

1 Im Gefolge der Industrial Band Throbbing Gristle hat vor allem Brian William mit seiner Band Lustmord Dronecollagen zu einem Stil erhoben, auf den sich Grandrieux immer wieder bezieht.

indem er geradezu darauf beharrt, den Zuschauer im dunklen Raum vor dem hellen Rechteck der Leinwand zu isolieren und ihn so umso intensiver der grenzüberschreitenden audiovisuellen Inszenierung auszuliefern. Grandrieux erweitert so den sinnlichen Erfahrungsraum Kino durch die Reflexion neuer Technologien und aktueller Medien (etwa das iPhone), die die Wahrnehmung des Zuschauers heute nachhaltig beeinflussen.

Zu Beginn des Films sehen wir eine bleiche, nackte Figur. Die Rückenansicht bleibt androgyn und schwer zuzuordnen. Zeitlupe lässt jede noch so kleine Muskelkontraktion sichtbar werden. Die Aufmerksamkeit wird mehr noch als in seinen früheren Filmen auf diese kommunikativ anmutende körperliche Gestik und Proxemik gelenkt und entfernt sich völlig von den narrativen Restbeständen seiner früheren drei Spielfilme. Der radikale Minimalismus der Bildsprache macht vom ersten Moment die Regeln deutlich: Das Dispositiv Kino mag zunächst gleich erscheinen, doch sowohl das Bildformat, als auch die konsequente Verlagerung auf das Performative der filmischen Inszenierung erweitern die antrainierten Wahrnehmungsmodi des Filmpublikums. Statt wie zuvor minimalistische Narrationen mit diesem Stil aufzuwerten, konzentriert sich *White Epilepsie* ganz auf das ‚erotische' Potential, die ‚Sensation' des Materials. Mehr als blasse Körper in der Finsternis wird man nicht zu sehen bekommen. Und es ist nicht immer klar, was diese treiben. Die Sinne selbst treten ins Zentrum dieses Wahrnehmungsexperiments. Wie Philippe Grandrieux zu dieser Erweiterung des Dispositivs – des Erfahrungsraums – Kino gekommen ist, soll der folgende Beitrag nachvollziehbar darstellen.

Philippe Grandrieux‵ bis 2019 vier Spielfilme stehen für ein Kino des Fragments – für eine radikale Neuerung der Filmsprache, die sich auf den ersten Blick populärer Strukturen bedient (Genres, Popmusik), um sich dann schnellen Schrittes davon zu entfernen. So erzeugt er ein Spannungsfeld, das für Publikum und Kritik gleichermaßen zur Belastungsprobe wird und zeigt: Hier geht jemand den ganzen Weg. Grandrieux' Kino ist das grandioseste Experiment, dass die europäische Kinolandschaft derzeit zu bieten hat. Und ganz nebenbei gibt er den Blick frei für eine lange verdeckte Einfachheit und Schönheit der Welt, wie das nur dem Medium Film eigen ist.

Grandrieux, Jahrgang 1954, studierte an der Filmhochschule *L'Institut National Superieur des Arts du Spectacle* in Brüssel und absolvierte später seinen Abschluss an der *École des Hautes Études en Science Sociale*. Seine Anfänge als Künstler liegen zwischen den Bereichen der Dokumentation und der Videoinstallation[2]. Für das französische Fernsehen – später vor allem für den deutsch-französischen Sender Arte – drehte er Beiträge im Rahmen der *L'Histoire parallèle* des Historikers Marc Ferro. In gewissem Rahmen bekannt wurden seine Dokumentarfilme über *Berlin* (1987), die Tour de France *La Roue* (1993)[3] und über einen Besuch des Nachkriegs-Sarajevo *Retour à Sarajevo* (1996). Die beiden letzteren Filme können als direkte Inspiration für seine ersten beiden Spielfilme gelten. Bereits diese Filme, die in Ausschnitten auf Grandrieux‵

2 Grandrieux' Installationen *Met* (2005), *Grenoble* (2006) und *Chambres d'effroi* (2007) waren u.a. in Marseille (2007) und Tokio (2008) zu sehen.

3 Aus dem Material dieses Film entstand vermutlich auch der Kurzfilm über den Radprofi *Gert-Jan Theunisse* (1993).

komplexer Website www.grandrieux.com zu sehen sind, zeichnen sich durch einen radikal reduzierten und subjektiven visuellen Stil aus: oft stark bewegte Handkamera, Point of View, überlauter Originalton, kein Kommentar. Die körnige Textur seiner Bilder, das starke Pixelrauschen und der Verlust von durchschaubaren filmischen Raumverhältnissen lassen an einen filmischen Impressionismus denken.[4]

Neben diesen aus einem technischen Minimalismus gewonnenen Stil gesellt sich die Plansequenz. In jeweils einstündigen Einstellungen beobachtete Grandrieux 1990 unter dem Titel *Live* die Bildenden Künstler Robert Kramer, Garry Hill und Robert Frank bei ihrem kreativen Prozess.[5] Filmkunst dient Grandrieux als Medium der Meditation – über das Entstehen von Kunst, aber auch über menschliche Erfahrung. Über das Erreichen der physischen Grenze in *La Roue*. Über die Verluste einer vom Krieg gezeichneten Gesellschaft in *Retour à Sarajevo*. Stets sind diese fast quälend nah beobachteten Prozesse Zeugnis und Poesie zugleich. Der Spielfilm stand nicht am Beginn von Grandrieux' Werk. Zu Beginn war der Blick. Dann kam die Textur des Bildes. „Meine Hinwendung zum Kino hat ist stückweise zu sehen, aber es ist nie so, als wäre Kino auf der einen und Literatur und Philosophie auf der anderen Seite", sagt er gegenüber der Filmwissenschaftlerin Nicole Brenez. „Alles ist Teil der selben Frage, der selben Aufmerksamkeit und des selben Unternehmens."[6]

4 Dabei erscheint es fast amüsant, dass Grandrieux einst Regieassistent bei Raoul Ruiz' durchaus genretypischer Verfilmung von *Treasure Island* (*Die Schatzinsel*, 1985) war.

5 Volker Pantenburg: Nichts als ein Bild. Vorgeschichte eines radikalen Filmemachers: Philippe Grandrieux und das Institut National de l'Audiovisuel, in: Cargo 02/2009, S. 44-47

6 Grandrieux in: Nicole Brenez: The Body's Night. An Interview with Philippe Grandrieux, in: http://www.rouge.com.au/1/grandrieux.html (Stand: 18.6.2009)

Film und Philosophie schließen in Grandrieux' Werk niemals einander aus, doch philosophiert er mit der Kamera und misstraut dem gesprochenen Wort. Bis heute ist sein zweiter Spielfilm *La Vie nouvelle* nur in einer vielsprachigen Version ohne Untertitel verfügbar – und er ist dennoch verständlich.

Tour de France als *tour de force*

Mit dem Thriller *Sombre – Dunkle Triebe* (1998) kehrte Grandrieux in die Welt des Profiradsports zurück, die er bereits mit *La Roue* erkundet hatte. Doch die Tour de France ist ihm hier nur strukturierende Metapher einer im Verborgenen stattfindenden *tour de force*, die den Etappen des Radrennens folgt. An diesen Etappen tritt Jean (Marc Babé) als Puppenspieler vor Kindern auf, die er mit seinem Schauspiel ebenso unterhält wie verängstigt. In einer irritierenden Montage verzerrter Nahaufnahmen angespannter und mitunter hysterisch schreiender Kindergesichter schickt der Film den Effekt voran, bevor wir die Ursache erahnen können.

Will man *Sombre* auf seine narrative Dimension herunter brechen, bleibt nicht viel: Jean ist eigentlich ein getriebener Prostituiertenmörder, der erst, als er die unschuldige und desorientierte Claire (Elina Löwensohn) und deren lebenslustige Schwester Christine (Géraldine Voillat) kennen lernt, eine Ahnung von Liebe und Intimität bekommt. *Love kills the Demon – the Beauty and the Beast.* Doch auch Claire kann Jeans blutige Beutezüge nicht beenden. „Liebe ist stärker als alles andere, stärker als der Tod", sagt Philippe Grandrieux. „Davon handelt mein Film. Es ist eine Geschichte, die wie ein Märchen funktioniert, in welchem nur das Verlangen und das Unbewusste die Ereignisse bestimmen."

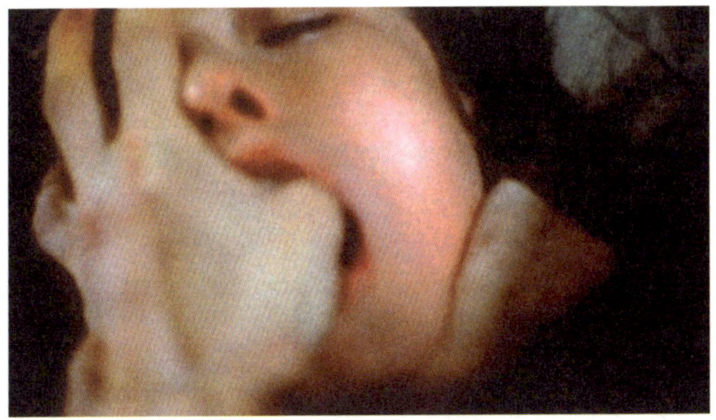

Ästhetisch ist *Sombre* dagegen reich und provozierend. Wie eine Welt unter einer permanenten ‚schwarzen Sonne' dreht er die Blende so niedrig, dass von den Protagonisten im hellen Tageslicht nur noch schwarze Schatten bleiben. Mitunter erscheint die Sonne als gleißender weißer Ball auf grauem Grund, während darunter ruhelos die endlosen Gipfel der schwarzen Bäume vorbeiziehen. *Sombre* (finster) ist an diesem Film alles – die Welt, die er entwirft, die Taten seines Protagonisten, die undurchdringlichen Innenräume.

Jean und Claire – Schatten und Licht. Diese Polarität sollte eine Utopie garantieren, sollte einen Mittelweg signalisieren, der alltäglich und lebbar ist, doch die Physik dieses Films schließt die Gegensätze aus. So bleibt Claire zurück, während das Morden weitergeht. Ein nihilistischer Thriller ist das, ganz nebenbei. Aber auch ein Film über einen Blick auf die Welt als ein Hort des Todes, untermalt vom maschinellen Pulsieren der kalten Elektrobeats von Wave-Pionier Alan Vega (Ex-*Suicide*). Da bleibt nicht viel von der Konvention des Serial-Killer-Dramas – nur Bruchstücke, Fragmente menschlicher Körper, über die zitternd der Kamerablick schweift, um ihre Flüchtigkeit und Vergänglichkeit bereits zu betonen; nackte Körper, die mit dem Schatten verschmelzen, die nur noch durch Laute vom Leben zeugen – bis in den gewaltsamen Tod.

Sombre vollendet das impressionistische Chaos, das Grandrieux in seinen Dokumentarfilmen etablierte. Konsequent bewegt er sich entlang den Rissen der Realität, bietet Eindrücke einer zweiten Wirklichkeit, die nur durch vage Ähnlichkeit Bezüge zum französischen Alltag knüpft: das Kindertheater, das Radrennen, die Zuschauer am Rand der Etappe. Alles andere: Finsternis.

Sombre selbst war nie populär. Nicht mehr als 21.000 Leute sahen *Sombre* bei seinem Kinostart in Frankreich, es erstaunt fast, dass der Film im deutschen Fernsehen (Arte) und auf einer amerikanischen DVD zu sehen war. Und doch schafft Grandrieux deutliche Bezüge zur Popkultur. Nicht nur die Kompositionen von Industriallegende Alan Vega für den Soundtrack oder die Besetzung einer Nebenrolle mit Pornostar Coralie Trinh Thi[7] zeugt von Grandrieux‛ Interesse an Popphänomenen, sondern auch die radikale Verwendung des Gothic-Rocksongs „Bela Lugosi's Dead" (1979) von Bauhaus während einer brutalen Orgienszene. Dieser Song wurde weltweit bekannt durch die Titelsequenz des Vampirfilms *The Hunger* (*Begierde*, 1982) von Tony Scott mit Catherine Deneuve und David Bowie, in der sogar ein Liveauftritt der Band zu sehen ist. Doch was bei Scott nur zur schwarzromantischen Ästhetisierung einer im Werbe-Clip-Stil gehaltenen Vampirorgie gerät, schlägt bei Grandrieux zum monoton pochen-

7 Sie spielt das erste Opfer und ist bekannt aus *Parfait amour* (*Eine perfekte Liebe*, 1996) von Catherine Breillat, *Sodomites* (1998) von Gaspar Noé und *Baise moi* (*Fick mich!*, 2000, Ko-Regie mit Virginie Despentes),

den und tickernden Beat des Liedes in einen metaphorischen Soundtrack zur Raubtiermentalität der Konsumgesellschaft um. Wie in Bret Easton Ellis' legendärem Serial-Killer-Roman ‚American Psycho' steht am Ende der Konsumkette konsequent der menschliche Körper. Der privilegierten Klasse ist es von jeher gestattet, über die Körper der ausgelieferten (sprich: Armen) zu verfügen. Jeans privater Vampirismus ist nicht von Ungefähr auf den käuflichen Leib der Prostituierten fixiert, den er im Mordakt ganz für sich vereinnahmt.

Nur im Erfahrungsraum Kino kommt *Sombre* zur vollen Entfaltung[8]: In körniger und oft bewusst unscharfer Breitwandfotografie (1:1,85) ergießt sich eine Flut der Eindrücke über den Zuschauer, oft gesäumt von einem grummelnden Drone, das sich ins Zwerchfell frisst. Das ist unangenehm und ähnelt in den stoboskopartigen Fahraufnahmen mitunter einer Experimentalcollage von Stan Brakhage. Doch dieser Ästhetik liegt niemals Willkür zugrunde. Die Kamerafrau Sabine Lancelin, die zuvor mit *auteurs* wie Chantal Akerman und Raoul Ruiz gearbeitet hatte, wahrt sorgsam die Balance zwischen Verbergen und Zeigen, um dem Betrachter gerade noch eine Orientierung im Chaos des Geschehens zu lassen. *Sombre* erstrebt so eine performative Qualität des Kinos um den Preis der verbindlichen Narration: Was zählt, ist das Erleben, das sich zwischen Leinwand und Zuschauer entfaltet, ein nahezu physisch fassbares Spektakel jenseits der ausgetretenen Pfade des Mainstreamkinos.

8 Zum einzigen Mal öffentlich war der Film in Deutschland in der Reihe :Ikonen: Cinema im Wiesbadener Kino Caligari zu sehen (2006).

Es beginnt mit einem finsteren Dröhnen. Aus dem Dunkel scheint sich eine Ansammlung unterschiedlichster Menschen zu schälen, die ihren starren Blick in die Nacht richten. Ein kalter, leerer Blick vom Leben ausgezehrter Menschen. Überlebende eines verheerenden Krieges? Mit zitternder Kamera erkunden Grandrieux' Nahaufnahmen diese Gesichter. So beginnt sein zweiter Film *La Vie nouvelle*, 2002. Kann man *Sombre* noch als eine allegorische Märchenerzählung von der Unschuld und dem Biest begreifen, ist die rudimentäre Plot des zweiten Films mythischen Ursprungs: Orpheus kehrt in die Unterwelt – Sofia nach dem Kosovokrieg – zurück, um seine Eurydike zu befreien.

Orpheus ist der amerikanische Soldat Seymour (Zachary Knighton), der nach dem Krieg nach Sofia reist, um die junge ukrainische Zwangsprostituierte Melania (Anna Mouglalis) aus den Händen des zwielichtigen Nachtclubbesitzers Boyan (Zsolt Nagy) zu befreien. Begleitet wird er dabei von Roscoe (Marc Barbé), der in Menschenhandel verwickelt scheint und ihm den Zugang ins Rotlichtmilieu verschafft. Als Seymour beginnt, mit dem äußerlich seriösen Geschäftsmann über Melania zu verhandeln, wird deutlich, dass dazu mehr als Geld nötig sein wird. Zacharys Selbstopfer gipfelt in einem finalen Geburtsschrei. *La Vie nouvelle* – das neue Leben: liegt es nur vor ihm, oder war es die Utopie, der sowohl er als auch Melania zum Opfer fielen?

Ästhetisch wendet sich Grandrieux von dem metallisch-grauen Farbschema von *Sombre* ab und gestaltet vor allem die Clubszenen aus *La Vie nouvelle* in warmen, rötlichen Tönen, die an das innere eines Uterus' erinnern mögen. Wieder löst sich die Physis der Akteure in Nahaufnahmen, Unschärfen, hinter verzerrender Optik und der Unruhe des Bildkaders auf, bis groteske Körper entstehen, die unmittelbar einem Gemälde von Francis Bacon entsprungen sein könnten.

Wie ein Puppenspieler spielt Manipulator Boyan mit Melania. Er dirigiert sie, behandelt sie wie eine Marionette: ein Beweis absoluter und souveräner Macht in seinem Umfeld – eine Szene, die unmittelbar an Jeans Identität als Puppenspieler in *Sombre* anknüpft. Dabei wird auch deutlich, dass Grandrieux niemals an naturalistischen Charakteren interessiert ist, sondern seine Figuren in Versuchsanordnungen versetzt, auf deren Körpern ein existenzialistisches Spektakel ausagiert werden kann. Um diese performative Qualität seiner Filme zu betonen, wendet sich der Filmemacher ganz vom Narrativen ab, kombiniert seine wenigen nachvollziehbaren Handlungsfragmente in achronologischer und zudem zyklischer Weise, so dass auch so ein mythischer Klang- und Bildraum entsteht, der alle ethischen Dispositionen aushebelt. Aus diesen Fragmenten geht weniger eine Anklage der unmenschlichen gesellschaftlichen Bedingungen im Kosovo hervor, als dass sie eine radikale Dehumanisierung des konventionell anthropozentrischen Erzählkinos ermöglichen. So ist Sexualität hier meist reduziert auf die Fetischisierung bestimmter Körperpartien, auf Machtverhältnisse, die ungebrochen in Gewalt umschlagen können. Gerade um diesen Effekt zu erreichen, benutzt Grandrieux mitunter explizite Hardcore-Einstellungen in sexuellen Momenten, die aber in dem enterotisierten Kontext eher zu Animalisierung der Menschen beitragen. Die Menschen in *La Vie nouvelle* sind stets Raubtiere und deren Beute, lediglich die Rollenverteilung muss immer neu ermittelt werden. Als Melania zu Beginn in einem verfallenen Haus nackt auf einen Tisch gelegt wird und mit einem Armeemesser ihre Haare gekürzt bekommt, wird dieser Akt von Kontrolle und symbolischer Verstümmelung durch die hypernaturalistische Tonspur heftigen Keuchens und Stöhnens fast als pornografischer Akt präsentiert. In den letzten Sequenzen des Films sehen wir Melania – mit einer Wärmekamera gefilmt – nackt auf allen Vieren in einem Darkroom umherkriechen. Hier ist endgültige alles Menschliche aus ihrem Antlitz gewichen, Geräusche und Bewegungen erscheinen verfremdet und furchteinflößend.

Mit *La Vie nouvelle* ist Philippe Grandrieux einer radikalen Umformung von Filmsprache sehr nah gekommen: In einer konsequenten Abkehr vom epischen, narrativen Kino nutzt er den in den Kosovo verlegten Orpheus-Mythos als Basis einer philosophischen Etüde über die animalische Natur des Menschen. Mit den in *Sombre* und seinen Experimentalfilmen entwickelten Stilmitteln der Distorsion und dem vor allem Drone-basierten Soundtrack kreiert er einen performativen Erlebnisraum, der sich zwischen Leinwand und Zuschauer entfaltet und alle rationalen Relation außer Kraft zu setzen scheint. Wie zuvor Alan Vega halfen ihm diesmal die französischen Industrialpioniere Étant Donnés (Eric und Marc Hurtado), die vor allem aus dem Umfeld der Kollegen von Die Form bekannt sind und später u.a. mit Alan Vega, Genesis P-Orridge und Michael Gira zusammengearbeitet haben. Die nur in Frankreich erschienene Soundtrack-CD dokumentiert intensiv die aus vertrauten musikalischen Fragmenten und langen Bassdrones konstruierte Klangcollage, die dem Film seinen energetischen Atem verleiht und den Eindruck unterstreicht, die Bilder seien innerhalb eines Metaorganismus' aufgezeichnet worden. Dem durch die äußere Handlung erweckten Eindruck des Melodramatischen, der sich in der Inszenierung indes nicht erfüllt, wird einzig durch das von Melania (und somit der Schauspielerin selbst) intonierte Lied „Smell

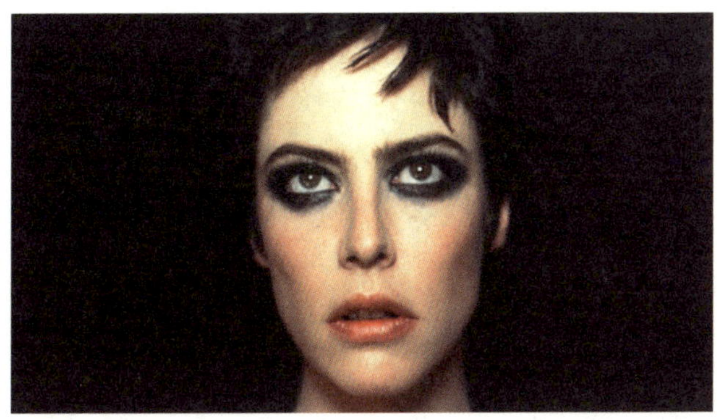

my Scent" (man beachte auch hier die Betonung des Animalischen) entsprochen. Das Lied ist von Josh Pearson (Mitglied der Band Lift to Experience und Nebendarsteller im Film) und Grandrieux selbst geschrieben, und wenn bereits visuelle die Parallelen zu David Lynchs Filmkosmos zu erahnen waren, so ist diese Parallele wirklich frappierend. Lynch selbst schrieb und produzierte die Alben seiner Lieblingssängerin Julee Cruise – auch außerhalb seiner Filme.

Beide Spielfilme, *Sombre* und *La Vie nouvelle*, spielen mit populären Ausdrucksformen, verbinden gar die Medien Spielfilm und Popmusik, um daraus in einem bizarren Remix etwas Neues, Radikales zu generieren. Dabei nähern sie sich auf transintellektuelle Weise einer Essenz dessen, was das Erzählkino nur umschreiben kann: der mythischen Urerzählung, dem rein Leiblichen, der Urangst, dem Existenziellen, dem Primordialen.

Atavismen

Hatte Philippe Grandrieux Kritiker und Publikum bislang meist ratlos zurück gelassen, waren die

Erwartungen in seinen dritten Spielfilm den Umständen entsprechend hoch. Bereits früh waren auf seiner Homepage Drehbuchauszüge zu sehen sowie eine experimentelle Plansequenz, die in einer nebligen, rauen Landschaft spielte. *Un Lac* (2008) signalisierte also nicht nur im Titel eine Hinwendung zur Natur und Isolation.

Un Lac spielt in einem nicht näher benannten nördlichen Bergland – möglicherweise in Russland, schneebedeckt und von dichten Wäldern bewachsen. Nahe einem See lebt isoliert eine Familie. Alexi (Dimitry Kubasov) ist der Sohn des Hauses, ein Holzfäller und gelegentlich Opfer epileptischer Anfälle. Doch diese Anfälle sind es, die seine Wahrnehmung in besonderer Weise für die umgebende Umwelt öffnen. Seiner schönen jungen Schwester Hege (Natalie Rehorova) ist Alexi von ganzem Herzen zugetan, eine Liebe, die von der blinden Mutter (Simona Huelsemann), dem Vater und dem jüngeren Bruder mit gemischten Gefühlen erlebt wird. Alles ändert sich, als ein Fremder vorbeikommt – ein junger Mann in Alexis Alter.

Wie zuvor vertraut Grandrieux auf stark bewegte Großaufnahmen, die sehr nah an den Protagonisten operiert und mitunter Bildern von peinigender Intimität produziert. Nur Grandrieux hat es bisher gewagt, große Landschaftstotalen in radikaler Unschärfe auf die Leinwand zu bringen – doch das Ergebnis ist ästhetisch frappierend und sofort einleuchtend: das ist filmischer Impressionismus. Der Regisseur nutzt das wimmelnde Korn der milchigen Bilder als pointilistische Textur, die eine traumgleiche Isolation kreieren, die seine erneute Versuchsanordnung – das Dreiecksverhältnis von Alexi, Hege und dem Fremden – mit der Umwelt verschmelzen lassen.

Das Ziel von *Un Lac* ist vermutlich mehr als zuvor die totale Immersion des Zuschauers. Grandrieux erobert nach den frühen Zauberkunststücken des Kinos von Georges Méliès die performative Qualität des Mediums zurück. Ihn interessiert das schwer bestimmbare Zwischenreich der Rezeption, das sich einer rationalen Reflexion entzieht. Er will Prozesse in Gang bringen, die nicht auf eine konkrete ideologische Idee abzielen (wie noch bei Eisenstein oder Godard), sondern einen menschlichen Universalismus stimulieren: Sehen, Hören und Fühlen (neu) zu lernen. Bereits der Trailer des Films zeigt eine Szene, in der die Geschwister mit ihrem Pferd im Wald spielen – die Nähe des Bilder, die Textur und Farbigkeit der Einstellungen, die bis an die Grenze des Wahrnehmbaren getriebene Kinetik der Kameraführung – und schließlich der hyperreale Originalton belegen, wie *Un Lac* noch einmal die Unschuld eines ersten Blicks sucht. Wenn Alexi mit einer archaischen Urgewalt den Baum zu Beginn des Films fällt, stört keine Soundtrackkomposition diesen Eindruck. Statt dessen greift Grandrieux auf die musikalische Qualität des tatsächlichen Geräusches zurück. *Musique concrète* kann man das nennen. Neben ihm arbeitet nur Bruno Dumont (*Twentynine Palms*, 2003) ähnlich mit dem Tondesign, das Rhythmen und Klänge ausschließlich aus dem Atmosound und den physischen Verrichtungen der Akteure gewinnt. Das Resultat ist eine neue Sensibilisierung für die eigentliche ‚Stimme' der Welt – und den Menschen als Teil dieses Universums, unbedeutend und nichtig.

Um sich Grandrieux' Methode zu verdeutlichen, muss man sich einen Auszug aus dem Drehbuch zu *Un Lac* ansehen. Wie sein Kollege Bruno Dumont arbeitet er mit einem strikt assoziativen, notatartigen Stil, der ultimativen Raum für Improvisation lässt und dennoch die gewünschten Effekte bereits festlegt: „The next day. Alexis is alone with the horse in the forest. He chops away with his axe, attacking the base of a tree. He knows his job. His face is without shadows. Of pure heart. The camera is near him. He stops an instant. He looks around, then raises his eyes. The treetops and sky stretched out over a canvas of a grey light. The wind rustles the foliage." Trotz der simplen Beschreibungen findet sich all das Bild für Bild, Ton für Ton im fertigen Film wieder. „Now Alexis looks at his horse. Alexis starts chopping again. With the same fervour, a force that naught can diminish. His sister stands before him. Her great face before him. She watches him cutting down a tree. She observes her brother's powerful, muscular body. He is happy that she is there." Die Direktheit der Beschreibung lenkt förmlich den Blick der Kamera. Und fast unvermittelt fallen die ersten Worte, nicht markiert oder zugewiesen. „He stops, puts down the axe and approaches his sister. She gives to him cool water to drink. He drinks with joy. It's good drinking when you are thirsty. Yes. She watches him drink. His head thrown back, gazing up at the sky, trees and light. She holds out to him bread and cheese. He eats, without speaking, smiling at her, watching her, smiling at her. You were hungry. He nods. Hege nears the horse. She puts a hand on the stiff hairs of its mane. Alexis approaches his sister and lifts her like a feather. He puts his sister astride the horse. She laughs. He laughs too. He takes the horse by the bit and leads it off. Alexis runs and the horse quickens its pace. The horse is heavy. A draught animal." Nichts weniger als den Ausdruck unschuldiger und reiner Liebe strebt dieses Szenario an: „Alexis looks at his sister, at the good face of his sister against the light, against the sky, and he laughs, and we hear his laughter echo throughout the forest and she laughs as well. Alexis still runs, we hear his ever-faster breathing mixing in with the panting of the horse. They emerge from the forest. They are in the high grass ..."[9] Einfache Worte, die bereits zeigen, dass es um ein jenseits der Oberfläche geht. Ein jenseits, dass vor allem das Medium Film zu erkunden im Stande ist.

Nachdem bereits die Geburt des Kinos in den Händen von Franzosen lag (die Brüder Lumière, Georges Méliès), die französische Nouvelle vage in den 1950er Jahren der Auftakt einer internationalen Erneuerung und Modernisierung des Kinos war, muss man seit der Jahrtausendwende erneut annehmen, dass französische Filmemacher wie Philippe Grandrieux, Gaspar Noé, Clair Denis oder Bruno Dumont die Zukunft des künstlerischen Films sichern werden.[10] Zaghafte Preise und die steigende Wertschätzung ihrer Kollegen sprechen dafür. Doch die Avantgarde ist meist nur schleichend vernehmbar – auch wenn sich Grandrieux immer wieder in die populären Gefilde vorgewagt hat. In *White Epilepsy* wandte er sich mehr denn je der Medialität des Films selbst zu, wie das folgende Kapitel zeigen wird.

Die Erweiterung der Rezeptionszone

White Epilepsy schließlich lässt sich als eine Choreographie begreifen, als eine phantomimische Performance nackter, sehniger Körper, deren Geschlechtlichkeit mitunter bewusst in den Perspektiven verschleiert wird. Was zunächst durch die extreme Verlangsamung der Bewegung kaum interpretierbar ist, mündet schließlich möglicherweise in einen kannibalischen Akt, doch auch das ist we-

9 Zitat entnommen der Website http://www.grandrieux.com (Stand 16.6.2009).

10 Man beachte auch die Modernisierung des Horrorkinos durch französischen Produktionen seit 2002 (*Haute tension*, *Trouble Every Day*, *À l'interieure*, *Martyrs*, *Vinyan* usw.), die ohne Vorläufer wie *Sombre* oder Noés *Irréversible* kaum möglich gewesen wäre.

niger eine Lösung als ein weiteres Rätsel, das die Aufmerksamkeit auf das eigentliche Ereignis und Ziel dieses Films richtet: die Erweiterung des Dispositivs Kino durch eine Erweiterung der Rezeptionszone. Worum es Grandrieux geht, ist die Fokussierung auf die Plastizität des Mediums Film um den Preis seiner narrativen und formalen Konventionen. In der Reduktion liegt die Erweiterung – es gleicht einer Ironie, dass das projizierte Hochkantformat nur theoretisch die Lleinwand nach oben hin öffnet – tatsächlich dürfte in den meisten Fällen ein vertikales Rechteck in der Mitte der Leinwand, eine „Pillarbox" im Gegensatz zur „Letterbox", deren rechte und linke Bildteile einfach schwarz bleiben. Doch diese „Säule" bleibt irritierend, obwohl sie aus der kulturellen Alltagspraxis des iPhone-Videos vertraut sein dürfte. Auf der Leinwand erscheint dieses Format höchst gewöhnungsbedürftig, konzentriert die Wahrnehmung mehr als dass es sie erweitert.

Kennt man Grandrieux' frühere Filme, dann sind zwar die mythologischen Verweise in *White Epilepsy* weniger offensichtlich, doch der Anblick sich buchstäblich verzehrender nackter Körper hebt seinerseits die erotische Performance hier auf eine mythisch Ebene, als wolle der Regisseur das verzehrende Spiel von Liebe und Begehren ganz unmittelbar Bild werden lassen. Es bleibt die nutzlose Körperhülle am Ende – das Spiel von Begehren und Verführung gleicht einem Exzess der totalen Selbstverschwendung. Wir können also dem hermeneutischen Impuls nachgeben und das Geschehen mit Sinn aufladen wollen – doch es ist zu bezweifeln, ob das das Ziel des Regisseurs ist. Vielmehr geht es hier um eine Rückführung des Kinos auf einen primordialen Akt, eine Neugeburt im Bezeugen eines Aktes der Verausgabung. Dieser Zwang zur Konzentration des Blicks auf zweidimensionale Körpersimulation öffnet schließlich den Blick tatsächlich für ein Phänomen, das die Londoner Philosophin Patricia MacCormack als „cinesexuell"[11] bezeichnet: Selten war die Filmrezeption expliziter ausgerichtet an dieser Form der medialen Körperlichkeit, selten wurde das eigene Erleben des Zuschauers deutlicher zum eigentlichen Thema erkoren als in diesem experimentellen Kinofilm, der immerhin ein abendfüllende Länge (67 Minuten) aufweist.

So lockt *White Epilepsy* zugleich mit seinem expliziten, performativen und transnarrativen Körperkino, das so typisch für die französische Filmkunst geworden ist, wie er durch seinen radikalen Formalismus ein neues Sehen einfordert: ein Sehen, das den eigenen Körper inklusive der Netzhaut mitdenkt, spürbar macht, und das Bild auf der Leinwand dem vertikalen Rechteck von über 100 Jahren Tradition entreißt.[12] Und dieses Unternehmen signalisiert durch seine Länge, dass es nicht als Videoinstallation ‚auf Abwegen' missverstanden werden will. Es ist der nächste konsequente Schritt auf der Suche nach einem „vie nouvelle du cinéma". Seit Eadweard Muybridges Bewegungsstudien ist der Körper im Fokus des Bewegtbildes zu sehen, doch Grandrieux verwirft die Errungenschaften der Jahrzehnte danach mutwillig, um den Blick erneut zu öffnen für diese elementare Sensation. In zehn langen Einstellungen vier nackte Körper agieren zusehen, erfordert zunächst Mühe und Konzentartion, entwickelt jedoch seine ganz eigene Dimension der Beunruhigung, des Unheimlichen, in der das Vertraute verschoben und fremd erscheint. In *La Vie nouvelle* erreichte er das durch die Bilder aus dem Darkroom, hier sind es die Manipulationen von Bildkader und

11 Patricia MacCormack: CineSexuality, Aldershot 2008.

12 Dabei ist allerdings einzudenken, dass die frühen Bildkonventionen annähernd quadratisch waren, dann sich die *academy ratio* (4:3) durchsetzte, bevor sich in den 1950er Jahren die ersten standardisierten Breitwandformate etablierten.

Geschwindigkeit, die das Menschliche fremd erscheinen lassen. Das wird oft als beängstigend erlebt, denn bei Grandrieux fehlen die Schlüssel, die Kontexte.

In Philippe Grandrieux' *White Epilepsy* wird das Kino in sich verkehrt und zugleich zu seinen Wurzeln zurückgeführt – wenn nicht sogar zu den Wurzeln seines Vorläufers, des Theaters, im sakralen Ritual. Es kommt dem Film entgegen, dass er in seinem Bildformat wie das Zentrum eines Tryptichons, eines Altarbildes wirkt. Dazu kommt der Entzug von Licht: Über lange Strecken bleiben die Körper im Dunkel des Nacht verborgen. Das ist die Verkehrung: Aus dem Licht des Films (sichtbar 24-mal pro Sekunde) wird nur noch Finsternis: filmische Antimaterie. Die Wahrnehmungsmodi laufen in diesen Momenten leer, obwohl sie nach Form und Sinn trachten. Man muss erst erblinden, um neu Sehen zu lernen. Wenn sich die Körper wieder lichten, lässt der Exzess nicht lange auf sich warten: Er triff die blinden und tauben Sinne umso heftiger. Hier liegt das Primordiale an Grandrieux' Vision vom Erfahrungsraum Kino: Er will uns das initiatorische, ‚erste' Sehen noch einmal ermöglichen. Das ist seine Erweiterung des Dispositivs Kino: Grandrieux philosophiert mit der Formen und Klängen in einem dunklen Raum, der das dunkle Rechteck noch einmal fremd erscheinen lässt.[13]

Teile dieses Textes entstammen dem Beitrag Marcus Stiglegger: Haptische Bilder. Das performative Körperkino von Philippe Grandrieux, in: Marcus Stiglegger et al (Hrsg.): Global Bodies. Mediale Repräsentationen des Körpers, Berlin 2012, S. 42-54. Die Spielfilme von Grandrieux wurden von ARTE mitproduziert und liefen so auch im deutschen Fernsehen.

13 Siehe hierzu auch: Marcus S. Kleiner / Marcus Stiglegger: Vom organlosen Körper zum Cinematic Body und zurück. Über Deleuze und die Körpertheorie des Films in Gaspar Noés Enter the Void, in: Olaf Sanders / Rainer Winter (Hrsg.): Bewegungsbilder nach Deleuze, Köln 2015, S. 250-277.

Die deutsche Krankheit zum Tode

Zum historischen und ästhetischen Kontext des Kompilationsfilms *German Angst* (2015)

1.

„Ihm wurde klar, dass diese ganze Nation von der Seuche einer ständigen Furcht infiziert war: gleichsam von einer schleichenden Paralyse, die alle menschlichen Beziehungen verzerrte und zugrunde richtete. Der Druck eines ununterbrochenen schändlichen Zwanges hatte dieses ganze Volk in angstvoll-bösartiger Heimlichtuerei verstummen lassen, bis es durch Selbstvergiftung in eine seelische Fäulnis übergegangen war, von der es nicht zu heilen und nicht zu befreien war."

So beschreibt der Schriftsteller Thomas Wolfe in seinem Roman „Es führt kein Weg zurück" ein Phänomen, das spätestens seit den 1980er Jahren als die „deutsche Krankheit" bezeichnet wird. Im Englischen bedient man sich dabei des Hybridbegriffes „German Angst", der auf die Präsenz des deutschen Wortes in anderen Sprachen baut. Doch im Englischen bedeutet der „Germanismus" Angst nicht nur einen emotionalen Grundzustand, sondern zugleich ein philosophisches Phänomen, das man mit „Weltschmerz" oder einem diffusen „Leiden an der Welt" vergleichen könnte. Und dieses Leiden, so könnte man weiter folgern, ist zugleich die Quelle für Hass, Fremdenfeindlichkeit und Selbstzerstörung. Nach außen hin bürgerlich und geordnet, ist die deutsche Gesellschaft von einem alles umfassenden Todestrieb durchzogen – so zumindest erscheint es nach Genuss jenes programmatisch betitelten apokalyptischen Films *German Angst* (2015), produziert von Michal Konsakowski.

2.

In der Philosophie bediente sich erstmals Søren Kierkegaard des Begriffes Angst, womit er eine lange Tradition begründete, die vor allem die Existenzialisten beschäftigen sollte: von Martin Heidegger bis Jean-Paul Sartre. Auch in der Analyse von Kunsttendenzen tauchte der Begriff in diesem Sinne auf, etwa als Basis der „Schwarzen Romantik", der Schauerliteratur des 19. Jahrhunderts, und schließlich im deutschen Expressionismus. Gerade der Expressionismus mit seinem Zerrbild einer Gesellschaft am Abgrund, seinen von Krankheit, Wahn und Hass verzerrten Fratzen, seinem Niedergang der großen Städte in Dekadenz und Fäulnis – dieser Expressionismus erwies sich als geradezu prophetisch in der ersten Hälfte des 20. Jahrhunderts, in der Phase zwischen den Weltkriegen. Es ist eine Gesellschaft des allgemeinen Misstrauens – zwischen den Milieus, zwischen den Generationen, zwischen Eigenem und Fremdem. Mit der Psychoanalyse hatte man erkannt, dass Lebens- und Todestrieb unendlich miteinander rangen und schließlich in der Sexualität bis zum Alptraum verschmelzen konnten. Das Deutschland der Weimarer Zeit war ein Ort der Entfesselung der Triebe, eine Zeit zwischen der Katastrophe der senfgasverseuchten Schützengräben und den heraufziehenden Bannern des Nationalsozialismus`. Die Filme jener Jahre zeugten von diesem Klima: mit dem Vampir *Nosferatu* (1922, Friedrich Wilhelm Murnau), dem Schlafwandler in *Das Cabinet des Dr. Caligari* (1919, Robert Wiene) und noch im Triebtäter von *M – Eine Stadt sucht einen Mörder* (1931, Fritz Lang). Vampire, Wahnsinnige, Serienmörder. Doch was hat das mit Berlin im Jahr 2015 zu tun?

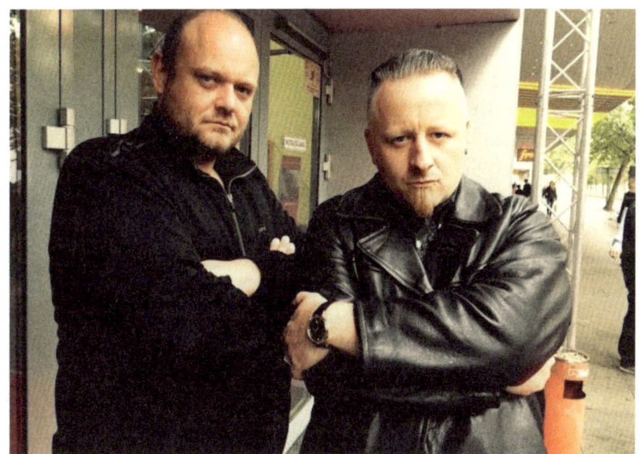

Michal Kosakowski mit dem Autor in Braunschweig

3.

Heute kehren die Alpträume wieder – ein Jahrhundert später: „Was lähmt die Deutschen? Warum schauen sie ihren Ängsten nicht ins Gesicht und versuchen, sie zu überwinden? Häufig wird gesagt, eine solche Zukunftsangst – die sich im Unterschied zur Furcht auf nichts Konkretes bezieht – gehöre sozusagen zur Grundausstattung der deutschen Mentalität. Manche vermuten ihren Ursprung im Dreißigjährigen Krieg, andere in der Romantik; wieder andere sagen, diese Angst habe „irgendwie mit der deutschen Schuld zu tun", schreibt Sabine Bode in ihrem Buch ‚Die deutsche Krankheit'. German Angst. Und von dieser Verunsicherung erzählen die drei Segmente aus *German Angst*, jenem Film von Buttgereit, Kosakowski und Marschall. Alle drei berichten sie vom Blick in die Abgründe hinter den Wänden eines schäbigen Plattenbaus, einer verfallenden Fabrik oder einer geheimnisvollen Stadtvilla. Weniger die Milieus als die Generationen agieren hier ihren intimen Alptraum aus. Bei Jörg Buttgereit ist es das stoisch agierende Mädchen, kurz vor der Pubertät, das sich zwei Meerschweinchen und einen gefesselten Mann im Nebenzimmer hält. Körnige Rückblicke zeugen von Obsession und Missbrauch, von Ignoranz und fahrlässigem Narzissmus, der ein Monster gebiert. Es ist der kalte, somnambule Wahn, der hier regiert. So akribisch wie sie ihre Wäsche verpackt, so kastriert sie diesen wehrlosen Mann mit einer Drahtschere und schrubbt sich danach die Hände: die kindliche Täterin, die eigentlich ein Opfer ist. Das ist Buttgereits Alptraum hinter kargen Mietshauswänden. *Final Girl* heißt sein Beitrag, und die Doppeldeutigkeit des Titels ist existenziell zugleich: Nur das Mädchen bleibt, nachdem die ‚rote Arbeit' – wie es der Jäger nennt – erledigt ist. Hier ist nichts mehr zu tun. Doch das Trauma ist nicht zu verleugnen.

4.

Michal Kosakowski beschwört in seinem ebenso komplex verschachtelten *Make a Wish* den buchstäblichen ‚deutschen Alptraum': ein taubstummes polnisches Pärchen gerät in die Hände rechtsextremer Hooligans. Doch der Junge hat dem Mädchen ein Amulett geschenkt, das bereits seiner Vorfahrin das Leben rettete: Beim Angriff einer Waffen-SS-Einheit ermöglichte es der jungen Polin, ihr Leben zu retten, indem sie die Seelen von Angreifer und Opfer tauschte. Doch die Gegenwart hält ihre eigenen Tücken bereit. Wie in seinem essayistischen Erstlingswerk *Zero Killed* erzählt auch diese Etüde von der Raubtiernatur des Menschen und lässt keine Hoffnung bestehen. Das Mädchen wird leben, doch das Trauma bleibt. Wahn, Apathie und Inferno schweben über dem Geschehen auf nihilistische Weise. Die Verschränkung von Vergangenheit und Gegenwart zeugt von der

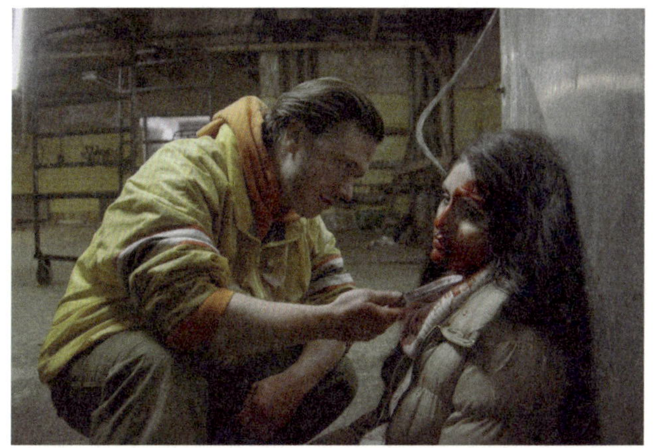

ewigen Wiederkehr des Grauens. In dieser bangen Gewissheit agieren die Figuren in exzessivem Hass und Panik.

5.

Andreas Marschalls *Alraune* schließlich wirkt geradezu versöhnlich mythisch dagegen. Doch was als obsessive Schilderung von sexuellem Wahn beginnt, mündet bald in einen blutigen Alptraum von sexuellen Angstvorstellungen. Der Mann des Blicks mit dem biblischen Namen, der Fotograf Eden, verfällt einer verführerischen Osteuropäerin, die ihn mit einem irritierenden Kult konfrontiert – dem sexuellen Kult der Alraune, jener Zauberwurzel, die zugleich für hemmungslose Sexualität steht. Und den ekstatischen Tod. Das „Alb-Raunen" ist jedoch nur blind möglich – und der Mann des Blicks lädt den Tod ein, sobald er den Schleier in unerträglicher Neugier lüftet. Die Alraune war auch in der Weimarer Zeit ein Symbol für Verderben bringende Sexualität, meist verkörpert durch eine schöne Fremde. Zunächst im Roman ‚Alraune. Die Geschichte eines lebenden Wesens' von Hanns Heinz Ewers, dann im gleichnamigen Film von Henrik Galeen.

Es erscheint nicht von Ungefähr, dass alle drei Teile des Films ungeachtet ihrer Heterogenität ein tiefes Misstrauen mit der scheinbaren Idylle intimer Zweisamkeit verbinden. Sexualität kippt um in ein Inferno von Gewalt und Körperhorror, lässt die Protagonistinnen und Protagonisten zurück in Schockstarre und Agonie. So finden wir in *German Angst* ein ganz eigenes Bild der ‚Deutschen Krankheit': Was wie Zögerlichkeit erscheint, ist die Schockstarre des Meerschweinchens, als es aus seinem sicheren Käfig gehoben wird und gegen seinen Willen liebkost (*Final Girl*), das sich steif und willenlos stellt, um Schlimmeres zu überleben. So sind die drei Versionen der ‚German Angst' hier nicht nur ein pessimistischer Blick in den Zustand des Landes, wie jeder gute und intensive Film entlässt er uns zudem nicht mit einer einzigen Antwort – aber möglicherweise mit den richtigen Fragen ...

German Angst ist bei Pierrot le Fou
als Mediabook Special Edition erschienen.

Vom Unbehagen in der postkapitalistischen Kultur

Nocturnal Animals (2016) von Tom Ford

1.

Tom Fords *Nocturnal Animals* ist der zweite Spielfilm des Modedesigners nach *A Single Man* (2009) und beweist auf eindrucksvolle Weise dessen souveränen Umgang mit filmischen Ausdrucksformen. Während sein erster Film noch als Male Melodrama funktionierte, mischt Ford nun Elemente des Melodrams mit dem Rape-Revenge-Subgenre des Thrillers. In seiner metamedialen Gebrochenheit kann der Film gar als kritisch-dekonstruktive Reflexion auf dieses in den letzten Jahren wieder höchst aktuelle Phänomen betrachtet werden, das mit der *I Spit on Your Grave*-Trilogie (2010-2015) einen kommerziellen Höhepunkt erfuhr.

Der Film erzählt auf drei Ebenen die Geschichte eines enttäuschten und verlassenen Mannes, Edward Sheffield (Jake Gyllenhaal), der seiner früheren Ehefrau (Amy Adams) einen Roman schickt, in dem er die Verlusterfahrung metaphorisch verarbeitet – in Form einer Rape-Revenge-Geschichte, wie sie in Hollywood fest etabliert ist. Ford kreiert drei Realitätsebenen: a.) den Alltag der Galeristin Susan Morrow, die von ihrem Mann betrogen wird und nachts beginnt, den ihr zugesandten Roman zu lesen und dessen Handlung zu imaginieren; diese Teile sind vor allem in einem kalten Farbschema inszeniert und weisen oft symmetrische Bildkompositionen auf; b.) wir sehen die Handlung des Romans als Susans Gedankenbilder, wobei sie den Protagonisten in Gestalt ihres Exmannes imaginiert, während die Protagonistinnen zumindest ihr und ihrer Tochter ähneln; dieser Teil ist in den dämmrig-warmen Farben von Backwood-Thrillern wie *Hügel der blutigen Augen* (2006) von Alexandre Aja oder *Leatherface* (2017) von Julien Maury und Alexandre Bustillo inszeniert; und c.) erleben wir frühere Erlebnisse von Edward und Susan als weitgehend naturalistisch inszenierte Rückblicke. Dazu kommt die viel diskutierte Titelsequenz, in der mehrere übergewichtige Frauen nackt bzw. in bizarren Kostümelementen auf einer Bühne in Zeitlupe tanzen – diese Sequenz wird nachträglich identifizierbar als Collage von Videoinstallationen in Susans Galerie in Los Angeles, wo diese Filmclips projiziert werden, während die Frauenkörper als lebensgroße Skulpturen im Raum platziert sind. Der radikale Ästhet Ford fordert so die auf äußerliche Perfektion fixierte kalifornische Medienwelt heraus und konfrontiert uns als Publikum mit essenziellen Fragen: Wie weit geht unsere Akzeptanz nicht normativer Körper? Ertragen wir deren Ästhetisierung mittels Licht, Zeitlupe und Musik auf ähnliche Weise, wie es für normative Körperbilder etabliert wäre?

Fords Konzept ist hier radikal – sogar in seiner scheinbaren Normativität, denn er beschreibt nicht nur ein privilegiertes, vornehmlich weißes Milieu, das sich selbst und seinen Lebensraum hochgradig durchgestaltet und manipuliert, sondern zeigt auch, wie die Imagination selbst (der Film im Film) ästhetisch von den Regeln des Hollywoodkinos geprägt ist. Der Film kann also u. a. als metamediale Reflexion des Genrekinos betrachtet werden, dessen Regeln Ford offenbar intensiv studiert hat.

2.

Seduktionstheoretisch ist *Nocturnal Animals* vor allem durch seine doppelbödige Mehrfachcodierung interessant, denn er arbeitet sorgfältig an einer Maskierung seiner seduktiven Strategien, die damit umso effektiver werden.

Auf der ersten Ebene ist der Film als Ereignis des amerikanischen Qualitätskinos platziert worden: Mit solidem mittleren Budget umgesetzt und populären Charakterdarstellern (Amy Adams, Jake Gyllenhaal, Michael Shannon, Isla Fisher) besetzt, konnte der Film vor allem von dem Ruf des nach *A Single Man* als unerwartete Regiehoffnung gehandelten Modedesigners Ford beworben werden. In der Werbung erschien er zugleich als sophistikatetes Melodram wie auch als aufwühlender Thriller. Beides ist zutreffend – und trifft doch nicht den Punkt.

Auf der zweiten Ebene formuliert der Film auf unterschiedliche Weise das Drama eines Mannes, der offenbar den Verlust seiner ersten Frau nie verkraftet hat und sich symbolisch an ihr rächt: Indem er ihr einen gewalttätigen Roman widmet, der im Titel auf die Adressatin Bezug nimmt; und indem er sie am Ende des Films tatsächlich alleine warten lässt. Wir erleben diese Übertragung des Verlusttraumas auf die zusehends beunruhigte Protagonistin konsequent aus deren Sicht. Insofern stellen die ästhetischen und geschlechtsbezogenen Konzepte oft Fallen dar, sind sie doch subjektiv imaginiert oder erinnert. Lediglich der Gegenwartsebene in L.A., die am distanziertesten erscheint, kommt eine Art filmischer ‚Objektivität' zu. Hier ist auch die Reflexion der kommerziellen Kunstszene von L.A. anzusiedeln, deren Bemühen um Auffälligkeit und Grenzüberschreitung der Film bereits zu Beginn thematisiert, die jedoch als Schlüssel zusehends weniger funktioniert. Ford kennt die Szene, zweifellos, doch es ist nicht das Ziel des Films, dieses leichte Opfer zu dekonstruieren.

Was aber erzählt der Film eigentlich? Die verdeckte dritte Ebene von *Nocturnal Animals* verhandelt ein tiefgehendes Unbehagen in der postkapitalistischen

Kultur und Gesellschaft. Durch diesen konsequent verfolgten Subtext entfaltet der Film von Beginn an eine irritierende Verunsicherung: Er entzieht narrative Verlässlichkeiten durch die Subjektivierung und Fragmentierung der Erzählebenen, verhindert eine eindeutige Identifikationsbasis, denn die Figurenkonzeptionen sind imaginiert und (re)konstruiert. Auf diese Weise ist *Nocturnal Animals* durchaus ein Thriller, jedoch nicht nach dem erwähnten und ausgestellten Rape-Revenge-Muster, sondern ein Psychothriller über den Ich-Verlust einer Gesellschaft ohne klare Relationen. Emotionale Unsicherheit, Verlustängste, vergebliche Dominationswünsche und nicht zuletzt das Sehnen nach einer emotionalen und geschlechtlichen Identität schwingen in der exponierten Versuchsanordnung permanent mit. Der Film manipuliert uns durch Mechanismen der Verunsicherung und verführt so zu einer Auseinandersetzung mit eigenen Grenzen, Schwächen und Sehnsüchten. Es ist genau diese Arbeit am Selbst, gepaart mit dem Entziehen der im Hollywoodkino anerzogenen Verlässlichkeiten, die ein latentes Unbehagen evoziert, denn wir wissen: Die Sicherheiten einer geschlossenen Dramaturgie sind hier nicht zu erwarten.

3.

Im Zentrum des Films steht eine Sequenz (ab ca. Min. 40), die diese seduktive Strategie der intentionalen Verunsicherung veranschaulichen mag. Sie spielt in der Binnenebene b.) und beginnt mit einer Außenaufnahme: Der mit dem Fall der entführten Frau und Tochter von Tony Hastings (Gyllenhaal) betraute Detective Andes (Shannon) steht in einer breitwandformatigen Halbtotalen vor dem Budget Motel, in dem Hastings übernachtete. Die Farbpalette weist sogar im Blau des unbewölkten Himmels einen Hauch von

Orange auf. Die Atmosphäre wirkt heiß und staubig. Andes trägt einen weißen Cowboyhut und steht in lässiger Westerner-Haltung hinter dem Dienstauto, raucht lässig – obwohl er, wie wir später erfahren, unheilbar an Krebs erkrankt ist. Das abgelegene Motel erinnert unwillkürlich an jenes Bates Motel, das in Alfred Hitchcocks *Psycho* (1960) die anonyme Zuflucht bereits zur Gefahrenzone umcodiert hatte. Auch in dem diesen Sequenzen ähnlichen Wüstenthriller *Twentynine Palms* (2002) von Bruno Dumont ist diese helle Wüstenatmosphäre überschattet von der Möglichkeit extremer Gewalt – wie wir sie letztlich in allen drei Beispielen auch erleben. Das ist die taghelle Variante der American Gothic Fiction, daran lässt Ford keinen Zweifel.

Hastings kommt von links ins Bild. Während Andes recht authentisch den Westerner mimt, stellt der intellektuelle Großstädter mit seinem sportlichen Körper, dem rustikalen Vollbart und dem karierten Holzfällerhemd genau jene Form des urbanen Hipsters dar, die sich rein äußerlich nach einem verlorenen Ideal männlicher Identität zu sehen scheint: dem zupackenden Arbeiter, jenem anderen Archetyp des amerikanischen Mythos'. Hipster-Holzfäller und todgeweihter Sheriff – dieses nur äußerlich verbundene Männerpaar wird gefahren von einem schweigsamen Cop, der rein äußerlich indianischer oder mexikanischer Abstammung sein könnte, womit ein weiterer Archetyp des amerikanischen Mythos' präsent wäre.

Die Polizisten fahren Hastings zu jenem Haus, zu dem er sich zunächst nachts retten konnte. Im Auto beobachtet Andes den sichtlich in sich zusammengesackten Hastings und befragt ihn auf treffend unangenehme Weise, denn er berührt jene Aspekte, die ein Mann wie Hastings kaum erfüllen kann, so sehr er auch seinen Körper und seine Garderobe optimiert: Er konnte seine Familie nicht beschützen, denn er ist kein Mann der Gewalt. In seiner Welt sind Sport und Medien an die Stelle jener realen Gewalt getreten, die im von Andes kontrollierten Hinterland noch an der Tagesordnung zu sein scheint. Hastings mag aussehen wie ein Mann der Kraft und des Zupackens, doch das ist reine Fassade eines zweifelnden Städters. Es wird Andes sein, der Hastings später an die archaische Pflicht der Blutrache erinnert, als er ihm vorschlägt, die Täter zu richten. Das Gesetz sei so schwach wie die ganze urbane Kultur, so suggeriert jener Mann des Gesetzes, der nichts mehr zu verlieren hat. Er beschwört so einen weiteren amerikanischen Mythos: die „Regeneration durch Gewalt" (Richard Slotkin) – der ‚böse Mann' mit der Waffe wird vom ‚guten Mann' gerichtet. Hastings wähnt sich jenseits dieser Philosophie, bis er der Auswirkung realer Gewalt, die er nicht verhindern konnte, gegenüber steht. Selbstjustiz hat eine verführerische Logik, vor allem im amerikanischen Genrekino. Doch wir erinnern uns: Wir befinden uns in einer doppelten Imagination – denn Susan liest den Roman von Edward.

Das Gespräch im Auto wird teilweise indirekt über den Spiegel, und sonst als Schuss-Gegenschuss gefilmt, wodurch die zermürbende Verzweiflung, die Hastings' verschwitztes Gesicht zeichnet, und die stoische Ruhe, mit der Andes das Verhör führt, umso mehr kontrastiert werden. Die Männer seien nicht bewaffnet gewesen, sie hätten Hastings gerufen – warum sei er nicht zu ihnen gegangen? Fragen, die erst aufkommen, als alles bereits vorbei ist, die Hastings jedoch sichtlich beschäftigen. War es vor allem die eigene Angst, vor der er weglief, nicht die tatsächliche Bedrohung durch die Männer?

Sie erreichen das Haus am Straßenrand, das ärmlich und verfallend wirkt, als sei es ein Relikt des Grenzlandes. Von da an wolle man Hastings Weg rückwärts nachvollziehen. Mitten in diese Rückwärtsfahrt schneidet Ford ein kurzes Schwarzbild (seine Produktionsfirma heißt übrigens Fade to Black). Dieses radikale Stilmittel könnte die Zeit überbrücken, doch wirkt es in dieser Form seltsam deplaziert, als wäre das Bild kurz ausgefallen – es entspricht dem Ausfall des O-Tons zuvor, als die beiden Frauen entführt werden. Ausfälle und Unzuverlässigkeiten, darum geht es ihm – das scheint Ford zu betonen. Der Holzfäller, der Sheriff und der Indianer nähern sich also rückwärts jener Grenze, die Hastings überschreiten musste. Als sie die Pforte durchschreiten und in Richtung der ‚old cattle station' laufen, setzt eine klagende Streichermusik ein.

Vom brütenden Orange der Wüste schneidet der Film zur sichtlich nervösen Leserin auf Ebene a.): Susan sitzt mit einem blass blauen Pullover in ihrer Wohnung, fummelt an ihrem Kettenanhänger und starrt auf das Manuskript. Es folgt ein Umschnitt auf das mythische Land: In perfekter und klassischer Breitwandkomposition sehen wir die Texanische Prärie mit einigen Bergen im Hintergrund. Die Horizontlinie entspricht dem Goldenen Schnitt, die Wolkenschichten bilden ein virtuelles Echo zur Landschaft. Das ist das Land der Pioniere und Büffelherden, das Land des Genozids, der Sklaverei und des Bürgerkrieges, das sich aus der Gewalt immer neu erfand. Zu klagenden Akkorden steht Hastings fassungslos vor einem entwurzelten Baum, er ganz links an den Bildrand gedrängt. Er starrt. Susan weicht im Gegenschnitt erschreckt von der Lektüre zurück, greift nach ihrer Brille. Eine Halbtotale zeigt uns das morbide Tableau, das wir mit Hastings durch Susans Imagination sehen: Zwei einander umarmende, blasse Frauenkörper, nackt auf einem leuchtend roten Sofa drapiert, das in einer von Holzmüll gesäumten Nische seltsam deplatziert wirkt. Ein makelloser Frauenkörper von hinten, ebenmäßig und in einen kupferroten Haarschopf mündend do-

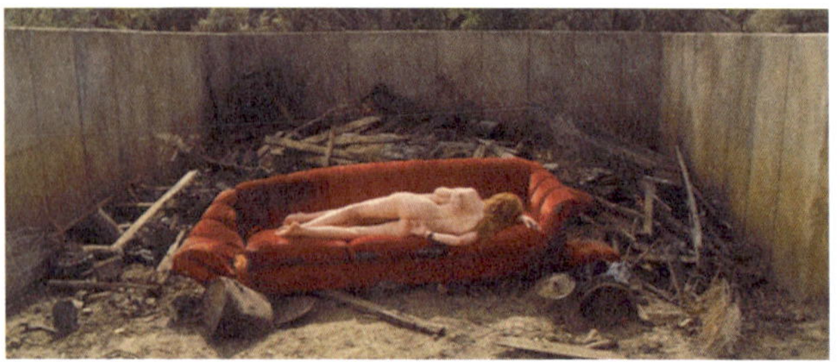

miniert das Bild. Die beiden Männer nähern sich in Nahaufnahmen an. Während Andes den Kopf der vorne liegenden Frau dreht, sinkt Hastings in einer Nahaufnahme in die Knie. Wir erkennen, dass sich beide Frauen mit ihren roten Haaren verblüffend gleichen. In einer halbnahen Einstellung rahmen die Männer das Tableau der schönen Leichen. Susan ist erneut zu sehen, weicht weiter zurück und begreift, dass sie ihrem eigenen symbolischen Tod beiwohnt. „Is she alright?" fragt Hastings kraftlos. Susan legt die Brille auf das Buch und greift zu ihrem iPhone. Sie ruft ihre Tochter an, wie uns eine ebenso tableauartige Halbtotale offenbart. Im dämmrigen Licht des Morgens liegt die junge Frau nackt, mit dem Rücken zu uns, im Arm ihres Liebhabers. Auch sie hat kupferrote Haare. Sie wirft der Mutter vor, sie geweckt zu haben, doch die wiegelt ab. Sie klinge merkwürdig, sagt die Tochter, doch die aufgewühlte Susan legt bald wieder auf. Das Totenbild kehrt zurück, es scheint sich festgesetzt zu haben und führt zudem zu Hastings zurück. Schnitt und Gegenschnitt zeigen sie auf der jeweils anderen Seite im visuellen ‚Dialog' – Edward spricht mit Susan über seinen Roman; in diesem Moment schneidet der Film zu Ebene c.): Susan erinnert sich an ein unverhofftes Wiedersehen mit Edward in New York. Es schneit und stürmt, dennoch sind die Farben nun kräftig und natürlich. Und wieder wird eine peinigende Frage gestellt: Ob Edward nicht längst ein berühmter Schriftsteller sei ...

4.

Nocturnal Animals spielt in einer Welt der Masken und Spiegelbilder. Das Licht mutet künstlich an, es dramatisiert die Körper, während die Menschen darin den Traum einer postkapitalistischen Illusion leben. Dagegen steht das ewige Frontier-Country, die Borderlands von Texas, die in ihrer Gründungsgewalt zu verharren scheinen. Tom Ford hat einen Film über die USA gemacht: Über die Dämmerung eines Traumes von der reichen Unberührbarkeit und die Rückkehr der brachialen Gewalt. Über die Unmöglichkeit der Überwindung von Klassengrenzen und das Scheitern des Liebesvertrauens. Und über die Verunsicherung eines urbanen, intellektuellen Mannes, der ahnt, dass seine Zeit verstrichen ist, dass er keine Antworten mehr hat auf die drohenden Wolken der Zukunft. Die Perfektion der physischen Schönheit ist ein verblassendes Nachbild, ein fragiles Zeugnis des Vergehenden, ähnlich der fallenden weißen Kirschblüte, die in Japan als Inbegriff der Schönheit gilt – denn Schönheit gibt es nur im Vergehen (wie im Todestableau). All das ist vorbei, wenn wir dessen gewahr werden.

Für die ‚nachtaktiven Tiere' aus *Nocturnal Animals* gibt es keine „Regeneration durch Gewalt" mehr – am Ende stehen nur Blut, Staub und die Tränen der plötzlich spürbaren Einsamkeit. Tom Ford hat einen ebenso morbiden wie bestürzend schönen Film über unsere Zeit gedreht.

Fremdheit erfahren

Under the Skin (2015) von Jonathan Glazer

1.

Generisch gesehen kann man Jonathan Glazers *Under the Skin* (2015) als einen experimentellen Horrorfilm betrachten, denn er ‚erzählt' vom Driften einer schönen jungen Frau durch die schottische Landschaft, um unterschiedliche Männer zu ködern und in den Keller eines geheimnisvollen Hauses zu locken. Dabei wird bald deutlich, dass diese von Scarlett Johansson verkörperte Frau möglicherweise außerirdischer Herkunft ist und ihre Opfer in gewisser Weise als Nahrung konsumiert. Doch diese äußere Handlung ist letztlich nur die Grundsituation, um die die konsequent performative und betont nicht-psychologische Inszenierung kreist.

Performativ heißt in diesem Fall, dass das Ereignishafte der Bilder und Klänge wichtiger wird als die nacherzählbare Narration. Was sich ereignet, provoziert zu einer psychophysiologischen (Selbst)Reflexion des Rezipienten – der Selbstbeobachtung in Relation zum Geschehen auf der Leinwand. Der Film möchte buchstäblich ‚unter die Haut' kriechen.

Nicht-psychologisch ist diese Inszenierung in Bezug auf die Figurengestaltung, denn nicht nur erhalten wir viel zu wenige Informationen über die Handelnden, um auf deren Vorgeschichte oder Motivation schließen zu können, auch entzieht sich die Protagonistin menschlicher Psychologisierung ganz, da sie schlicht kein Mensch ist. Auf dieser Ebene ist der Film ‚trans-human'. Als die Fremde tatsächlich beginnt, menschliches Empfinden zu verstehen bzw. zu assimilieren, trifft sie umgehend auf einen inhumanen Menschen, der sie attackiert, auch sexuell, und schließlich verbrennt, als er das Fremde in ihr erkennt.

Glazer verlagert die Psychologie der Inszenierung ganz in die Bilder: die kargen Landschaften, mit denen die Fremde einmal zu verschmelzen scheint, das trübe Wetter, die kalten Ambientmusikklänge, die oft rätselhaften Objekte und Close-Ups. Das beginnt mit dem Lichtkreis zu Beginn vor fremdartiger Klangkulisse. Wir hören eine Stimme, die Vokale zu üben scheint. Auf der Bildebene gipfelt die Exposition in der Detailaufnahme einer menschlichen Iris vor weißem Hintergrund: Wir bezeugen das Entstehen einer menschlichen Simulation, inklusive des Erlernens der menschlichen Sprache.

2.

Under the Skin beschreibt einen Prozess der Menschwerdung eines nichtmenschlichen Wesens – und als Publikum sind wir gezwungen, an diesem mitunter befremdlichen und schmerzvollen Prozess teilzunehmen. Eine der irritierendsten und meistzitierten Sequenzen des Films ist die Strandszene, in der das ganze Ausmaß der Nicht-Menschlichkeit der Protagonistin zum Ausdruck kommt. Wie der ganze Film zuvor, ist auch diese Szene auf eine irritierende Weise indifferent inszeniert, arbeitet mit einer fragmentarischen Binnendramaturgie und legt den Fokus auf ungewohnte Details. In dieser Szene wird deutlich, dass es sich bei der Protagonistin im Grunde um ein Raubtier handelt, das Menschen nur aus der kalten Perspektive der Jägerin betrachtet.

Die Strandsequenz beginnt mit einer Halbtotale der aufgewühlten Meeresbrandung, in die ein Hund hinein schwimmt. Eine Totale zeigt uns dann eine dreiköpfige Familie, die Frau steht unten und beobachtet den Hund, während der Mann höher mit ei-

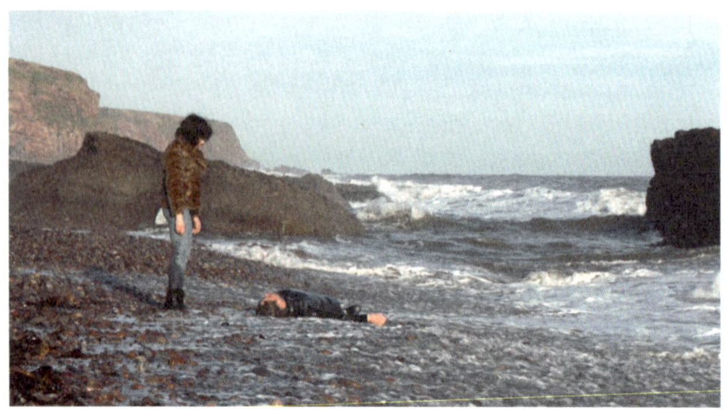

nem Kleinkind auf dem Arm an der Böschung sitzt. Die warme Kleidung lässt auf ein raues Klima schließen. Die Frau schreit dem Hund etwas hinterher. Im Gegenschuss sehen wir die Jägerin, die gerade ihren Blick abwendet. Sie ist an der Familie nicht interessiert, denn diese fällt nicht in ihr Beuteschema. Wie zuvor sucht sie alleinstehende junge Männer. Scarlett Johansson verkörpert diese Rolle als attraktive aber durchschnittliche Engländerin Mitte zwanzig: etwas durchgewehte dunkle Locken, kontrastreiches Make-Up mit einem dunkelroten Lippenstift, eine etwas billig anmutende Stonewashed-Jeans und eine Kunstpelzjacke, die von der Färbung stark an einen Wolfspelz erinnert. Die Jacke sucht sie zuvor bewusst aus – sie signifiziert deutlich ihre Identität als Jägerin und Raubtier. Ein langsamer Schwenk zum Meer zeigt, wofür sie sich wirklich interessiert: In der Totalen sehen wir einen jungen Mann im Thermoanzug aus der Brandung steigen und auf sie zu laufen. Eine Variation dieser Einstellung zeigt, dass die Jägerin neben einem Handtuch steht, auf das er zusteuert. Der Himmel ist trüb, das Meer bleiern und der Rasen blassgrün. Doch das ganze Szenario mit den steil aufragenden Klippen und der Rückansicht der jungen

Frau wirkt wie eine postmoderne Reflexion auf Caspar David Friedrichs dunkelromantische Küstenbilder. Nur das Rauschen des Meeres ist zu hören, als der Mann die junge Frau anspricht. Sie fragt nach einem Ort zum Surfen – doch er sei nur ein Reisender aus Tschechien, der die Ruhe der Einsamkeit suche, sagt er. Ohne es zu wissen, erweist er sich als perfekte Beute. Wie auch zuvor ist das Auftreten der Fremden souverän und direkt. Sie stellt klare Fragen, die ihn zum reden bringen, ohne selbst etwas preiszugeben. Dabei lächelt sie ihn an, neigt ihren Kopf zu ihm und etabliert in wenigen Sekunden eine Vertrauensbasis, die zugleich erotisches Interesse suggeriert. Der Mann ist ebenso verwirrt, wie er sich auf das seduktive Spiel einlässt. Allerdings endet diese Zuwendung, als er sieht, dass die Frau der Kleinfamilie sich in die Fluten gestürzt hat, um ihren abtreibenden Hund zu retten. Auch der Familienvater läuft schreiend ins Meer, um seine Frau zu retten, während von der Anhöhe auch der Schwimmer zu dem Paar läuft. Mit dieser Handlung setzt auf der Tonspur ein subtiler Drone-Sound ein, der von Beginn des Films an mit der bedrohlichen Präsenz des Fremden konnotiert ist. Als befänden wir uns im Inneren der Jägerin.

Aus ihrer Sicht sehen wir den Schwimmer in einer Reihe von Totalen und Halbtotalen zu Hilfe eilen. Die weiten Einstellungsgrößen verweisen nicht nur auf die Subjektive der Jägerin, sondern beweisen eindrucksvoll, wie gefährlich die Situation für die Menschen hier ist. In einem Umschnitt sehen wir Scarlett Johansson halb nah von der Seite. Sie blickt indifferent auf das Geschehen. Die Farbe ihrer Pelzjacke lässt sie mit dem Hintergrund verschmelzen wie ein im Dickicht lauerndes Raubtier. In einer Halbtotalen zieht der Schwimmer den Vater aus den Wellen, der jedoch stürzt umgehend wie ins Meer und will seine Frau retten. Erschöpft bleibt der Schwimmer liegen.

In einer Totalen nähert sich die Jägerin: überstrahlt von der Sonne, läuft sie zielstrebig durch die Brandung, ungeachtet des Wassers, das sie durchnässt. Diese erneute sinnliche Indifferenz lässt sie unheimlich erscheinen: Sie weicht leicht vom erwarteten menschlichen Verhalten ab, jedoch auf eine schwer definierbare Weise – noch immer könnte es sein, dass sie aus einem Hilfsimpuls handelt, auch wenn das vorangehende Geschehen eher dagegen spricht. Andererseits zielt die Inszenierung bis zu diesem Punkt darauf ab, uns die fremde Subjektive nahe zu legen, so dass wir das Geschehen hier ohnehin aus der Sicht der Jägerin erleben. Was nun geschieht, ist also in der Logik der Inszenierung absolut folgerichtig – und bleibt doch verstörend, da wir eine anthropozentrische und ggf. humanistische Sicht anerzogen bekommen haben.

Zielstrebig bewegt sich die Jägerin auf ihre Beute zu, die anbrandenden Wellen in der teleskopischen Einstellung dynamisieren den Bildraum zusätzlich. Als sie bei dem erschöpft in der Gischt liegenden Schwimmer ankommt, blickt sie sich kurz um – der Kontrollblick vor dem Erlegen der Beute. Dann sucht sie mit ruhiger Geste einen geeigneten Stein. Die rückwärts manipulierten Streicherklänge auf der Tonspur halten uns ganz in der nichtmenschlichen Subjektive. Mit effizienter Pragmatik schlägt sie dem Mann den Stein ins Genick, worauf dieser reglos liegen bleibt. Gerade die halbtotale Distanz, aus der wir dieses Geschehen bezeugen, schafft Befremdung. Mitleid mit dem Opfer kann kaum aufkommen, sein Körper verschwindet bald in der weißen Gischt. Die Jägerin dreht den Mann und beginnt dann in einem mühsamen Prozess, den schlaffen Körper die Böschung hinauf zu schleifen. Eine kurze Handkameraeinstellung legt auch hier die Identifikation mit der Jägerin nah, deren Mühe deutlich wird. In einer wiederum irritierenden Halbtotalen sehen wir im Hintergrund das verlassene Kleinkind schreien. Doch diesem ‚unfertigen' Wesen gilt weder die Aufmerksamkeit der Jägerin noch der Inszenierung. Ihre Mission ist erfüllt, sobald sie den Körper verladen hat.

Es ist genau diese intentionale Verschiebung der Identifikationsstruktur, die diesen Film so provokant und stark erscheinen lässt: Glazer bleibt konsequent auf der Seite der Fremden, lässt uns das irdische Geschehen aus ihrer emotionalen Indifferenz erleben. Der Film verführt buchstäblich zu einer ‚trans-humanen' Perspektive, die dem anthropozentrischen Diktum von Spielfilmkonventionen widerspricht, wo der Mensch und seine Empfindungen im Zentrum des Interesses stehen.

3.

Reflektiert auf den drei Ebenen der Seduktion muss man feststellen, dass es relativ früh gelang, publizistische Aufmerksamkeit für diesen relativ sperrigen Film zu generieren. Auf der ersten Ebene wurde wichtig, dass hier ein Weltstar (Scarlett Johansson) unbekleidet zu sehen sein würde – ein Versprechen, das der Film zweifellos einlöst, wenn auch anders, als man das evtl. erwarten würde. Im Film ist die Nacktheit der Protagonistin nur bedingt erotisch konnotiert. Zudem handelte es sich um die Verfilmung eines Romans von Michael Faber, der allerdings nicht wirklich ein Bestseller war. Zudem wehrte sich der Autor wohl gegen eine Verfilmung, welche sich zudem weit vom satirisch anmutenden Romankonzept entfernt. Bleibt noch Jonathan Glazer, der zumindest in England einen Ruf als innovativer Regisseur von Musikvideoclips (Massive Attack u. a.) und Spielfilmen (*Sexy Beast*, 2000, *Birth*, 2004) genießt. Was dem Film jedoch am meisten half, war die lebhafte

Diskussion in cinephilen Social-Media-Netzwerken. U. a. erreichte die von dem Filmkritiker Sebastian Selig gegründete Facebook-Gruppe „*Under the Skin* im dt. Kino jetzt" mit etwas über 1000 Followern, dass der Film tatsächlich eine kleine Kinoauswertung erfuhr.

Auf der zweiten Ebene ist die Wahrnehmung von *Under the Skin* als Variante des Genrekinos interessant: Von der äußeren Handlung her müsste man ihn als Science Fiction einordnen – als Geschichte einer feindlich motivierten außerirdischen Invasion. Aus dieser Perspektive werden die irritierenden Sequenzen (die Flüssigkeit, die unmöglichen Räume) akzeptabel. Wie bei vielen Invasionsfilmen (vor allem der *Body Snatchers*-Variante) überschreitet die Inszenierung häufig die Grenze zum Horrorfilm – speziell in den Szenen mit Körperbezug am Ende, als der schwarze nichtmenschliche Körper durchbricht. Da der Film jedoch sehr minimalistisch mit Dialogen umgeht und eine konsequent ‚fremde' Perspektive wählt, ist er auf der zweiten Ebene der Seduktion nicht erschöpfend oder befriedigend – zu viele Fragen werden gestellt und bleiben unbeantwortet. Es geht gerade darum, direkt eine hermetische Ebene anzusteuern, die förmlich nach einer seduktionstheoretischen Entschlüsselung verlangt.

Gerade die latente Fremdheit und offene Erzählweise des Films ist hier der Schlüssel: Der Film verlangt vom Publikum, sich dieser Fremdheit zu öffnen und die eigene Perspektive temporär aufzugeben, um die Welt neu zu betrachten. Das verbindet den Film mit dem letzten Viertel von Stanley Kubricks *2001 – Odyssee im Weltraum* (1968) – vom Flug durch das Sternentor (hier vertreten durch die Entstehung des menschlichen Auges zu Beginn) über den menschlichen Zoo bis zur Geburt des Sternenkindes. Allerdings ist *Under the Skin* hier eine Antithese, denn er kehrt die Perspektive um: am Ende steht die Lichtung und Vernichtung des nichtmenschlichen Wesens. In seiner radikalen Subjektivierung zwingt uns Glazer dazu, die menschliche Welt aus der Sicht des ‚Fremden' zu erleben, die menschliche Sicht zu überwinden: ‚Trans-human' ist die Ambition des Films, die Welt aus einer buchstäblich fremden Perspektive zu zeigen, wobei auch die filmische Form unkonventionell erscheint, denn die Geschlossenheit des Films, die die Rahmung von Ankunft und ‚Abschied' der Fremden suggeriert, funktioniert nur auf den ersten Blick und keineswegs im Sinne eines Genre-Narrativs. Hier ist der Film ebenso Hybrid zwischen offener und geschlossener Form, wie er zwischen Mensch und Alien, zwischen Horror, Science Fiction und bizarrer Erotik oszilliert.

Under the Skin ist eine Erweiterung der Wahrnehmung durch Fokussierung auf das Befremdliche und vermeintlich Nebensächliche – durch die Hervorbringung von „Zeitbildern" (Deleuze) in irritierender Länge und ebenso verstörende Ellipsen. Under the Skin erweitert die Wahrnehmung von Welt und philosophiert mit Bildern und Klängen: über Modi der Wahrnehmung, über die Varianz der „Sensation" (Deleuze).

Under the Skin ist schließlich ein „Cinematic Body" (Shaviro) von performativer Kraft; ein nach konstanter Aufmerksamkeit verlangender Film als Ereignis; ein nomadisch mäandernder Film, der sich selbst und uns fremd bleiben muss, als habe es ihn eher zufällig in unsere Welt verschlagen.

Deleuze, Gilles: Francis Bacon. Logik der Sensation, Paderborn 2016.
Faber, Michel: Die Weltenwandlerin, Köln 2000.
Shaviro, Steven: The Cinematic Body, Minneapolis / London 1993.
Stiglegger, Marcus: Ritual und Verführung, Berlin 2016.

Die Zaunreiterinnen

Hagazussa (2017) von Lukas Feigelfeld

> *„Ich denke, dass Kindheitserinnerungen an die dunklen Berge und Wälder, sowie Geschichten über Hexen und Kobolde bestimmt einen großen Einfluss auf die Geschichte genommen haben. Beim Schreiben erinnerte ich mich oft an alte Alpträume über Hexen, die ich als Kind hatte. Ich versuchte dann herauszufinden, wie ich dieses Gefühl, das man hat, wenn man nach so einem Traum erwacht, auch für das Publikum zugänglich machen kann."*
>
> Lukas Feigelfeld

1.

Ende der 1970er Jahre gelang dem Ethnologen Hans-Peter Duerr mit seinem Buch „Traumzeit. Über die Grenze von Wildnis und Zivilisation" (1978) ein seltener Bestseller im kulturanthropologischen Bereich. In diesem umfassend recherchierten Buch untersucht Duerr das Phänomen der „Hagazussa", der Zaunreiterin, eines halbdämonischen Wesens, das laut mittelalterlicher Folklore auf dem Hag, der Hecke, die das Dorf umgab, saß. Diese Zaunreiterin war mit einem Bein innerhalb, mit dem anderen außerhalb der heimischen Kultur und Lebenswirklichkeit verortet. Man wollte sie verjagen, doch immer wieder erwachte sie innerhalb der Gemeinschaft und suchte diese heim. Sie wurde als Hexe gefürchtet und zugleich verehrt – man begegnete der Hagazussa mit Ambivalenz, denn immer wieder brauchte man ihren ‚Zauber', ihre Heilkraft, ihre Funktion als Medium zwi-

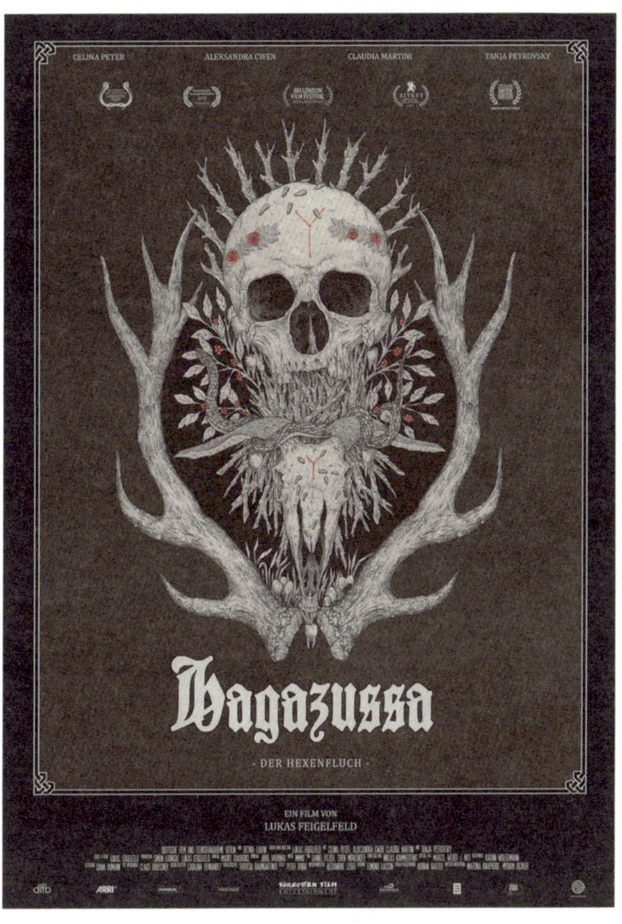
CELINA PETER
ALEKSANDRA CWEN
CLAUDIA MARTINI
TANJA PETROVSKY
Hagazussa
- DER HEXENFLUCH -
EIN FILM VON
LUKAS FEIGELFELD

schen den Welten. Und zugleich fürchtete man diese Fähigkeiten, denn sie konnten sich ebenso gegen die Gemeinschaft richten.

Als Außenseiterin bewohnte die Hagazussa das „Draußen des Drinnen", wie es Duerr (1978, S. 62) in Anspielung auf den strukturalistischen Anthropologen Claude Lévi-Strauss feststellt. Die Gemeinschaft empfand diese Präsenz des Fremden im Eigenen mitunter als so bedrohlich, dass es in anderen Menschen gesucht, gefoltert und getötet wurde. Die Hagazussa war das Zerrbild der ‚weisen Frau', der Heilkundigen, einer Nachfahrin archaischer Schamanen. Statt jedoch die psychogenen Drogen zu verurteilen, mit denen die Kundigen ihre Andersweltreisen unternahmen, wurden die Geschichten vom Hexenflug, von Dämonenbeschwörung und ausschweifenden Orgien von der Bevölkerung wörtlich genommen, zur Todsünde erklärt und geahndet. Gerade weibliche Autonomie und Sinnlichkeit wurden so beargwöhnt und aggressiv bekämpft.

Die Hagazussa fungierte als Mittlerin zwischen den Welten, doch zugleich gehörte sie beiden Sphären nur bedingt an. Wie auch der feldforschende Ethnologe und der Künstler war sie ein Grenzwesen und Medium, das selten von der Gemeinschaft verstanden wurde. Mit Duerr kann man die Hagazussa als Personifikation jener Grenze zwischen Wildnis und Zivilisation verstehen. Das althochdeutsche Wort Hagazussa ist letztlich eine der Quellen, aus denen später das Wort Hexe wurde.

2.

Im Alpenland ranken sich zahlreiche volkstümliche Erzählungen um diese Heilerinnen und Hexen, die oft für kollektives Unglück verantwortlich gemacht wurden: für Viehsterben und Seuchen, für Dürrezeiten und Stürme. War die Rolle der „Hexe" erst zugewiesen, konnte sie bald zum Stigma werden. Man misstraute diesen Personen, und meist mussten sie an abgelegenen Orten wohnen, deutlich außerhalb der dörflichen Siedlungen. In dieser Situation spielt der an der DFFB-Hochschule entstandene Film *Hagazussa* (2017) von Lukas Feigelfeld. In einer nicht genau bestimmbaren Zeit, vermutlich dem späten Mittelalter, erleben wir die Geschichte einer Außenseiterin und ihrer Tochter. Während die Pest das Land heimsucht, teilen die verängstigten Bauern ihre Volksmärchen über böse Geister, Heiden, Juden und andere gesellschaftliche Außenseiter.

„Schatten". Von ihren Nachbarn argwöhnisch betrachtet, teilen sich die junge Albrun (Celina Peter) und ihre Mutter (Claudia Martini) einen kleinen Berghof. Bis die Mutter stirbt, ist das Verhältnis der beiden von einer fast inzestuösen Intensität geprägt, die die junge Albrun schließlich desorientiert zurücklässt: In jungen Jahren verwaist, ist Albrun traumatisiert und fühlt sich alleine gelassen, obwohl sie immer noch die gespenstische Stimme ihrer Mutter hört, die sie mitten in der Nacht heimsucht.

„Horn". Die erwachsene Albrun (Aleksandra Cwen) ist später selbst eine alleinerziehende Mutter, die noch mit einem neugeborenen Baby auf der Waldfarm lebt. Der örtliche Priester meidet sie und die Nachbarn schikanieren sie regelmäßig: „Niemand will deine verdorbene Milch, du hässliche Hexe." Eine Dorfbewohnerin (Tanja Petrovsky) lockt Albrun zu einem vermeintlich freundschaftlichen Treffen, aber ihre Motive erweisen sich als boshaft und zusammen mit ihrem Liebhaber verführt sie die jüngere Frau zu einem sadomasochistischen Sexakt.

„Blut". Im dritten Teil des Films sehen wir Albrun als verrohte, geächtete und möglicherweise geistesgestörte Frau, deren Leben zusehends zu einem psy-

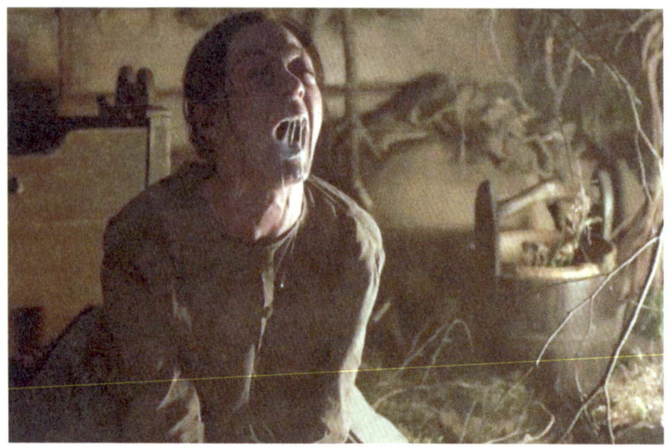

chedelischen Albtraum aus höllischen Visionen und kannibalistischen Schrecken wird. Unter dem Einfluss eines psychogenen Pilzes beginnt die junge Frau zu visionieren, sich als Teil der Natur wahrzunehmen und verschmilzt gemeinsam kosmisch mit ihrem Kind im Waldsee.

„Feuer". Der finale Teil des Films vollendet Albruns Schicksal auf eine Weise, die ihr letztlich von den abergläubischen Dorfbewohnern prophezeit wurde: Sie verzehrt ihr totes Baby, verbreitet die Pest im Dorf, indem sie den Bachlauf vergiftet und stirbt selbst in den Flammen, wie die rätselhafte Schlusstotale suggeriert.

3.

Im deutschen Kino ist *Hagazussa* singulär: Streng strukturiert in vier Akte, die in germanischer Runenschrift benannt werden, und weniger an einer stringenten Dramaturgie als an der performativen und atmosphärischen Dimension des Films interessiert. Albrun ist ihrem Namen nach bereits markiert als dem

Albtraumreich verschrieben: im Zeichen (Rune) des dämonischen Nachtalbs, der Alb-Rune. Hier ist auch der Bezug zu der Runenschrift in den Inserts zu sehen, die kulturell nicht im spätmittelalterlichen Alpenland zu verorten ist, jedoch das universale kosmische Rätsel des Films unterstreicht, das die finalen Vorgänge dominiert.

Oft herrscht lange Stille und wir beobachten die Vorgänge in dämmrigem Ambiente: das sinnliche Melken der Ziege, die rituelle Verehrung der toten Mutter in Gestalt ihres bemalten Schädels, das Durchstreifen des Waldes. Feigelfeld ist hier an episodischen Set-Pieces interessiert und inszeniert einige faszinierende Szenen, darunter das Eintauchen in die trübe Unterwasserwelt des Tümpels, in dem sich das ganze Universum zu offenbaren scheint. Ob diese erschreckenden Ereignisse tatsächlich geschehen oder ob die Protagonistin sie halluziniert, lässt sich aufgrund der filmischen Zeichen kaum klären. Unvermittelt taucht der Film in die subjektive Wahrnehmung ein und überträgt mit dröhnendem Sound und psychedelischen Bildtransformationen die veränderte Realitätswahrnehmung direkt auf die Leinwand – eine sehr viszerale Form des Kinos, die an Darren Aronofsky und Lars von Trier erinnert. Hierbei scheut Feigelfeld auch nicht vor abjekten Momenten der Körperlichkeit zurück: Er zeigt Wunden, Innereien, Blut und Pestgeschwüre, Milch auf der Haut und trübe Augäpfel.

Gerade im Umgang mit Körperlichkeit zeigt sich in *Hagazussa* auch eine feministische Dimension. Der Film knüpft an den feministischen Diskurs um die Verfolgung sexuell aktiver Weiblichkeit unter dem Vorwand der Hexenverfolgung an – historisch wurden jedoch ebenso Männer verfolgt, was diesen Ansatz etwas fragwürdig erscheinen lässt. Wichtiger für den Film ist jedoch die weibliche Perspektive einer Frau, die durchaus unter einer sexuellen Neurose leiden könnte – geprägt vom physischen Verhältnis zu ihrer Mutter, sexuell ausgebeutet von dem Pärchen aus dem Dorf, allein gelassen mit ihren Emotionen und Begierden, nie wirklich erwachsen geworden im Schatten der dämonischen Präsenz ihrer Ahnin.

4.

Formal ist *Hagazussa* ebenso minimalistisch und streng, wie er mit seinem Breitwandformat und ungewohnten Perspektiven fast monumental anmutet. In erdigen Farben, bestimmt vom goldenen Feuerschein in den Blockhütten und selten geflutet von der Sonne entwickelt Feigelfeld eine ganz eigene Ästhetik. Auch wenn die offene Geschichte nicht konventionellen Genre-Regeln entsprechen mag, funktioniert Hagazussa sehr gut als eine faszinierende audiovisuelle Symphonie wiederkehrender visueller Leitmotive: Feuer, gehörnte Tierschädel, Nebel, der über die herbstliche Waldlandschaft zieht, pulsierende Natur.

Eine besondere Rolle spielt der unheimliche Soundtrack des griechischen Avantgarde-Rock-Trios MMMD (Mohammad), die mit Gitarren und Streichern und ominösen Geräuschen eine zutiefst rituelle Stimmung etablieren. Es handelt sich um einen leider bis heute eher seltenen Versuch, das musikalische Genre der rituellen Ambientmusik mit Spielfilmbildern zu verbinden. Man findet das eher im experimentellen Undergroundfilm, etwa in *Begotten* (1990) von E. Elias Merhige, oder im visionären Wikingerdrama *Walhalla Rising* (2010) von Nicholas Winding Refn. Selbst Darkambient-Musiker wie Brian Williams (Lustmord) sind in ihrer Soundtrackarbeit oft deutlich eingängiger (*The Crow – Die Krähe*, 1994, von Alex Proyas, Soundtrack zusammen mit Graeme Revell). Vor allem im deutschsprachigen Kino ist Hagazussa in der Tongestaltung von beklemmender Konsequenz.

5.

Der Fluch der Hexen in Hagazussa ist kein dämonisches Wirken, sondern das Schicksal aller Wanderer zwischen den Welten: bestaunt und gefürchtet, bleiben sie beiden Welten fremd und haben über Generationen hinweg keine Chance, ihren Platz in der menschlichen Gesellschaft einzunehmen, zumal die Christianisierung die Funktion dieser schamanischen Mittlerinnen und Mittler dämonisierte. Lukas Feigelfeld zeigt in seinem psychologischen Horrordrama, wie durch gesellschaftliche Ächtung ein Trauma entsteht, das in der Übererfüllung der vermeintlichen Bestimmung unter dem Einfluss von psychogenen Drogen gipfelt.

Hagazussa ist als Film selbst ein generischer Zaunreiter - er schöpft aus Historienfilm, Psychodrama und Horrorfilm, ohne sich je in einem dieser Genres zu Hause zu fühlen. Seine meditativen, erdigen Bildkompositionen sind dem (ost)europäischen Autorenfilm (Andrei Tarkowski, Andrzej Zulawski, Lars von Trier) ebenso verpflichtet wie dem amerikanischen Geisterfilm. Die Elegie der Naturaufnahmen wird immer wieder von verstörend-assoziativen Subjektiven durchbrochen, wie wir das allenfalls aus Lars von Triers *Anti Christ* (2009) kennen. *Hagazussa* entzieht sich den gängigen Kategorien, selbst der oft beschworenen Hybridität, und dafür wird er gefeiert - aber auch verabscheut - werden ...

http://www.yearsofterror.eu/2018/02/interview-mit-lukas-feigelfeld-hagazussa/ (Stand: 1.1.2019)

Hagazussa ist bei Indeed Film als Special Edition Bluray erschinen.

Topographie der Angst

Feminine Alpträume von Pascal Laugier

Fear is the place
where you just tell the truth.

Clive Barker

Französisches Terrorkino

Mit dem neuen Jahrtausend wurde das Horrorgenre von Frankreich aus neu definiert. An die Stelle der aus den USA bekannten Teenie-Slasherfilme, Geisterfilme und Zombieapokalypsen traten in der europäischen Spielart drastisch ausagierte Psychothriller, in denen sich das Grauen aus der Destruktivität und Unberechenbarkeit der menschlichen Psyche heraus entwickelte. Es ging nur noch selten um übernatürliche Bedrohungen, sondern um ein menschlich basiertes Grauen, das einen beklemmenden Terror auf Protagonisten und Publikum ausübte.

Im Banne der neuen Kriege und der politischen Folterdiskussion, die den Irakkrieg nach 9/11 kennzeichnete, trat das Monströse des Menschen ins Zentrum. In meinem gleichnamigen Buch zu diesem Phänomen bezeichne ich diese Filme als „Terrorkino" (Berlin 2010). In Frankreich erregte Filmemacher Alexandre Aja erstmals Aufsehen mit seinem blutigen Psychothriller *High Tension* (2005). Eher im Schatten stand der im Vorjahr entstandene *Haus der Stimmen* (2004) von dem aufstrebenden Jungregisseur Pascal Laugier, der international als Geisterfilm verkauft wurde. Rückblickend betrachtet legte Laugier jedoch mit diesem beklemmenden Werk Spuren, die bis in seinen aktuellen Film *Ghostland* (2018) hineinwirken, um den es im Folgenden gehen soll.

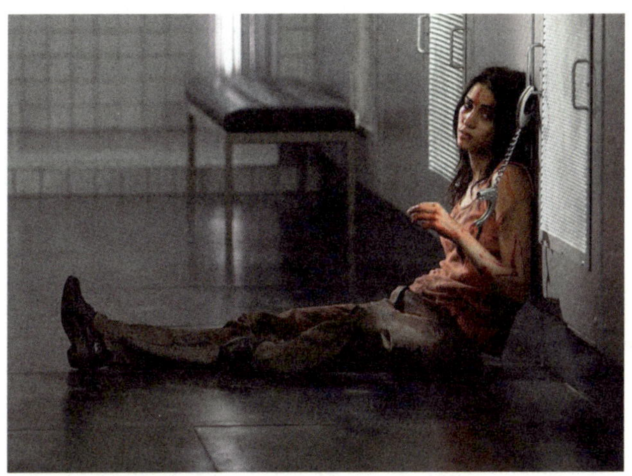

In der internationalen Wahrnehmung wurden Fabrice du Welz' *Calvaire – Tortur des Wahnsinns* (2004), Julien Maurys und Alexandre Bustillos *Inside* (2007) und Xavier Gans' *Frontiers* (2007) umfassend im Zuge von *High Tension* als „new french extremity" diskutiert, doch Laugier blieb meist unerwähnt angesichts seines eher subtilen Zugangs zum Terrorthema. 2008 allerdings gelang ihm ein bis heute unerreichter Höhepunkt des Terrorkinos: *Martyrs* (2008) ging den in *Haus der Stimmen* begonnenen Weg konsequent weiter und entwickelte die zunächst nur angedeuteten Motive radikal weiter. Auch dramaturgisch löste *Martyrs* weltweit Verstörung aus, denn der Film ändert an mindestens drei Stellen abrupt den Stil und letztlich das Genre: Was wie ein Geisterfilm beginnt, wird zum Amokthriller und schließlich zum Paranoiathriller um eine Sekte privilegierter Franzosen, die Märtyrer buchstäblich züchten möchte, um mit deren Hilfe die letzten Geheimnisse des Lebens zu lösen.

Das Terrorkino kann als ein performatives Kino betrachtet werden, denn es erschafft vor allem räumliche und zeitliche Situationen, in denen ein Maximum an Gefahr und Bedrohung auf das Publikum übertragen wird. Oft steht eine begrenzte Topographie (eine Wohnung, ein Landhaus, eine kleine Siedlung) im Zentrum, innerhalb der die verängstigten Protagonisten um ihr Leben kämpfen müssen. Die performative Qualität des Films entfaltet sich in dem Moment des Lichtspiels auf der Leinwand, wirkt unmittelbar über die Sinne: Musik, Farben, Formen, Bewegungen, Montage, Schauspiel. Oft sind die Plots von Terrorfilmen schnell erzählt, denn ihre eigentliche Qualität liegt in der Versuchsanordnung zwischen Leinwand und Zuschauersessel – das Publikum wird zum eigentlichen Protagonisten, zum Spielball des Terrors in einer Topographie der Angst. Es soll dazu verführt werden, sich dem Alptraum des Unbewussten auszuliefern.

Pascal Laugiers Frauen

In seinem Regiedebüt *Haus der Stimmen* erzählt Laugier eine unheimliche Geschichte aus den 1950er Jahren. Die schwangere junge Putzfrau Anna (Virginie Ledoyen) soll in den französischen Alpen ein heruntergekommenes Waisenhaus reinigen und ausmisten, bevor es verkauft wird. Doch das abgelegene, finstere Gebäude birgt zahlreiche Geheimnisse. So findet Anna die junge Judith (Lou Doillon), die seit Jahren hier lebt, und hört immer wieder unerklärliche Geräusche, Schritte und Kinderstimmen. Ein Fluch der Vergangenheit scheint auf dem Ort zu liegen, den die junge Frau erkunden wird.

Die schöne Virginie Ledoyen aus *The Beach* (2000) von Danny Boyle ist Laugiers erste Heldin, ganz in der Tradition des „Final Girl“, wie sie die Filmwissenschaftlerin Carol J. Clover in „Men, Women and Chain Saws: Gender in the Modern Horror Film" (Princeton 1992) als letzte Überlebende im modernen Horrorfilm diskutiert. Die vitale junge Frau, die hier zudem schwanger ist, löst mit Neugier, Mut und Intelligenz ein unheimliches Rätsel, das sie selbst als Heldin und Schlüsselfigur erscheinen lässt.

In *Martyrs* sind es zunächst zwei junge Frauen mit Migrationshintergrund Anfang zwanzig, Mylène Jampanoï und Moryana Alaoui, die dem grauenvollen Geheimnis einer reichen weißen Vorortfamilie auf die Spur kommen, bis eine von beiden getötet wird. Die Überlebende durchläuft eine gewaltsame Transformation als Märtyrerin und lebt am Ende als „transhumanes" und „postsexuelles" Wesen ohne Haut und Geschlecht in einer Nährflüssigkeit (siehe hierzu auch: Susanne Kappesser: Radikale Erschütterungen. Körper- und Genderkonzepte im neuen Horrorfilm, Berlin 2017). Doch auch sie kann in Laugiers philosophisch geschulter Logik als „Final Girl" betrachtet werden, denn in dem Schwebezustand zwischen Leben und Tod gelingt ihr es gerade, die Sektenführerin zum Selbstmord zu motivieren.

Auch in Laugiers Hollywood-Debüt *The Tall Man* (2012) stehen Frauen im Zentrum. Jessica Biel stößt in einer verelendeten nordamerikanischen Bergbaukommune auf den Mythos des ‚Tall Man', der nachts die Kinder der Stadt nach und nach entführt. Biels Figur erweist sich auf der Suche nach dem ‚Monster' jedoch als äußerst ambivalent, denn letztlich wird deutlich, dass sie selbst hinter einer Organisation steckt, die die Kinder des armen Landstrichs entführt, um sie reichen Familien in der Großstadt zur Adoption zu vermitteln. Laugier stellt die Horrorkonvention des „Final Girl" auf den Kopf, denn die Jägerin ist letztlich selbst Teil der Bedrohung, was in der ersten Hälfte des Films nicht zu erahnen ist.

Auch in *Ghostland* stehen zwei Frauen im Zentrum, und wie in *Martyrs* sehen wir diese in unterschiedlichen Lebensphasen, sehen Momente ihrer Geschichte als junge Mädchen und als Erwachsene. Laugier scheint nicht nur wie seine Vorbilder Dario Argento und Clive Barker an der jungen Frau als potenziellem Opfer des Terrors interessiert zu sein, sondern nimmt in der Inszenierung geradezu deren Perspektive ein. In *Ghostland* spielt er zudem mit Geschlechterkonzepten, da der eine der beiden Killer offensichtlich transsexuell veranlagt ist. Insofern kommen in den Schlüsselrollen vor allem Frauen, die Mutter und ihre beiden Töchter, vor, und dazu ein transsexueller sowie ein geistig unterentwickelter, physisch übergewichtiger Killer.

Laugiers Kino ist ein Kino der Frauen, auch wenn dieses Konzept nicht immer auf Sympathie stößt, denn das biologische Geschlecht oder das weibliche Genderkonzept lässt in seinen Filmen keinerlei Rückschlüsse auf die Psychologie der Protagonistinnen zu. In Laugiers Kino sind sie alle ambivalent – zur Liebe wie zur Gewalt in der Lage. Heterosexuelle Beziehungen sind dagegen äußerst selten in diesem Modell. Wofür sich Laugier interessiert, ist die Auswirkung des psychischen und physischen Terrors auf die Psyche des Menschen. Und der Langzeiteffekt dieser Tortur. So sind alle Filme Laugiers prototypisches Terrorkino im eingangs definierten Sinne.

Im Keller: Topographie der Angst

Ghostland spielt in einem kanadischen Geisterland: wörtlich, weil es sich um eine karge Gegend handelt, in der die Protagonistin ins Haus ihrer Mutter zurückkehrt, und metaphorisch, da das Haus der Tante bis unter das Dach gefüllt ist mit lebensechten Puppen und bizarren Spielzeugen. Die junge Schriftstellerin

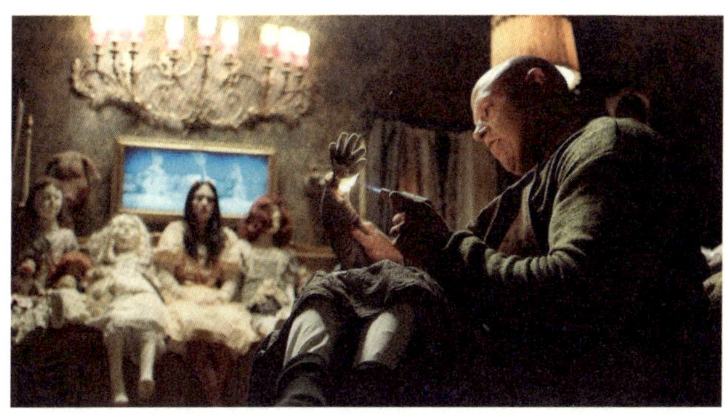

Beth (Crystal Reed) ist berühmt dafür geworden, ihre Jugend-Traumata in psychologischen Horrorromanen zu verarbeiten. Ihr neuestes Buch soll ihr persönlichstes werden und schonungslos in die Vergangenheit zurückkehren. Beths Schwester Vera (Anastasia Phillipps) dagegen gelingt es nicht, die jugendlichen Erlebnisse zu verarbeiten. Sie lebt in einer Welt voller Paranoia und Angst, die nie jene schicksalshafte Nacht verlassen hat, die das Leben der beiden vorzeichnete: Nach dem Tod ihrer Tante erbte Mutter Colleen (Popstar Mylène Farmer, mit der Laugier das Video *City of Love* drehte) das besagte Haus, das sie nun mit ihren jungen Töchtern (Emilia Jones und Taylor Hickson) bewohnt. Schon in der ersten Nacht greifen brutale Psychopathen die Familie an. Der Film wechselt zwischen Gegenwart und Vergangenheit, was ihn dramaturgisch ähnlich unberechenbar werden lässt wie *Martyrs*. Als Beth sechzehn Jahre später zum Ort des Traumas zurückkehrt, verliert Vera völlig den Bezug zur Realität. Die Tragödie scheint sich zu wiederholen – wenn sie denn je geendet hat?

Wie zuvor entzieht Laugier seinem Publikum den sicheren Boden der Genrekonvention. Die Grenzen zwischen Vergangenheit und Gegenwart werden zusehends aufgelöst und eine Sicherheit für die Hauptfiguren ist nie gegeben. Dabei wird Beth bereits auf einer Party zu Beginn als sehr visionär inszeniert, denn ihr schriftstellerisches Vorbild Howard Philipps Lovecraft persönlich sucht sie auf, um über ihr Werk zu sprechen. Das Haus der exzentrischen Tante mit seiner Geisterbahnatmosphäre, die irren Killer mit dem Süßigkeitentruck, die geistig labile Schwester – all diese Elemente scheinen merkwürdig vertraut, und werden von Laugier doch sperrig und originell neu eingebracht. Doch Laugier erschöpft sich nicht in diesem postmodernen Gestus eines Meta-Horrorfilms – also eines Films, der die eigenen Motive und Mechanismen reflektiert.

Meist enden Laugiers Filme in einem Keller. Das Waisenhaus aus *Haus der Stimmen* mit seiner unterirdischen Klinik in blendendem Weiß, das Bürgerhaus aus *Martyrs* mit seinem Folterverlies im Keller, das Bergwerk aus *The Tall Man* und schließlich die schmutzige Kellerzelle aus *Ghostland* belegen Laugiers zweifellos psychoanalytisch geschulte Topographie der Angst, in der die unterste Ebene des Hauses zum Reich des Unbewussten wird, das wiederum den Rest des Gebäudes heimsuchen kann. So kann man *Haus der Stimmen* als frühes Modell sehen, während *Ghostland* die wahnsinnige Endstufe darstellt – eine Wohnung, die dominiert wird von kleinen Fallen und Überraschungen, von lebensnahen Puppen und undurchschaubaren Räumen. *Ghostland* zeigt eine ‚Haus-Werdung' des modernen Terrorkinos, geschult an Rob Zombies *Haus der 1000 Leichen* (2003) und Tobe Hoopers *Blutgericht in Texas – The Texas Chainsaw Massacre* (1974). Und er belegt den Ausnahmestatus eines der eigenständigsten und originellsten Genreregisseure des europäischen Kinos.

Ghostland ist bei Capelight als Special Edition Bluray erschienen.

Cinéma du Grand Guignol

Von der Geburt *Suspirias* aus dem Geiste des Theaters

Ikonische Bilder und performatives Kino

Es gibt Filme, deren Bildwelt so ikonisch ist, dass sie nicht nur in die Filmgeschichte eingehen, sondern auch Einfluss auf andere Medien wie Comics, Romane oder Musikvideos ausüben. Eine dieser ikonischen Bildwelten ist die Freiburger Tanzschule aus Dario Argentos *Suspiria*, in dem der italienische Filmemacher 1977 Elemente des Gothic-Horrors mit Verweisen auf den italienischen Psychothriller (Giallo) und das Musical verschmolz und eine eigenwillige, primärfarbene Mischung im populären Bildarchiv verwurzelte, die bis heute als Kultphänomen gehandelt wird.

Als die Amerikanerin Suzy Bannion (Jessica Harper) am Münchner Flughafen ankommt, erwartet sie ein Gewittersturm, vor dem sie sich in ein Taxi flüchtet. Doch ihre Fahrt wird immer alptraumhafter: Zu den aufpeitschenden Kakophonien der Rockband Goblin wird sie von farbigen Blitzen gepeinigt, sieht ein Mädchen durch den dunklen Wald flüchten und Wasserfluten die Straße säumen. Und hier hat der Film gerade erst begonnen. Will man das Kino von Dario Argento also auf den Punkt bringen, lässt es sich als ein performatives Kino der Sensation definieren: Sensation, da es mit Bild und Ton direkt an die Sinne des Publikums appelliert, und performativ, da es sich über narrative Logik hinwegsetzt und Bild und Klang sich verselbstständigen lässt, um diesen Angriff auf die Sinne zu garantieren. Suspiria steht für ein Kino geboren aus dem Geiste des Theaters. Für den performativen Film ist es wichtig, dass der

Zuschauer die Bereitschaft mitbringt, in diese Inszenierung völlig einzutauchen.

Die Intensität dieses immersiven Eintauchens entsteht, wenn Film nicht mehr nur als erzählendes Medium begriffen wird, sondern sozusagen die Grenze überschreitet, die sichere Membran der Leinwand sprengt und sich über die Zuschauer ergießt, diese konfrontiert wie ein performativer Akt – und dadurch zur unmittelbaren Anteilnahme verführt. Argentos *Suspiria* und dessen Fortsetzung *Horror Infernal* (1980) streben exakt diese Wirkung an. Das Filmerlebnis besteht dann vor allem in seiner Unmittelbarkeit, lässt die ursprüngliche Distanz und die Dimension der Zeit vergessen. Der performative Film im Stile Argentos berührt den Zuschauer förmlich physisch über die Netzhaut, er dringt durch den Sehnerv in den Körper vor und aktiviert rückhaltlos das affektive Gedächtnis. Das sehende Auge, das in Schwingung gebrachte Trommelfell werden zu Organen der „CineSexuality", wie die britische Philosophin Patricia MacCormack das nennt. Das performative Kino der ‚Sensation' agiert auf dem filmischen Körper ein mitunter grausames Spektakel aus. Es zählt nicht mehr, was erzählt wird, denn die Erzählung auf der narrativen Ebene ist labil und austauschbar, sondern das momentane Wie. Wichtig ist zunächst, was diese Filme mit dem Betrachter anstellen, und vor allem wie sie das tun.

Cinéma du Grand Guignol

Das Werk Dario Argentos hat aus diesem Grunde Ähnlichkeiten zum legendären „Théatre du Grand Guignol": Beschäftigt man sich mit der performativen Präsentation simulierter Gewalt in den Medien, wird man früher oder später auf den Begriff Grand Guignol stoßen, meist metaphorisch im Sinne einer

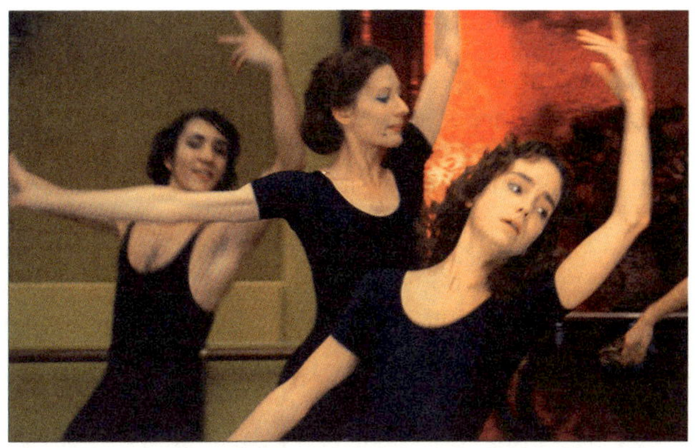

‚Grand Guignol-Ästhetik', wobei man wissen muss, dass es dabei um die spektakuläre Simulation blutrünstiger Gewaltakte auf der Bühne, im Film oder in der Fotografie geht.

Das Interesse des Grand Guignol-Gründers Oscar Méténier war es, das Publikum einem Wechselbad der Gefühle auszusetzen. Er reihte daher mehrere sehr unterschiedliche Kurzstücke aneinander: eine leichte Komödie, ein Melodram, ein Halbweltdrama oder ein weiteres Lustspiel, bis auf dem Höhepunkt ein grauenerregendes Horrorspektakel entfesselt wurde. Mit einer amüsanten Farce wurde das Publikum dann versöhnt in den Abend entlassen. Für Méténier war das Grand Guignol viel mehr als ein „Theater des Lachens und Entsetzens".

1899 übernahm der Geschäftsmann Max Maurey das Grand Guignol Theater und formte es in einen Ort des puren Schreckens und Horrors um, als der es heute noch bekannt ist. Das Théatre du Grand Guignol entwickelte eine Ästhetik der physischen Auflösung in der äußersten Form. Ziel war es, dem Publikum die Illusion zu geben, es wohne einem Gewaltverbrechen oder einer Hinrichtung unmittelbar bei. Dabei bediente man sich klassischer Maskeneffekte, die auch aus der Jahrmarktzauberei bekannt waren: man arbeitete mit Kunstblut und künstlichen Gliedmaßen, die vor staunendem Publikum vom Rumpf getrennt werden konnten. Solche Szenen waren allerdings – wie später in Argentos Kino – dramaturgisch und atmosphärisch sorgsam eingebettet und bildeten den Höhepunkt einer unheimlichen und morbiden Dramaturgie. Vor allem mit Licht und Geräuschen wurde gearbeitet: Die grünen und roten Lichtakzente aus Argentos Horrorkino sind zweifellos hier entlehnt. Aber auch über diese ästhetischen Details hinaus nähert sich Argentos performatives Kino einem Cinéma du Grand Guignol merklich an.

Moderner Körperhorror

Was Argentos Filme und die seiner filmischen Erben verbindet, ist ihr Bestreben, dem Rezipienten eine Terrorerfahrung zu vermitteln, die sich zwischen Leinwand und Betrachter, zwischen Binnenhandlung und Identifikationsangeboten immersiv entfaltet. Im Jahr der Schließung des Grand Guignol-Theaters drehte der autodidaktische Filmemacher Hershell Gordon Lewis den okkulten Serialkiller-Film *Blood Feast* (1963), der als erster Splatterfilm der Filmgeschichte gilt: Ohne Schnitt werden hier blutgefüllte Puppenkörper zerlegt, ganz in der Manier der Guignol-Performance. Lewis blieb dieser Spielart seine Karriere lang treu und perfektionierte zusehends die technische Qualität der Blut-Effekte (‚Splatter'), seinen Filmen fehlte jedoch die über das körperliche Spektakel hinausgehende psychologische Dimension. Nachdem um das Jahr 1968 der Horrorfilm von Roman Polanski bis George A. Romero modernisiert wurde und den Bedürfnissen eines gereiften und medienkompetenten Publikums entgegenkam, war das Genre in der Gegenwart angekommen. Mit der zeitgleichen Aufhebung der etablierten Zensur wurde auch die Darstellung von Sexualität und Gewalt im Kino deutlich ausgeweitet. Die Auflösung des Körpers bis hin zum Körperhorror wurde international zu einer Grundtendenz des Horrorfilms, sei es die Terrorerfahrung von *Blutgericht in Texas – The Texas Chainsaw Massacre* (1974), der Ekel vor parasitärem Befall in David Cronenbergs *Parasitenmörder* (1975) oder eben die ästhetisch-performative Überhöhung von Morden als Kunstinstallationen in *Suspiria*. Das Horrorgenre wurde zeitweise von einer buchstäblichen ‚Neugier auf das Innere des Anderen' dominiert, was u. a. zu der Zombie- und Kannibalenfilmwelle um 1980 führte.

Um den Reiz solch exzessiver filmischer Körperhorror-Szenarien zu erklären, bieten sich zwei Modelle an: 1. Der inszenierte Angriff auf den Körper funktioniert als eine Verführung zur ‚Souveränität' im Sinne Marquis de Sades: Die meisten der zitierbaren Beispiele appellieren an eine Körperangst des Zuschauers, einen Ekel vor dem anderen Körper (oft dem weiblichen), der daraufhin attackiert und gewaltsam unterworfen wird. Der Zuschauer kann durch die Sicherheit des außen stehenden Betrachters die (virtuelle) Souveränität (also Verfügungsgewalt) über den fremden bzw. anderen Körper distanziert erleben. Hier liegt also tendenziell eine Identifikation mit dem filmischen Aggressor zugrunde. Oder – aus meiner Sicht nahe liegender – 2. Die Identifikation mit dem Opfer fungiert als masochistischer Genuss. Die umgekehrte Möglichkeit baut auf die Identifikation und Empathie mit dem Opfer der Aggression, wobei angesichts des auf sich selbst projizierten Schreckens der Körperzerstörung eine

Konfrontation mit eigenen Ängsten (bis zum Selbstekel) möglich wird. Beide Ansätze funktionieren allerdings nur, wenn das Publikum zur Distanz und Reflexion fähig ist: Im ersten Fall muss es das Geschehen als ‚sadistisches Spiel' begreifen – und sich damit von seiner Alltagsmoral lösen –, im zweiten Fall muss er oder sie sich das Fiktionale des Geschehens stets vor Augen halten, um nicht tatsächlich traumatisiert zu werden.

Ein Prüfstein dieser Rezeptionshaltung ist der exploitative Film der 1960er bis 1980er Jahre sowie jene Filme, die in den letzten fünfzehn Jahren unter dem Begriff „Terrorkino" (Stiglegger 2010) zusammenzufassen sind: Dort werden die meist attraktiven Körper der menschlichen Opfer in ihrer Be- und Misshandlung einem distanzierten Publikum vorgeführt. Was von den Massenmedien oft als medialer Sündenbock „Gewaltpornografie" beschworen wird, verweist letztlich nur auf ein Endstadium der reinen Produktionsgesellschaft, in der selbst der menschliche Körper nur noch zur frei verfügbaren Ware verkommen ist.

Die hier beschriebenen filmischen Phänomene sind seit den 1960er Jahren auf die eine oder andere Weise immer präsent im Filmgeschehen der Gegenwart, geboren aus einer grundsätzlich erweiterten medialen Einsicht in das Antlitz realer Gewaltakte im Fernsehen sowie einem Fortschreiten der Entkörperlichung des Menschen im Zuge einer konsequenten Ausweitung kapitalistisch-materialistischer Produktion und der Virtualisierung der Wahrnehmung. Die Massenproduktion zerstörter Körper im Genrekino und das Spiel mit der simulierten Souveränität ist also nichts weiter als der obszöne Spiegel, die Dialektik eines ohnehin inhumanen Systems, – und ein entsprechend reflektierender Zuschauer sollte die allegorische Natur dieser exzessiven Szenari-

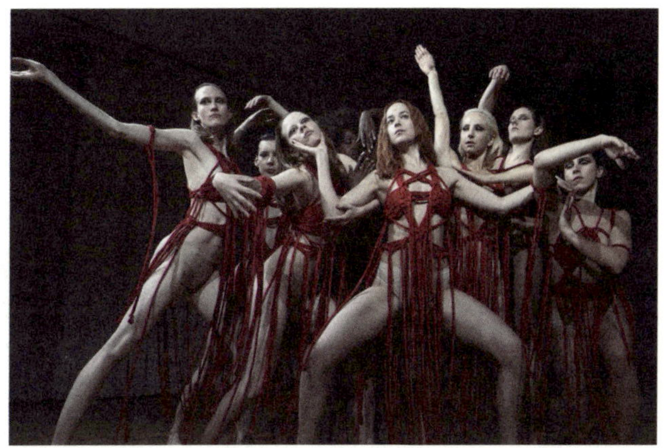

en dechiffrieren können. Nachvollziehbare Beispiele hierfür sind vor allem die international erfolgreichen Filmreihen *Saw* (2004 ff.) und *Hostel* (2005-2011).

Argentos postmodernes Erbe: *Suspiria 2018*

Die Konfrontation mit drastischen Momenten der Körperauflösung, der inszenierten Unterdrückung und der ausagierten Tortur bieten dem Publikum ein umfassendes Affektpotenzial. Doch die Grand Guignol-Ästhetik des Genrekinos der 1970er Jahre hat sich in der Postmoderne gewandelt, hat hybride und differenzierte Züge kultiviert, an die auch das lange erwartete Remake von *Suspiria* anknüpft. Der Einfluss von Dario Argentos ästhetischem Körperhorror hat sich seit den späten 1970er Jahren weltweit ausgewirkt. So finden sich auch in Deutschland Filme wie Andreas Marschalls *Masks* (2012) oder in Belgien Cattet und Forzanis *Amer – Die dunkle Seite der Träume* (2010), die sich selbstreflexiv auf dessen Stil beziehen, ohne die ursprüngliche märchenhafte Naivität beizubehalten.

Luca Guadagnino, der Regisseur von *Suspiria* (2018) und wie Argento Italiener, ist bezeichnenderweise bisher bekannt als ein Melodram-Spezialist (*Call me By Your Name*, 2017), und nähert sich Suspiria aus einer entsprechend anderen Perspektive. Sein *Suspiria* spielt im Berlin des ‚Deutschen Herbsts' 1977, der von den Anschlägen der Roten Armee Fraktion erschüttert wurde. Statt grellen Primärfarben und bayrischer Volkstümelei sehen wir hier das kalte Grau der Mauerstadt und delikate Pastelltöne. Der bizarre Deutschlandkult Argentos nimmt hier konkrete zeitgeschichtliche Bezüge an, jedoch mit einem deutlich subversiveren Unterton. Statt purem Terror vom ersten Ton an, entfaltet Guadagnino seinen Hexenhorror um Tilda Swinton schleichend und erst langsam eskalierend über eine beachtliche Laufzeit von zweieinhalb Stunden.

An Stelle des audiovisuellen Overkills des Originals vertraut das Remake auf Thom Yorkes (Radiohead) atmosphärische (Dis)Harmonien. Die Besetzung ist programmatisch, denn mit Angela Winkler und Ingrid Caven sind gleich zwei Veteraninnen des Fassbinder-Ensembles vertreten, die den politischen Subtext des Films aus der Tradition des ‚Neuen deutschen Films' der 1970er Jahre speisen.

Auf der physischen Ebene jedoch sucht der Film nach vergleichbar neuartigen und umso performativeren Impressionen des Körperhorrors, wenn die abtrünnige Tänzerin Olga auf telekinetische Weise buchstäblich ‚zermürbt' wird. Tanz und Tod, Kunst und Politik sind bei Guadagnino nicht zu trennen, und während Argentos Film heute eher märchenhaft verspielt erscheint, nimmt Guadagnino die filmische Dämonisierung des Theaters beklemmend ernst und lässt uns den eigenen Körper noch einmal auf unterschiedlichste Weise spüren. So mündet Psychothriller in Politdrama, Kriminalfilm in pures Terrorkino und endet in einem buchstäblich meta-performativen Tanztheater, in dem die physischen Grenzen zunächst spielerisch und schließlich existenziell herausgefordert werden. In seiner vielschichtigen Hybridität feiert Guadagnino selbst die Wiedergeburt *Suspirias* aus dem Geiste des Theaters – diesmal jedoch nicht mehr als Alptraummärchen, sondern als infernalischer Ausdruckstanz.

Suspiria (2018) ist bei
Koch Media als Special Edition Bluray erschienen.

Pessimistischer Determinismus

S. Craig Zahlers Erzählungen vom Überleben in Extremsituationen

The world is full of gods and beasts
Some to serve and some to feast.

A. C. Wakeford, *Lex Talionis*

Hardcore pulp fiction

Meist beginnt es mit einem scheinbar nebensächlichen, aber drastischen Ereignis: Ein Plünderer schneidet seinem letzten lebenden Opfer die Kehle durch, um dann lustlos seine Beute zu durchsuchen: einige Bücher. Sein Kumpan ermahnt ihn, nur keine Bibel ins Feuer zu werfen, da das Unglück bringe. Reiter nähern sich und die Plünderer flüchten in eine nahe Schlucht, die in einen Ritualplatz mündet. Menschliche Schädel sind dort aufgespießt und merkwürdige Schreie erklingen. Wenig später sind die beiden Männer tot, buchstäblich geschlachtet von staubbedeckten Kreaturen, die schrille Laute ausstoßen und mit Knochenäxten bewehrt sind.

So beginnt S. Craig S. Zahlers erste Regiearbeit, der Western *Bone Tomahawk* (2015) mit Kurt Russell. Dieser Film kam buchstäblich unerwartet und erscheint noch heute erstaunlich unzeitgemäß: ein Genrefilm in der Tradition des New Hollywood der 1970er Jahre, deutlich inspiriert von Sam Peckinpah, Walter Hill und John Milius, wild verschmolzen mit Elementen des italienischen Kannibalenfilms der späten 1970er Jahre. John Fords „Searchers" (aus dem klassischen Western *Der schwarze Falke* von 1958), eine nach der von Indianern entführten Frau fahndende Männergruppe, begegnen dem buchstäblichen

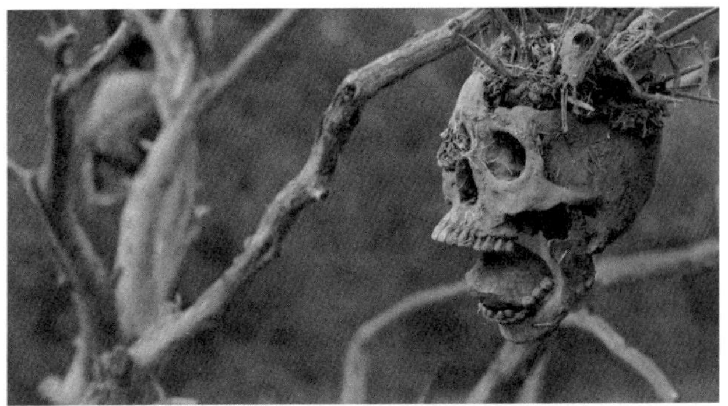

‚Wilden', betreten das Land jenseits der mythischen ‚Frontier', der Grenze zwischen Zivilisation und Wildnis. Niemand in diesem Film ist wirklich sympathisch oder heroisch, keiner wird unbeschadet überleben. Zahlers Welt funktioniert nach dem antiken ‚Lex Talionis', dem Gesetz der Klaue. In seinen Filmen und Romanen erweist sich die Schicht der Zivilisation als dünn und fragil, unter dieser Membran lauert raubtierhafte Tötungswut, motiviert von einem rücksichtslosen Überlebenstrieb.

Bei all dieser latenten Aggression ist Zahlers audiovisueller Stil von einem irritierenden, fast klassischen Realismus geprägt. Wie in den Filmen des New Hollywood von *French Connection* (1971) von William Friedkin bis *Harley Davidson 344* (1973) von James William Guerico setzt er Soundtrackmusik sparsam ein, konfrontiert uns mit langen Expositionen, die uns ambivalente Figuren fast unangenehm nah bringen, um dann unvermittelt in brachiale Gewalteskalationen zu münden. Dabei bleiben männliches Bonding und die heterosexuelle Paarbeziehung die einzigen Modelle temporärer Verlässlichkeit. Doch auch dieses Modell lässt sich einem biologistischen Determinismus zuordnen, der in der Erkenntnis mündet: Wir alle werden sterben. Früher oder später. Und das Leben ist eine endlose Reihe von Grenzsituationen, ob wir das wahr haben wollen oder nicht.

Zahlers Romane stehen in der Tradition der *hard-boiled pulp fiction*. Die lakonischen, harten Thriller von Jim Thompson und Mickey Spillane, aus deren unheiligem Geist auch zahlreiche Film Noir-Thriller geboren wurden, verschmilzt er mit dem biblischen Fatalismus von Cormack McCarthy. „Wie Schatten über totem Land" ist ein an *Bone Tomehawk* erinnernder apokalyptischer Western über eine Gruppe brutaler Männer, die zwei entführte Frauen in Mexiko suchen. In der Mythologie der USA erscheint Mexiko als die gefährliche südliche Frontier, eine um jeden Preis zu bewahrende Grenze zur tödlichen Wildnis. Jenseits dieser Grenze finden wir in der Logik dieser Mythologie nur blutrünstige Kulte und korrupte Drogenkartelle. Die hysterische Sehnsucht eines PotUS Donald Trump nach „der Mauer" basiert ausschließlich auf dieser Mythologie, in deren Logik Nordamerika die Grenze der Zivilisation definiert.

Doch Zahler ist nicht einfach affirmativ zu diesen durchaus rassistischen Stereotypen: In seinem Polizeiroman „Die Toten der North Ganson Street" strafversetzt er den farbigen Ermittler Bettinger nach ‚Victory', eine ruinenhafte Stadt im Norden der USA. In Zahlers Prosa ist Nordamerika selbst ein ‚failed state', ein verelendetes Reich aus Drogensucht, Vergewaltigung und Mord. Bettingers Integrität erscheint in diesem Kontext fast als eine Position konservativer Härte. Daraus wurde dem Verfasser der ideologische Strick gedreht: Zahlers Fiktionen seien ein Ausdruck des aktuellen Rechtsrucks in Amerika. Zudem zeige und beschreibe er primär selbstzweifelnde weiße Männer in der Krise – ein scheinbarer Spiegel der liberalen Perspektive auf diesen politischen Konservatismus, der um jeden Preis die weiße Dominanz innerhalb der Kultur aufrecht erhalten möchte. Tatsächlich ist Zahlers Ansatz viel zu pessimistisch bezüglich einer solchen ideologischen Affirmation. Er bleibt trotzig ambivalent, wenn er seine gewalttätigen Helden am Ende letztlich dem Unvermeidlichen ausliefert. In *Brawl in Cell Block 99* mag der Antiheld seine schwangere Frau letztlich retten, doch die eigentliche Rache kann nur sie vollenden, während er von dem zweifellos rechtsextremistischen Gefängnistyrannen (Don Johnson) getötet (werden) wird. Zahler ist ein Pessimist, dessen abgrundtief finsteres Weltbild niemanden verschont – aber auch keine Würde unangetastet lässt. Die Unschuld ist das erste Opfer in der Logik seiner Imagination. Hier nimmt er eine fast sadistisch-dominante Haltung zum Publikum ein, das seinen Phantasien hilflos ausgeliefert ist: Mit chirurgischer Präzision droht er, unser letzte Hoffnung zu zerlegen.

Prison Soul(s)

S. Craig Zahler ist eine schillernde Persönlichkeit. Geboren 1973, hat er sich als Musiker, Kameramann, Drehbuchautor, Romanautor und Regisseur einen Namen gemacht. Zusammen mit Jeff Herriott betreibt er die Heavy-Metal-Band Realmbuilder, die als Nachfolgeprojekt seiner Black-Metal-Band Charnel Valley entstand. Von beiden Bands sind mehrere Alben erhältlich. Zusammen mit Herriott schrieb Zahler auch den Soul-Soundtrack von *Brawl in Cell Block 99*, an dem etablierte Soulmusiker wie The O'Jay's und Butch Tavares sowie der Newcomer Adi Armour mitwirkten. Auch die Filmmusik zu *Bone Tomahawk* und dem 2018 gedrehten Polizeifilm *Dragged Across Concrete* mit Mel Gibson stammt von Zahler und Herriott.

Bereits 2004 schrieb Zahler sechs Drehbücher, von denen *The Brigands of Rattleborge* von Park Chanwook optioniert wurde. 2007 schrieb er das Script für die Animeadaption *Robotech*, die von Warner geplant war. 2011 optionierte Sony *The Big Stone Grid*. Bereits 2012 verkaufte Zahler das Drehbuch zu dem Horror-Western *Bone Tomahawk*, der 2014 in Kalifornien von ihm selbst gedreht werden konnte. 2013 optionierte Warner Bros. die Rechte an seinem Roman „Die Toten der North Ganson Street", der mit Jamie Foxx und Leonardo di Caprio umgesetzt werden sollte. 2015 betonte Zahler, dass seine über 20 Drehbücher zwar oft optioniert, jedoch sehr selten umgesetzt werden. Lediglich eine belgische Firma verfilmte das Drehbuch *The Incident* (2011) als *Asylum Blackout*. Der 2013 erschienene Roman „Wie Schatten über totem Land" wurde von Ridley Scotts Free Productions optioniert.

2018 entstand nach seinem originellen und provokanten Horrordrehbuch der Puppen-Splatterfilm *Puppet Master: The Littlest Reich*. Hier begehen die aus dem Franchise bekannten Spielzeuge rassistisch motivierte *hate crimes*. Obwohl diese Motivation im Film eindeutig dem Bösen zugeordnet wird, musste gerade dieser Film für Zahlers Kritiker herhalten, um seine angeblich eigenen *white supremacy*-Motivationen zu belegen (z.B. Jacob Garfinkel: Is S. Craig Zahler a White Supremacist?, www.medium.com 8.8.2018). Es besteht kein Zweifel, dass es in Zahlers Romanen und Filmen um Rassismus und Menschenverachtung geht, doch fällt es selbst bei *Brawl in Cell Block 99* schwer, eine klare Positionierung auszumachen. Aber vermutlich ist diese ‚coole' Uneindeutigkeit das Problem. Was in einem generischen Horrorfilm wie *Puppet Master: The Littlest Reich* recht klar vermittelt wird, weitet sich in den anderen Stoffen zu einem durchweg finsteren Menschen- und Weltbild aus, das niemanden positiv erscheinen lässt. Man kann allerdings feststellen, dass Zahlers Weltbild alle Gruppierungen gleichermaßen negativ schildert oder in subjektiver Wahrnehmung verzerrt darstellt. Doch ein mythischer „Frontier"-Western wie *Bone Tomahawk* braucht die Idee des bedrohlichen Fremden ‚jenseits der bekannten Welt', jenseits der Grenze zwischen Zivilisation und Wildheit, das in den geheimnisvollen Höhlenbewohnern verdichtet wird.

Von Beginn an erweist sich Zahler als ein ‚Maverick Director', ein professioneller Regie-Auteur mit eigener Handschrift und Ensemble. Er fungiert zugleich als Autor, Regisseur und Komponist und arbeitet wiederholt mit den selben Produzenten (Jack Heller, Dallas Sonnier), dem Kameramann Benji Bakshi, Produktionsdesigner Freddy Waff, Editor Greg D'Auria und den Nebendarstellern Fred Melamed und Geno Segers zusammen. Obwohl *Bone Tomahawk* nicht weniger aufwändig wirkt als etwa Quentin Tarantinos *The Hateful Eight* (2016), war dieser mit 1,8 Millionen Dollar Produktionskosten eher eine kleine Indie-Produktion. Bei *Brawl in Cell Block 99* war zumindest mehr Drehzeit möglich. Er gab dem aus Hollywood-Komödien bekannten Vince Vaughan die Chance, nach *True Detective 2* an der Etablierung eines neuen Actionhelden zu arbeiten: erdig, maskulin und doch nuanciert. In den von Drew Leary choreographierten Kampfszenen entsteht ein neues, ungewohnt rohes Bild körperlicher Auseinandersetzungen: oft in Halbtotalen gefilmt, mit wenigen Schnitten und extremer Tongestaltung unterstützt Vaughans Präsenz Zahlers Idee eines schonungslosen Körperkinos.

Die aus der Serie *Dexter* bekannte Jennifer Carpenter spielt die schwangere Ehefrau und wird zur Schlüsselfigur, die am Ende die Rache vollenden kann, indem sie die flüchtenden Gangster eigenhändig erschießt. In *Dragged Across Concrete* wurde sie wieder als junge Mutter besetzt.

Der intensivsten Eindruck in *Brawl in Cell Block 99* hinterlässt vermutlich der aus den 1980er Jahren legendäre Don Johnson als rechtsextremistischer Gefängnisdirektor Tuggs. Mit ruhiger Stimme und bedrohlicher physischer Präsenz verdeutlich er das Motto seiner Institution: „Minimale Freiheit". Mit diesem ‚villain' konkurriert allenfalls der deutsche Schauspieler Udo Kier als charismatisch-ruhiger Anwalt, der Bradley Thomas die schrecklichsten Details völlig ungerührt vermittelt.

All diese Elemente – Besetzung, Figurenzeichnung und Handlungsmotive – formieren die Essenz von S. Craig Zahlers Autorenhandschrift, die ich als pessimistischen Determinismus bezeichnen möchte: In all seinen Stoffen gibt es eine Mission, die ungeachtet der destruktiven Konsequenzen rücksichtslos durchgeführt wird. Seine Protagonisten sind ‚prison souls', gefangen in einem durch die Umstände diktierten Schicksal, das ihnen wenig Wahlmöglichkeiten lässt. Früh ist klar, dass Bradley Thomas nicht lebend aus diesem Inferno entkommen wird. Dennoch fiebert das Publikum bis zum bitteren Ende mit diesem Mann der Gewalt. Gewalt als Kommunikationsmittel ist in Zahlers Filmen unhinterfragt das Schlüsselmotiv. Das begründet auch den hierzulande strengen Umgang der FSK mit diesem Film: Wir akzeptieren Gewalt von Beginn an als einzigen Lösungsansatz, um die Mission erfolgreich durchzuführen. Zahler sieht die Welt selbst als ein Gefängnis in einem Gefängnis, in das wir nur immer tiefer eindringen können – um schließlich zu sterben. Das Licht am Horizont ist die Erfüllung der Aufgabe. Danach müssen wir die ewige Finsternis akzeptieren.

Brawl in Cell Block 99 im Genrekontext

Der Gefängnisfilm bildete sich als Subgenre des klassischen Gangsterfilms parallel zu dessen Entstehung zu Beginn der 1930er Jahre heraus. Die Haftanstalt nimmt in diesem Genre eine ebenso mythische wie notwendige Position ein, da der Gefängnisaufenthalt entweder das Ende einer Gangsterkarriere bedeutet oder eine Fortsetzung dieser Funktion unter veränderten Voraussetzungen. Gefängnis und Gangster-Existenz bedingen einander: Der Gefängnisfilm ist letztlich ein Gangsterfilm, der seinen Haupthandlungsschauplatz in die Haftanstalt verlegt hat und dort entweder von der Läuterung des Gangsters, von dem Schicksal eines zu Unrecht Verurteilten oder einem Gefängnisaufstand erzählt.

Gerade der amerikanische Gefängnisfilm nimmt oft durch die Bloßstellung inhumaner Haftbedingungen eine subversiv gesellschaftskritische Position ein, wobei die verbreitete Moralvorstellung, der Gangster habe seine Haftstrafe wohl verdient, unangetastet bleibt. Einer jener subversiven Gesellschaftsspiegel ist *Jagd auf James A.* (1932) von Mervyn LeRoy: Das Gefängnis wird hier zum offenen Widerspruch der liberalen Gesellschaft. Auch bei Zahler finden wir solche Konstruktionen, vor allem in dem von Don Johnson geleiteten totalitären Privatgefängnis, das wie eine alte Festung anmutet. Hier werden buchstäblich alle Errungenschaften der liberalen und demokratischen Gesellschaft aufgekündigt: Die Gefangenen sind Opfer des Systems, rechtelose Sklaven, die mit Folter gefügig gemacht werden. Statt jedoch gegen dieses System zu revoltieren, verfolgt der Protagonist aus *Brawl in Cell Block 99* ausschließlich seinen Vernichtungsfeldzug. Zahlers Filme registrieren soziale Missstände zwar, kritisieren sie jedoch allenfalls indirekt. Er führt das dem Gefängnissystem inhärente „Lex Talionis“ fast aus der Distanz eines klinischen Experiments vor. Das Gefängnis ist die ultimative Metapher für Zahlers Weltbild.

Zahlreiche Gefängnisfilme wurden zu Steigerung ihrer authentischen Wirkung in real existierenden Gefängnissen gedreht, etwa *20.000 Jahre in Sing Sing* (1933) von Michael Curtiz oder *Der Gefangene von Alcatraz* (1962) von John Frankenheimer. Hier wie z.B. auch in einer deutschen Variante, Reinhard Hauffs *Die Verrohung des Franz Blum* (1973), geht es immer wieder um die Brutalisierung des Individuums unter dem psychologischen Stress der Haftsituation. Das Gefängnis scheint den Gangster zu motivieren und letztlich immer neu zu produzieren. Auch diese fast planmäßige Verrohung finden wir in *Brawl in Cell Block 99*: Folter und Demütigung der Gefangenen durch die Wärter und untereinander sind an der Tagesordnung. Zahler vermittelt den Prozess der Verrohung in diesem sozialdarwinistischen Kontext als ein notwendiges Übel, um zu überleben. Entsprechend erträgt der Protagonist seine Folter ebenso stoisch, wie er selbst Gewalt ausübt.

Auch das Thema der Meuterei, des Gefangenenaufstandes, lässt sich bis in die 1930er Jahre zurückverfolgen (*Aufstand im Zuchthaus*, 1939, William Nigh). *Terror in Block 11* (1954) von Don Siegel gehört zu den Höhepunkten dieser Variante: Drei Gefangenen gelingt zwar die Durchführung der Revolte, sie haben am Ende jedoch nicht viel gewonnen. Siegels im harten Reportagestil gefilmtes Soziodrama stellt deutlich die Missstände der Haft bloß. Von diesem Film ist vermutlich Zahlers Titelformulierung entlehnt, auch wenn der sozialkritische Impuls bei *Brawl in Cell Block 99* zu vernachlässigen ist. Er heißt bewusst nicht *Riot in Cell Block 99.*

Gerade der Ausbruchsfilm, eine weitere Variante des Gefängnisfilms, hat oft einen unschuldig Verurteilten als Protagonisten, um dem Zuschauer die Identifikation zu erleichtern. *Das Loch* (1960) von Jacques Becker erzählt in beklemmenden Schwarzweißbildern vom Entstehen einer Männerfreundschaft unter den Bedingungen der Haft und einer geplanten Flucht. Sehr komplex setzt sich auch Stuart Rosenbergs Außenseiterdrama *Der Unbeugsame* (1966) mit Paul Newman mit diesem Topos auseinander; hier scheint der Wille des Individuums nach und nach gebrochen zu werden. Wiederum Don Siegel gelang ein kleiner Höhepunkt dieser Variante mit dem düsteren Thriller *Flucht von Alcatraz* (1979), in dem Clint Eastwood einen verschlossenen Rebellen darstellt, dem die offenbar unmögliche Flucht von der Gefängnisinsel am Ende zu gelingen scheint. Einen international erfolgreichen Höhepunkt erfuhr der Gefängnisfilm mit *Die Verurteilten* (1994), den Frank Darabont nach einer Novelle von Stephen King inszenierte. Tim Robbins spielt einen zu Unrecht zu zwanzig Jahren Haft verurteilten Mann, der sich mit einem Mörder zusammentut, um sich an dem ausbeuterischen Gefängniswärter zu rächen und schließlich zu fliehen. S. Craig Zahler kennt diese Filme zweifellos, doch er macht im zweiten Teil des Films zunehmend deutlich, dass eine Flucht des Protagonisten nicht zu erwarten ist. Er hat schlicht keine Chance gegen die Waffen der Wärter. Zudem endet seine Reise in einem „inneren Zirkel", dem Kerker des Gefängnisses.

Vor allem seit den 1970er Jahren werden auch immer wieder Gefängnisfilme produziert, die sich nicht dem Gangsterfilm zuordnen lassen. Nach dem autobiografischen Roman von Henri Charrière drehte Franklin J. Schaffner den äußerst erfolgreichen Abenteuer- und Fluchtfilm *Papillon* (1973), in dem Dustin Hoffman und Steve McQueen Häftlinge der berüchtigten Gefängnisinsel Cayenne in Französisch-Guayana spielen. Die preisgekrönte Fernsehproduktion *Ein Mann kämpft allein* (1978) von Michael Mann zeigt die innere Befreiung des Häftlings im Marathonlauf und kann als Höhepunkt einiger sportorientierter Gefängnisfilme betrachtet werden, die vor allem in den 1970er Jahren produziert wurden. *Zwölf Uhr nachts* (1978) von dem britischen Ästheten Alan Parker folgt in seinem von Oliver Stone verfassten Drehbuch ebenfalls einem Erlebnisbericht; in diesem Fall ist es ein junger amerikanischer Student, der für mehrere Jahre in türkische Haft gerät und dort die Hölle durchlebt, bevor ihm die Flucht gelingt. Der australische Regisseur John Hillcoat erzählt in seinem nüchtern stilisierten Psychodrama *Hölle ohne Helden* (1988) vom langsamen Kollaps eines Hochsicherheitsgefängnisses in der Wüste, in dem psychopathische Gewalttäter den Aufstand proben. In diesem Kontext weckt *Brawl in Cell Block 99* einige interessante Assoziationen, denn die inhumane Isolationshaft, das psychotische Verhalten der Häftlinge und Wärter, sowie die Politik der Verdrängung und Vertuschung tauchen auch bei Zahler wieder auf. Dabei bleibt sein Film den Mechanismen des Gefängnisfilmgenres treu.

Brawl in Cell Block 99 als Exploitationfilm

Auch der internationale reißerische, oft billig produzierte Exploitationfilm nahm sich immer wieder der Gefängnisthematik an. Hier sind es vor allem die Frauengefängnisse, die als Schauplatz von Demütigung und Folter der Häftlingsfrauen dienen. Die *women-in-prison movies* (WIP movies) bilden seit langem einen eigenen kleinen Motivkreis. *Das Zuchthaus der verlorenen Mädchen* (1974) von Jonathan Demme und *The Big Doll House* (1971) von Jack Hill gehören zu den bekannteren Beispielen; auch aus Europa kam eine Reihe dieser sexbetonten Gefängnisfilm-Spielart, z.B. *Das Haus der Peitschen* (1977) von Pete Walker aus England und *Frauengefängnis* (1975) von Jesus Franco Manera aus Spanien.

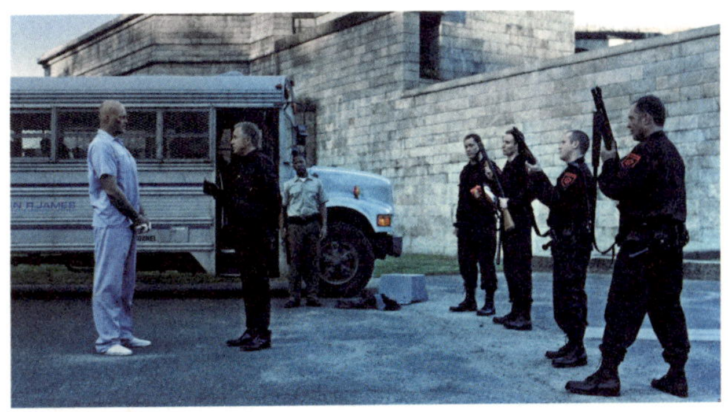

Zahlers Film steht hier zweifellos in der exploitativen Tendenz der Billigproduktionen während der New Hollywood-Ära zwischen 1967 und 1976. Die Handlung von *Brawl in Cell Block 99* ist schamlos konstruierte Kolportage, sie dient vor allem dem Zweck, Grenzsituationen zu schaffen, die in hemmungsloser Gewalt gipfeln. Dabei kommen von der internationalen Kritik immer wieder betonte rassistische Stereotypen zum Tragen (der sadistische koreanische Chirurg, der asiatische Kampfsportler, die mexikanischen Drogengangster), welche jedoch direkt der Phantasie von *pulp novels* und reißerischer Exploitationfilme entsprungen sind – Kurzformen in einer durchweg korrupten und gewaltbasierten Welt, in der auch die amerikanischen Figuren kein akzeptables Gegenmodell bieten. Wie in Pete Walkers britischen Filmen ist Zahlers Kino nicht rassistisch, sondern ganz grundsätzlich inhuman und misanthrop. Vince Vaughan verkörpert seine Figur auf passend ambivalente Weise: seine Glatze, sein massiger und kampfgestählter Körper, das auf den Hinterkopf tätowierte Kreuzsymbol, die US-Flagge in seinem Garten – das alles lässt ihn wie einen patriotischen White Power-Skinhead erscheinen, der sich im Gefängnis umgehend der Aryan Brotherhood anschließen würde. Doch auch hier macht es sich Zahler nicht zu leicht: Sein Antiheld kennt keine Ideologie außerhalb der eigenen Wahrnehmung, er folgt nur einem höchst privaten Plan, der dem Ziel dient, seine schwangere Ehefrau zu retten. Allerdings widerspricht dieses Modell nicht wirklich jenen Einwänden, die in Zahlers Kino eine Reflexion von Trumps Amerika der weltfremden weißen Arbeiterschicht sehen. Als Kritik daran ist sein Film nicht gedacht. Doch er macht diese Tendenz auch nicht sympathischer und verständlicher. Vielmehr kann man Zahlers Geschichten in einer überhöhten und märchenhaften Welt des Bösen angesiedelt sehen, wie man sie auch in Sam Peckinpahs Jim Thompson-Adaption *Getaway* (1972) oder *Bring mir den Kopf von Alfredo Garcia* (1973) findet.

In einer Welt des absolut Bösen lässt es sich nur überleben, indem man eine ebenbürtige ‚Antwort' formuliert: Zahlers Antwort sind Figuren der brachialen Gewalt, die von einem höchst subjektiven Ehrenkodex getrieben werden, den wir akzeptieren können – oder auch nicht. Das ist die Provokation von Zahlers Romanen und Filmen: Die innere Logik der Geschichten, die gnadenlose Mechanik der Gewalt, die hier am Werk ist. Hier ist Zahler nur ein anderes Gesicht jenes Kinos, das international von Nicholas Winding Refn, Gaspar Noé oder Jeremy Saulnier vertreten wird. Zahlers Filme sind die ehrlicheren und wilderen Bastarde eines hemmungslos entfesselten Mainstreamkinos zwischen *300* und *Deadpool*. Ehrlicher, weil Zahler sich immerhin auf eine hohe amerikanische Tradition des Genrekinos beziehen kann, das mit Sam Peckinpah bereits eine Reifephase durchlaufen hatte; und wilder, weil Zahler nicht den Umweg über die Verwässerung durch Ironie gehen muss, um seine blutrünstigen Fabeln zu verkaufen. Zahlers Filme verstören gerade, weil sie keine Flucht im ‚comic relief' suchen, bei ihm gibt es keine augenzwinkernde Versöhnlichkeit, sondern nur bitteren Rachepathos. *Brawl in Cell Block 99* ist somit auch die Antwort auf eine amerikanische Gesellschaft der Ungleichheit und Verachtung der Konjunkturopfer. Zahler macht keinen Hehl aus seiner Perspektive: Amerika ist geboren aus einer Kultur der Gewalt, die im temporären Ende der Gewaltspirale den Triumph der Gerechtigkeit sehen möchte – die „Regeneration durch Gewalt" (Richard Slotkin). Doch das bleibt eine Illusion. Sicher ist: Wir alle werden sterben. Früher oder später. Auf die eine oder andere Weise.

Brawl in Cell Block 99
ist bei Capelight als Special Edition Bluray erschienen.

Plädoyer für das Genrekino

Ein Gespräch zwischen Dominik Graf und Marcus Stiglegger

Genre und Stil, Handwerk und Handschrift in der Regiearbeit: Das war das Thema des traditionsreichen Mannheimer Filmsymposiums, das im Oktober 2011 zum 26. Mal stattfand. Wie dokumentiert sich die Handschrift eines Regisseurs im Werk: formal oder in der Beschäftigung mit bestimmten Inhalten, der Wiederkehr von Motiven? Welche Chancen hat ein Regisseur, im Branchenbetrieb und innerhalb von Genregrenzen eine eigene Handschrift zu entwickeln? Solche Fragen lässt man sich natürlich besonders gerne von den Filmemachern selbst beantworten. So hat in Mannheim der Regisseur Dominik Graf ausführlich seine Arbeitsweise erläutert: anhand seines Fernsehfilms *Der Skorpion* und in einem Werkstattgespräch mit dem Filmwissenschaftler Marcus Stiglegger.

Marcus Stiglegger: Ich gehörte in den 80er Jahren zur Video- und Fernsehgeneration, und für mich war die Vorabendserie *Der Fahnder* mit Klaus Wennemann Pflichtprogramm, ebenso *Tatort*-Folgen der 80er, Schimanski speziell. Da tauchte immer derselbe Name auf. Der stand auch auf einem Psychothriller, der mich damals sehr beeindruckt hat: *Das zweite Gesicht*, eigentlich dein erster Kinofilm.

Dominik Graf: Mein erster richtiger Film, ja.

M.S.: *Die Katze* war dann wirklich der Film, 1987, der ganz bewusst bei mir diesen Eindruck hinterlassen hat, der bis heute nicht weggegangen ist. Man fragt sich, gibt es da so eine Art Initialzündung,

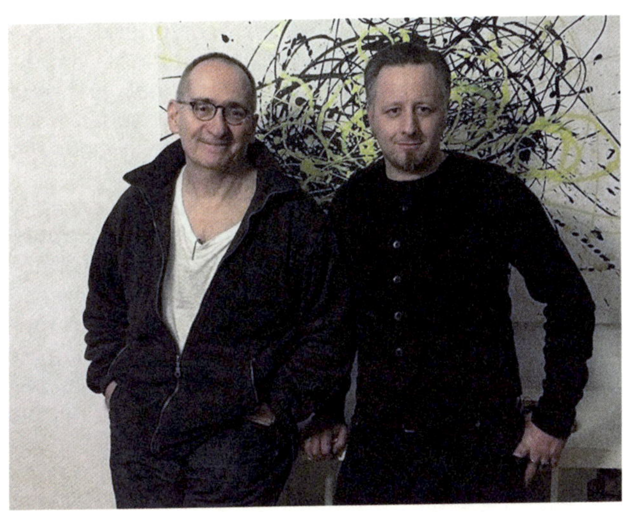

Dominik Graf und der Autor in München

ein Urerlebnis, das einem Filmemacher sagt: „Das möchte ich später mal machen?“

D.G.: Biografisch nicht. Meine Eltern waren Schauspieler und was davon an Berufung und an Konflikten zu Hause ankam, war eher eine Belastung. Was ich dagegen schön in Erinnerung habe, ist: Mein Vater hat in John Sturges' *Gesprengte Ketten* mitgespielt, der in Dachau gedreht worden ist, mit Steve McQueen. Und er kam immer in seiner Uniform – er war einer dieser deutschen KZ-Aufseher – zum Mittagessen nach Hause, weil der Drehort nicht so weit weg war. Er erzählte immer, wie McQueen, tagelang offenbar, während der Dreharbeiten seinen gigantischen Sprung mit dem Motorrad über einen Graben geübt hat, bis wohl die Versicherer kamen und sagten: „Das kommt nicht infrage, dass der da selber drüberspringt.“ Wie begeistert mein Vater, der aus dem Krieg mit einer schweren Armverletzung zurückgekommen war, die Körperlichkeit dieses amerikanischen Schauspielers kommentiert hat, während in Deutschland die Schauspieler im Fernsehen noch wie im Theater herumstanden und redeten – das hat mich beeindruckt.

Nach einem missglückten Musikwissenschaftsstudium bin ich dann in die Filmhochschule mehr oder weniger gestolpert, mit großer Liebe zu Nouvelle-Vague-Filmen, vor allem Rohmer und Eustache und Truffaut, und ich wollte solche Filme auch machen. Dann hab ich überraschenderweise für meinen Abschlussfilm einen Preis bekommen. Das war der erste Bayerische Nachwuchsfilmpreis. Ist mir bis heute unbegreiflich, warum. Ich find den Film nach wie vor genauso schwerfällig und langweilig, wie ich ihn vor 30 Jahren schon fand. *Das zweite Gesicht*, das dann finanziert wurde, weil ich diesen Preis bekommen hatte, sehe ich auch als eher schwierigen Film. Im Grunde habe ich zu dem ganzen Beruf erst richtig Zutrauen entwickelt, als ich anfing, die kleinen Genrefilme, die Vorabendserien in der Bavaria zu drehen.

M.S.: Es war also ursprünglich nicht das Interesse am Genrekino, das dich zum Film gebracht hat, sondern das am Autorenkino, am französischen Cahiers-du-Cinéma-, Nouvelle-Vague-orientierten Autorenkino.

D.G.: Aber nicht das deutsche Autorenkino.

M.S.: Dann kam die notgedrungene Berührung mit den Genrekonzepten in der Serienproduktion.

D.G.: Die ganze Serienherstellung der Bavaria, die zum großen Teil auf den *Tatort*-Formaten und der netten bayrischen *Wanninger*-Serie mit Beppo Brem fußte, die wurde damals umgebaut. Im Grunde hat die Bavaria aus der HFF in München einen Studenten nach dem andern abgezogen, hat sie zu Dramaturgen, Drehbuchautoren und auch Regisseuren gemacht und hat ihr ganzes Serienvorabendkonzept verjüngt. Im Vorabendprogramm arbeitete man quasi unter dem Radar, im Verborgenen. Und das gab uns eine Freiheit, gerade beim *Fahnder*, Serienepisoden in verschiedenste Richtungen auszuprobieren. Davon kann man heute natürlich nur noch träumen. In den 1990ern kamen die grausigen Soaps an die Stelle der Krimiformate. Sie hatten vielleicht auch Angst, dass ambitionierte Serien wie *Der Fahnder* die *Tatorte* in den Schatten stellen würden. Die Arbeit an den Serien war trotzdem sehr hektisch. Man hatte für 50 Minuten fertigen Film zehn Drehtage Zeit, und es wurde einem gesagt: „Besser, du versuchst erst gar nicht, da was Besonderes hinkriegen zu wollen." Da wurde aber mein Widerstand gereizt.

M.S.: Wenn du in den 1970er Jahren den Neuen Deutschen Film als Autorenfilm nicht genossen hast – was hat dich zu dieser Zeit im Kino beschäftigt?

D.G.: Zunächst die Franzosen, wie gesagt. Und als diese Liebe irgendwie unerwidert blieb, weil das, was ich Französisches versucht habe, sozusagen kein Echo in meiner mittelmäßigen Begabung als Regisseur fand, da habe ich die Amerikaner entdeckt und das Genre – Western, Thriller. Sehr bald auch den Polizeithriller, der mir in seiner Stilistik lag. Ich hatte das Gefühl: „Wenn du das machst, bist du von der Gefahr des deutschen Kunstgewerbes mehr oder weniger befreit." Weil du immer dabei bist, die Geschichte zu erzählen, schlichtes Handwerk ist gefragt, wenig Kunst – und die Actionszenen mussten irgendwann auch mal nach was aussehen. Das musste ich erst mal lernen. Man muss sehen, dass da generationsmäßig auch eine Brache war, die Autorenfilmer waren keine Handwerkerregisseure, aus deren Filmen man diese Form von amerikanischem Actionkino in irgendeiner – möglichst kontinentalen Art – lernen konnte. Der Erste, der es halbwegs hingekriegt hat, war Wolfgang Petersen.

M.S.: Roland Klick?

D.G.: Ja, Klick auch. Klick war wild, Klick hatte aber auch diese Momente, wo man bei einer Schießerei sieht, wie er offenbar aus dem Off Komparsinnen mit dem Kinderwagen dreimal wieder zurück ins Bild schickt. Das hat für unseren Filmstudenten-Beamtenblick gewisse Glaubhaftigkeitslücken, so dass man den Eindruck hatte, nur die fabelhafte Energie von Herrn Klick lässt ihn solche Momente überstehen. Aber Klick war auf jeden Fall der richtige Weg, das haben wir auch kapiert.

M.S.: Ich stelle mir vor, dass Filme wie *Deadlock* oder *Supermarkt* schon ein bisschen mit dem zu tun haben, was du später gemacht hast.

D.G.: Gut fand ich an Klick und auch an Klaus Lemke vor allem dieses Straßengefühl. Das gab's nur bei den beiden. So wie William Friedkin oder andere Regisseure New York filmten, so ahnte man bei Klick und Lemke, wie man in Deutschland so filmen könnte, dass es nach Staub und dem Dreck und dicker Luft und Hitze und Kälte aussieht.

M.S.: Was man in den Versuchen, gerade auch der 1980er, sieht, ist manchmal auch so eine Unbeholfenheit, wenn es um Genrekontexte geht, um die Dynamisierung von Geschehen und Bildraum, die Inszenierung von Actionszenen. Das ist etwas, was Leute wie Fassbinder versucht haben, aber es hat nicht hingehauen. Wie hast du dir das angeeignet?

D.G.: Eigentlich nur von den Amerikanern, und auch gar nicht einmal bei den großen Spielfilmen, die wir alle so lieben, sondern eher bei Serien wie Die Straßen von San Francisco. Was die Hauptfiguren da für eine Sprechgeschwindigkeit haben, wenn sie Fälle erörtern – das gehört nun mal zum Polizeithriller, dass man über Tatbestände reden muss – und das auch noch möglichst gehend, auf der Straße. Und diese „Fall"-Dialoge hatten bei den Amis auch immer einen gewissen Charme, Witz. Daraus zu lernen, wie man vielleicht in dieses Nachkriegsdeutschland-Kommissarsbüro frischen Wind bekommt, das war im Grunde nicht so schwer. Man musste die Schauspieler ein bisschen auf Tempo kriegen. Das war denen anfangs ganz fremd, dass sie mal einen Satz sagen mussten, ohne erst darüber nachzudenken.

M.S.: War *Die Katze* der Versuch, amerikanische Genrefilm-Mechanismen in Deutschland zu erproben? Oder warst du da schon relativ sicher, dass das so funktioniert – das erinnert ja an Alan Pakula und an John Frankenheimer.

D.G.: Ich habe die Sachen, die mir am besten gefallen haben beim amerikanischen Film, stilistisch zu erproben versucht: ganz lange Brennweiten, an Wolkenkratzerfenstern entlang klettern – dieser ganze Voyeurismus, der in der Katze steckt, lag mir sehr, da habe ich mit der Kamera immer Entscheidungen treffen können, bei denen ich das Gefühl hatte, dass die Bilder auch ganz gut aussahen. Wir hatten keine Videoausspiegelung wie heute beim Drehen, wir mussten immer durch die Kamera gucken, reden und dann auf den Kameramann hoffen. Und dann diesen deutschen Schilderwald, dieses deutsche Elend von Stadtarchitektur zu fotografieren! Beim *Fahnder* durfte es zudem noch keine spezifische Stadt sein, das sollte eine Stadt namens G. sein, vielleicht sogar in NRW gelegen. Aber gedreht wurde natürlich in München: keine Straßenbahnen, kein Oktoberfest, kein Marienplatz. Diese Spielregeln haben aber durchaus den Blick geschärft auf marginalere Stadtteile, auf Vorstädte, Seitenblicke. Und dann natürlich immer nur ganz lange Brennweiten.

M.S.: Was bedeutet es, in einem Großstadtkontext eine lange Brennweite zu benutzen?

D.G.: Diese Brennweiten wie bei Pakula, die ein Detail über enorme Distanz ganz nah heranziehen und den ganzen Rest ausblenden beziehungsweise in eine attraktive Unschärfe setzen: Das ist bei entsprechenden Objektiven und 35 mm ein echtes Vergnügen. Durch HD ist dieser Effekt heute etwas geringer geworden, das ist ja kein Material mehr, das Tiefe hat wie der Film. Damals hatte man das Gefühl, durch die langen Brennweiten die Stadt quasi zusammenzustauchen, als würde man den Raum stauen zwischen den Figuren. Das war die Ästhetik, mit der man sich durch die deutsche Architektur gehangelt hat.

M.S.: Vorhin ging es um Realismus, das Authentische, das Milieu. Ist denn das, was du mit den Filmen letztlich erreichen wolltest, ein filmisches Universum, das für sich steht, oder geht es schon um ein Bild, das Wirklichkeit reflektieren sollte?

D.G.: Ich glaube, es gibt beim Polizeifilm meistens eine Realismusübereinkunft mit dem Zuschauer, es gibt eine Basis, auf der man dem Zuschauer in den ersten fünf Minuten versucht klarzumachen: Das, was wir hier jetzt zeigen, versteht sich als eine Form von deutscher Realität. Das kann ein sozialer Realismus sein, das kann ein psychologischer Realismus sein, das kann in die Innenwelten hineingehen und trotzdem noch realistisch sein. Realismus ist ja doch immer dann gegeben, wenn man alles, was man erzählt, mit den Mitteln der real existierenden Außenwelt erzählt. In dem Moment, in dem die großen psychologischen Kameratricks kommen, die Zufahrten auf große Gesichter, die verzerrenden kurzen Brennweiten, die Verschiebung von Raum oder Zeit in der Montage, kann man davon ausgehen, dass man sich nicht mehr im Rahmen einer realistischen Übereinkunft bewegt.

M.S.: Der Autorenfilmbegriff ist relativ stark eingegrenzt auf die Filme der Nouvelle Vague oder auch die deutschen Autorenfilme. Wovon wir jetzt sprechen, das sind Genrefilme, die in ihrer Handschrift ein gewisses Interesse verfolgen. Und da sind wir bei den Vorbildern der Nouvelle Vague, nämlich Regisseuren wie Alfred Hitchcock oder Budd Boetticher, die bewundert wurden, weil sie es in einem bestimmten ökonomischen Kontext geschafft haben, eine eigene Handschrift zu bewahren. Das ist eigentlich der interessantere Autorenbegriff. Für den Filmhistoriker Norbert Grob zählen auch die kleinen Fehler – er nennt das Schlampereien – in der Inszenierung bei bestimmten Filmemachern zur Handschrift, das finde ich sehr interessant. Sam Fuller zum Beispiel, der ja als Primitivist gilt und der mit sehr einfachen Mitteln sehr bewusst gearbeitet hat, hat Fehler in Kauf genommen, die dann zum Markenzeichen wurden. Siehst du da einen Bezug zu deinen Arbeiten?

D.G.: Ich fände es gut, wenn man an einer Filmhochschule auch lehren würde: Stellen Sie sich vor, es ist 17 Uhr, die Sonne geht um 18 Uhr unter, es sind drei Minuten Dialog noch auf der Liste, und es muss in der Szene gleichbleibend hell sein. Was machst du jetzt? Das sind Situationen, die lernt man letztlich nur in der Praxis. Man muss es in der einen Stunde hinkriegen, sonst wird die Szene gar nicht mehr gedreht, oder man muss sie irgendwo langweilig in Innenräumen nachdrehen, die man dann wieder ausleuchten muss und so weiter. Insofern gibt es immer auch Panikentscheidungen, und die führen zwangsläufig zu Schlampereien, die führen auch manchmal zu dem Gefühl, dass die Szene nicht unbedingt wirklich gelungen ist. Man stellt aber später im Schneideraum fest, dass die manchmal nur rudimentär gedrehten Dinge in ihrer Schlichtheit oft etwas wesentlich Überzeugenderes haben als die elaborierten Dinge. So lernt man allmählich, den Vorteil von Schlampereien zu schätzen und übrigens auch vom bad acting. Wenn alle ständig auf höchstem Niveau spielen, rasend authentisch sind: das kann einem im modernen Film manchmal irre auf die Nerven gehen. Wenn dann ein Laie den Ort betritt, wenn man einen Komparsen hat, um einen Botensatz zu sagen, und der klingt so komplett anders als alles, was zuvor die Spitzenschauspieler abgeliefert haben, dann ist man manchmal als Regisseur froh, dass die „wirkliche Wirklichkeit " ins Terrain einfällt. Der Bote ist ja im Film gleich wieder weg. Aber irgendwo ist mit ihm eine Tür oder ein Fenster zu etwas anderem aufgegangen.

M.S.: Was mir bei deinem Polizeifilm Die Sieger, aber auch später, speziell in einem melodramatischen Film wie *Kalter Frühling* oder auch *Hotte im Paradies* immer wieder auffällt, sind deine Bemühungen, mit sexuellen Momenten im Film originell umzugehen.

D.G.: Es gibt zwei Dinge, die mich beim Filmen und beim Schneiden am meisten interessieren. Das eine ist eine Dialogkultur, auch mit Humor, eine gewisse Smartness in Rede und Gegenrede, Sarkasmus, auch Zynismus. Selbst in den düstersten Werken muss irgend etwas von den Autoren bitte, bitte auch lustig geschrieben sein. Und das andere ist die Körperlichkeit, und da nehme ich jetzt mal die Körperlichkeit des Sexuellen und der Gewalt zusammen, weil das im Kino doch in der Praxis recht ähnliche Dinge sind. Auch die Gewalttätigkeit bei mörderischen Szenen verlangt eine körperliche Zärtlichkeit vom Regisseur. Er muss diesen Körper, der auf irgendeine Weise grausam ums Leben gebracht wird, auch irgendwie lieben – es muss ihm vor allem etwas dazu einfallen.

M.S.: Für viele Leute, mit denen ich mich unterhalte, und auch für mich ist *Im Angesicht des Verbrechens* ein extrem wichtiges TV-Erlebnis. Da ist zum Beispiel der Beginn, ein Anfang, wie man ihn eigentlich in langen Filmen sehen würde – mit der Protagonistin in ihrer Nacktheit, mit der Art und Weise, wie mit extremen Nähe- und Distanzrelationen gearbeitet wird, dem Tondesign, das vom Expressiven ins Hyperrealistische und schließlich Irreale geht. Man erwartet das nicht in einer Serie. Es sind aber Dinge, die einem schon bekannt vorkommen, wenn man sich etwa im italienischen Kino das Verwilderte anschaut, all diese marginalisierten Filme, die Bahnhofskino waren in den 1970ern. Da knüpfst du eigentlich an, oder sehe ich das falsch?

D.G.: Ja, und zwar immer stärker. Durch die DVD-Kultur seit Ende der 1990er hat man wirklich das Gefühl, man sieht die ganze Filmgeschichte noch einmal neu. All die Filme der 1970er, die ich mich damals nicht traute, mir im Bahnhofskino anzusehen, habe ich mir dann als DVD besorgt. Es hat auch mein ganzes Arbeiten neu beeinflusst. Weil ich merkte, dass es eine ganze untergegangene, dreckige Kinowelt ist. Inzwischen haben wir ja ein Weltkino, das so sauber und geschliffen ist wie eine Juweliersauslage. Da sind alle Voraussetzungen in einem Film schnell geklärt, die Moral, die Ästhetik, die Zielgruppe, die Schublade – also ob du im Kunstkinobereich bist oder im kommerziellen Kinobereich. Und die Digitalisierung tut ihr Übriges, es wird alles noch sauberer. Dieses Elend hat ja auch Tom Tykwer wohl erlebt, als er für seinen Parfum-Film eigens einen sogenannten Dirtmanager fürs Bild anschaffen musste. Einen Dirtmanager fürs Drehen direkt bräuchte ich vielleicht nicht; aber dafür einen, der meinen inszenierten „Dreck" dann heil durch die digitalen Säuberungen wieder durchschleust. Davon verstehe ich gar nichts.

M.S.: Was bei *Im Angesicht des Verbrechens* sehr auffällig ist, was aber in vielen früheren *Fahnder*-Folgen schon durch das Sujet gegeben war, sind diese Überwachungsszenen, die aus dem Paranoiafilm der 70er kommen und diese Blickdramaturgie haben. Die nehmen bei dir einen relativ großen Raum ein, obwohl sie nicht notwendigerweise etwas erzählen.

D.G.: Ja, bei jeder Art von Voyeurismus bin ich vollkommen im filmischen Bereich. Man sieht die Technik der Polizeiarbeit, es geht nur darum, dass man Leuten bei der Arbeit zusieht, die anderen Leuten zusehen. Das kommt bei meinen Polizeifilmen sehr oft vor, da gibt es ganze Sequenzen im Einsatzraum, wo man sogar die einzelnen Sätze nicht verstehen muss; man sieht die Leute, jeder macht irgend etwas, alle brabbeln durcheinander, es kommen Informationen rein, es gehen Informationen raus. Und im Grunde vergeht dabei nur Zeit. Zeit im Raum, Zeit, in der alle angestrengt nachdenken, Lösungen suchen, wie sie einen Fall, eine Situation klären. Das sind für mich oft die Szenen, die mir am meisten Spaß machen, wo ich auch beim Inszenieren noch die meisten zusätzlichen Ideen habe – mit bürokratischen Auseinandersetzungen, wo ist mein Kaffeebecher, warum ist mein Kaffee kalt, wo ist bitte mein Lineal? Ich könnte auch Büroserien drehen.

M.S.: Das ist nun etwas, das man bei Michael Mann auch sehen würde, in einem Film wie *Heat* oder auch in *Miami Vice*, von denen es ja auch hieß, dass sie dadurch langatmig seien, weil dieser Professionalismus nicht als Ereignis ernst genommen wird von einem Teil des Publikums. Ich denke, es funktioniert in den Serien ganz gut, wenn sie es vom Genre her vorgeben.

D.G.: Man müsste allerdings auch noch darüber reden, dass die neuen amerikanischen Serien, die wir jetzt alle so lieben, natürlich reine Dramaturgiemaschinen sind, da gibt es solche Szenen nicht mehr. Jede Sekunde Erzählzeit wird effektivst genutzt. Es gibt bei *CSI* fünf verschiedene Regisseure, bei dem einen fahren nur die Autos vor, der andere macht die Actionszenen, und der im Titel geführte Regisseur hat kaum Möglichkeiten, einem Schauspieler spontane Bewegungen zu geben, denn der steht im Licht des Kameramanns, der mit dem Writer-Producer und dem Agenten des Schauspielers abgemacht hat, dass er nur von dieser Seite und in diesem Licht von oben gefilmt wird. Dieser Regisseur kann also kaum eine eigene Handschrift durchsetzen. Manchmal sind Handschriften weltkinoweit auch enervierend, aber man muss sich klarmachen, dass diese

Art Seriendrehen kein kreatives Filmemachen ist, sondern ein absolutes Nine-to-Five-Arbeiten, einfach nur den Job machen. Man sieht ja auch, dass die Inszenierung von Raum und Zeit in amerikanischen Serien so gut wie marginalisiert ist. Du bist drin in der Szene, Establishingshot und, zack, schon wieder an den Personen und Dialogen dran. Räume, Zeiten, auch Strecken, Wege werden in der US-Serie fast überhaupt nicht erzählt.

M.S.: Da gibt es eine lustige Episode zu Takeshi Kitano, der in seiner ersten Regiearbeit ständig als Hauptdarsteller beim Gehen durch Tokio zu sehen ist, und es wurde irgendwann gesagt, das ist ja total poetisch: Man hört Musik und sieht ihn da so entlang schlendern. Irgendwann wurde er dazu befragt und hat gemeint, ja, das Material, das sie gedreht hatten, war zu kurz, und er musste das noch dehnen, da hat er dann seine Poesie entdeckt. Das können wir jetzt glauben oder auch nicht.

Das Gespräch wurde geführt beim Mannheimer Filmsymposium, Cinema Quadrat, dokumentiert in epd Film 01.12.2011.

Marcus Stiglegger
DIE GRENZTRILOGIE

Grenzkontakte
Exkursionen ins Abseits der Filmgeschichte

240 Seiten, farbige Abbildungen
ISBN 978-3-927795-73-0

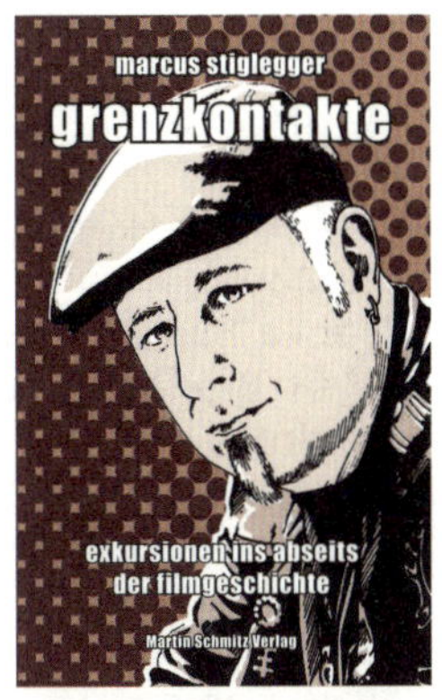

Grenzüberschreitungen
Exkursionen in den Abgrund der Filmgeschichte
Der Horrorfilm
Vorwort von Buddy Giovinazzo

240 Seiten, farbige Abbildungen
ISBN 978-3-927795-80-8

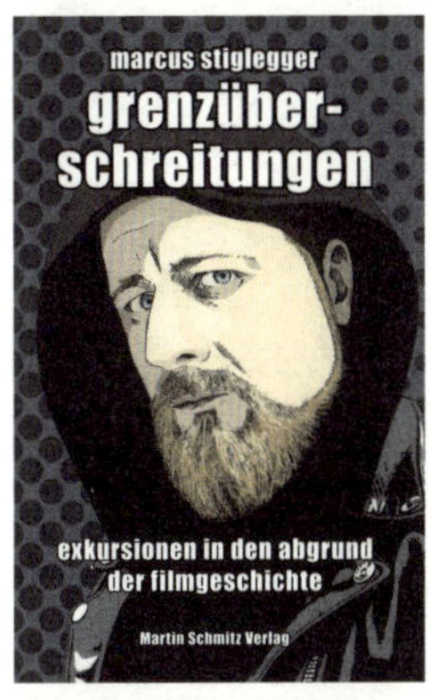

Jenseits der Grenze
Im Abseits der Filmgeschichte
Vorwort von Dominik Graf

240 Seiten, farbige Abbildungen
ISBN 978-3-927795-84-6

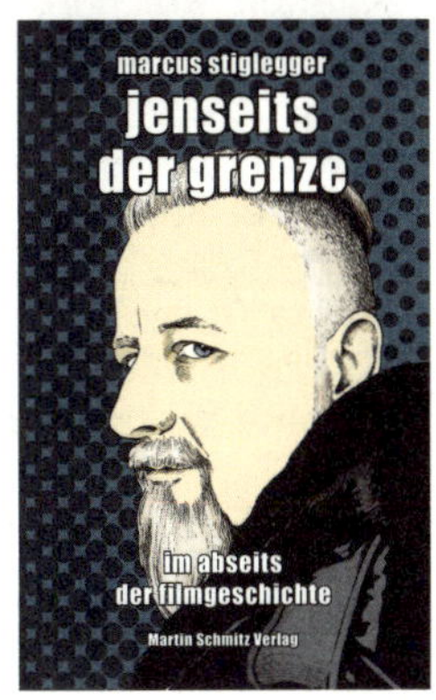

Autoren und Autorinnen im Martin Schmitz Verlag

Frank Behnke/Klaus Beyer
Guðbergur Bergsson
Tabea Blumenschein
Marc Brandenburg
Andreas Brandolini
Jörg Buttgereit
Frieder Butzmann
Annemarie Burckhardt
Lucius Burckhardt
Paul Cabine
Françoise Cactus
Die Tödliche Doris
Heinz Emigholz
Valeska Gert
Brezel Göring
Ogar Grafe
Volker Hauptvogel
D. Holland-Moritz
Derek Jarman
Christian Keßler
Rosa von Praunheim
Elfi Mikesch
Wolfgang Müller
Claudia Reichardt/Wanda
Kai Sichtermann/Jens Johler
Jacek Slaski
Marcus Stiglegger
Wenzel Storch
Anja Teske
Jamal Tuschick
Christof Wackernagel
Sabine Wackernagel